Bernhard Rudolf Banzhaf

NEPAL – Schritt für Schritt

Wege · Menschen Traditionen

Trekkingführer mit 31 beschriebenen Routen

Rother

Inhalt

Inhalt

Im Andenken an

Guido Bumann

Freund, Bergführer, Kenner Nepals

* 8. Februar 1952 in Saas Fee (Schweiz)
† 28. Oktober 1983 am Amai Dablang (Nepal)

Vorwort

So wie jemand etwas sieht, so ist es. In diesem Buch bin ich der „jemand" und Nepal ist „etwas". Jeder Besucher wird daher sein eigenes Nepal entdecken, denn das Land ist unglaublich vielfältig und vielschichtig. Nepal ist jedoch nicht nur ein Land, nein, es ist geradezu ein Virus, ja, ein ungemein sympathisches Leiden. Leidenschaft bildet den Ursprung allen Leidens – so lehrt der Buddhist. Nepal und seine Bevölkerung können leider zur Leidenschaft werden. Eine unbestimmte Faszination hüllt den aufmerksamen Reisenden ein, und die Anziehung wird stärker, je weiter man sich davon entfernt.

Auf Nepal muß man sich sehr gut vorbereiten, sonst erschlägt es einen, oder man wird seinerseits Nepal erschlagen. Mit diesem Buch möchte ich dem naturverbundenen Menschen das ländliche Nepal und seine komplizierte Vielschichtigkeit näher bringen und verständlich machen, ihm nicht nur die Schönheiten vor Augen führen, sondern auch die fast dramatischen Probleme erwähnen. Ich möchte jenen ein Instrument in die Hand geben, die das Land erwandern möchten, aber auch eine kleine kulturelle Bestandsaufnahme des Landlebens aufzeichnen. Beim Wandern kommt man täglich mit der Landbevölkerung in Kontakt, weshalb sie in den allgemeinen Beschreibungen einen Kernpunkt bildet.

Der Drittwelttourismus wird heute zu Recht diskutiert und ist in manchen Ländern sogar umstritten. Ich bin mir absolut bewußt, daß auch der Fremdenverkehr in Nepal nicht nur Sonnenseiten hat. Besonders fragwürdig wird er dann, wenn die nötigen Infrastrukturen und der Unterhalt der Touristen dem Land mehr Devisen kosten, als dieses durch die Fremden einnimmt. Der Trekkingtourismus, sanft betrieben, bietet dem Gastland jedoch den Vorteil, daß die Vorinvestitionen im Verhältnis zu den Einnahmen relativ gering sind. Der berghungrige Fremde begnügt sich zumeist mit einer einfachen Bleibe, erkundet die Städte oft mit dem Fahrrad und ist auch eher bereit, seine Ernährungsweise den örtlichen Gepflogenheiten anzupassen. Er kann sich eher ausschließlich mit einheimischen Produkten eindecken, die er für seine Wanderung benötigt. Zudem verteilen sich seine Ausgaben gleichmäßig auf Stadt und Land. Er kann unterwegs einer Anzahl Leuten Arbeit und Verdienst verschaffen, heute ein nicht unwesentlicher sozialer Beitrag, denn Nepal leidet auch unter zunehmender Arbeitslosigkeit. Indirekt wirkt er der Landflucht in gewissen Regionen entgegen. Auf der anderen Seite kann er aber auch Umweltschäden mitverursachen und einer kulturellen Verwässerung Vorschub leisten. Dies bestmöglichst zu vermeiden, ist mein persönliches Anliegen, das ich mit diesem Buch an Sie weitergeben möchte.

Vielen Menschen verdanke ich bewußte oder auch unbewußte Unterstützung, die zu diesem Buch geführt hat:

Guido Bumann, leider zu früh abberufen, lockte mich regelrecht in dieses Land und lehrte mich auf vier gemeinsamen Reisen, Nepal und seine Menschen zu lieben.

Ich hätte nicht gewagt, meine Erfahrungen und Kenntnisse niederzuschreiben, wäre ich nicht von Helmut Krämer dazu ermuntert worden. Ich verdanke ihm wertvolle Ratschläge.

Dr. med. Hans Jenny nahm sich die Mühe, meinen Beitrag zur Höhenkrankheit zu durchleuchten. Konrad Kohler war mir mit der Bestimmung von Tier- und Pflanzennamen eine wertvolle Stütze.

Ich danke auch allen meinen Begleitern und Gästen, die mich mit klugen Fragen und Kommentaren auf manches aufmerksam machten, das ich vielleicht übersehen oder unterbewertet hätte.

Auf meinen beinahe 600 Trekkingtagen in Nepal konnte ich jederzeit auf die Mithilfe meiner unermüdlichen Freunde zählen: Sirdar Subas Singh Lama, Sirdar Ang Temba Sherpa und mein Koch, Ram Bahadur Thing Tamang. Ich weiß nicht, was ich ohne sie erreicht und erfahren hätte. Ihr Einsatz war ebenso groß, wie ihr Wesen bescheiden. *Dherai dhanyabād* (np: vielen Dank)!

Immer wieder begleitet haben mich zudem: „Jetho" Thirtha Kumar Tamang, Ang Kami Sherpa, Ang Phurba Sherpa, Norbu Zangbu Sherpa, Niyma Dorjee Sherpa, Kanchho Rai, Ongchu Sherpa, der inzwischen unglücklich verstorbene Balaram Gurung, Tsiring Niyma und Nangalamu Sherpani, Madan Gurung, Mingma Norbu Sherpa und die vielen Träger, denen ich ein besonderes Kapitel widme.

Das Leben in Kathmandu erleichterten mir Nawang Dorjee Lama und seine rührige Frau Pema, bei denen ich allezeit herzlichste Gastfreundschaft genoß. Durch Thupten Lobsang Lama lernte ich eine Anzahl wichtiger Persönlichkeiten kennen. Besonderen Dank schulde ich jenen, die mich immer wieder empfangen haben und mir mit großer Sachkenntnis ihr Land näher und näher brachten, so General Shushil Shumshere J. B. Rana, Janak Thapa (Director Ministry of Tourism), B. P. Khayastha (Director Ministry of Forest Conservation), J. B. Singh (President Trekking Agencies Association of Nepal/TAAN).

Ich danke auch meinen Freunden und Bekannten in Kathmandu für viel Rat und Tat, so Kalsang Lama, Champa Choephel, Ram Lal Choudhary, Deepak Shrestha, Thöndup D. Kongtsa, B. C. Bhatt, Rakesh Rana, A. Chandra, Tashi Dorjee, Jacqueline und Dawa Sherpa, Jeevan Lepcha und B. B. Thapa, wobei letzterer mir manche zeitraubende Formalität ersparte.

Schließlich danke ich noch Anni Guntli (SATA) für ihre stete Hilfsbereitschaft und natürlich Ester Lanz-Colla, die mit ihren Zeichnungen Nepal so einfing, wie auch ich es sehe: farbig und fröhlich.

Der größte Dank gilt der nepalesischen Bevölkerung, in deren Mitte ich ungezählte meiner schönsten Lebensstunden verleben durfte.

Bernhard Rudolf Banzhaf
Basel,
im Frühjahr 1988

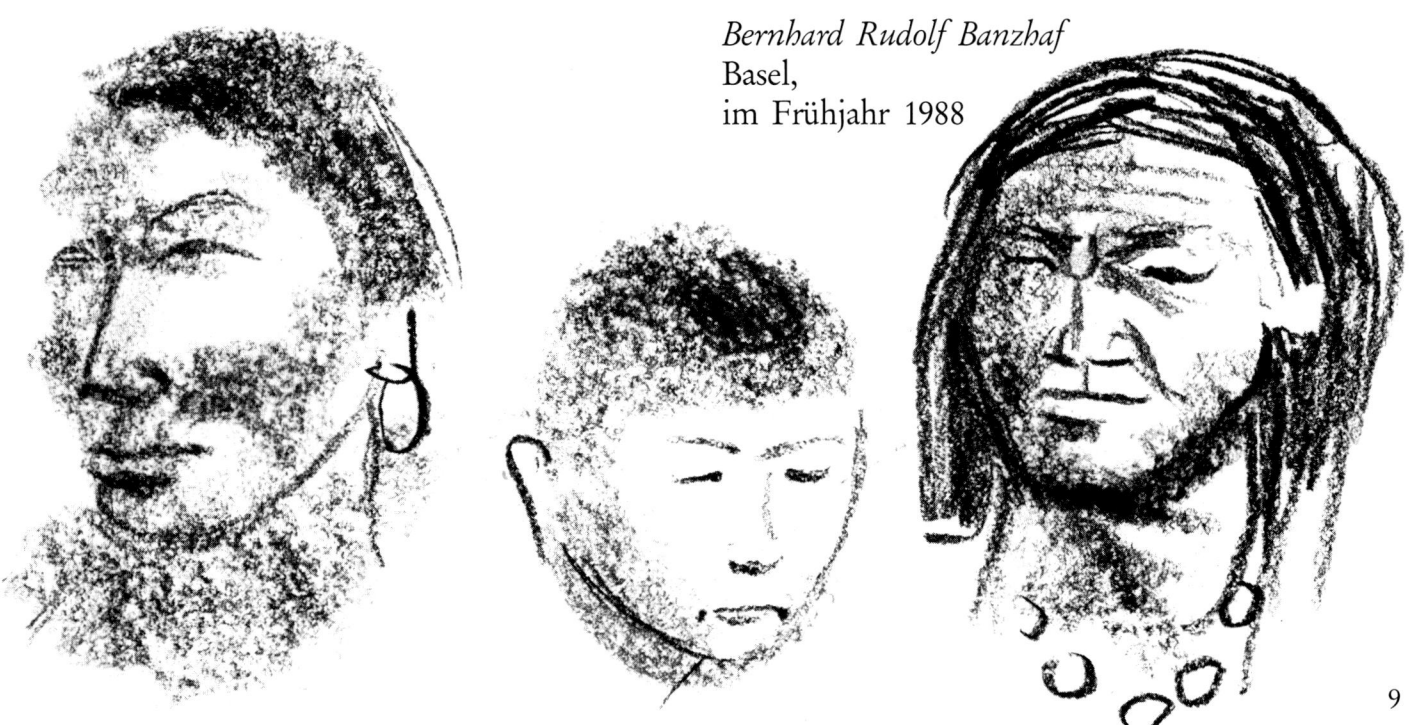

1. Wandern — eine Tätigkeit

Gehen, das ist die ursprünglichste Fortbewegungsart des Menschen. Zu Fuß von einem Ort zum andern zu wandern stellt daher eine der natürlichsten Tätigkeiten des *homo sapiens* dar, eine Tätigkeit aber, die den Bewohnern der sogenannten zivilisierten Welt durch die Technik verwässert und entfremdet wurde. Einerseits stehen uns mit Auto, Eisenbahn und Flugzeug moderne Transportmethoden zur Verfügung, die zwar die Distanzen verkürzen, aber den Weg zum Zeitverlust degradieren, andererseits schränkt die kompromißlose Erschließung der Welt mit Straßen, Schienensträngen, Flughäfen und Seilbahnen unseren ureigensten Bewegungsraum derart ein, daß selbst ein fanatischer Wanderer es schwer hat, seinen Weg zu finden, ohne in Konflikt mit eben diesen Infrastrukturen zu gelangen. Bergwandern ist in Europa zudem nur fern von jener Beschaulichkeit durchführbar, die den Inhalt dieses „Sports" bilden sollte, eine Beschaulichkeit abseits von Konkurrenzdruck und Wettkampf mit anderen. Der Mensch braucht aber heute mehr denn je eine gewisse Ruhe, ist er doch, wie kaum zuvor, in eine Gesellschaftsform und einen Arbeitsprozeß eingegliedert, die förmlich nach Ausgleich schreien. Eben diesen Ausgleich bei uns zu finden, fällt schwer, nicht zuletzt darum suchen ihn viele anderswo.

Je mehr man wandert, desto mehr Ausgleich zum Alltagsleben wird gegeben. Wandern heißt Zeit haben, Zeit für andere, Zeit für sich selbst. Man hat Muße dabei, sofern der Weg das Ziel bildet, Beschaulichkeit, nochmals Zeit, Zeit, etwas zu Ende zu denken. Der Sauerstoff beflügelt die Gedanken, Ideen kommen, die man im täglichen Ablauf nur schwer erhalten hätte. Wandern ist so etwas wie eine psychische Dusche, „Psychohygiene", vorausgesetzt, man hat genügend Zeit und die Voraussetzungen physischer Art dazu.

Nepal bietet sich für einen solchen Ausgleich an, ja drängt sich beinahe auf, denn hier findet der Fremde, was er sucht. Gesegnet mit einem stabilen und milden Schönwetterklima außerhalb des Monsuns und einer schlichtweg einmaligen Berglandschaft, welche durch moderne zivilisatorische Erschließungen bisher weitgehend verschont wurde, bietet das Land einen idealen Rahmen für Bergwanderungen. Dazu kommt noch die interessante Vielschichtigkeit der Bevölkerung und die Tatsache, daß sich hier zwei große Kulturkreise die Hand reichen. Die Begegnung Tibets und Indiens, des lamaistischen Buddhismus mit dem Hinduismus, manifestiert sich nicht in klaren Fronten, sondern es findet ein sanfter Übergang mit vielen Zwischenformen statt, ähnlich

den klimatischen Stufen, die Nepal aufweist. Der Fremde wird auch eine beinahe gewaltfreie und friedfertige Bevölkerung finden, die in ihrer Gastfreundschaft und Herzlichkeit ihresgleichen sucht. Auch erwarten ihn die letzten intakten Refugien tibetischer Kultur, eine besondere Faszination, die sicher zur Beliebtheit des Landes beiträgt.

Doch was erhofft man sich vom Fremden? Zunächst identifizieren sich die Einheimischen mit dem wandernden Fremden, wandern sie doch selbst auch viel und nicht ungern. Man nimmt an, daß sich ständig etwa ein Viertel der Nepali auf Reisen befindet. Aber dies sind Reisen mit Grund. Der Bauer trägt den Ertragsüberschuß seiner Felder zum nächsten Markt, die Viehzüchter kaufen und verkaufen Tiere in entlegenen Tälern, der Pilger wandert zu den heiligen Städten am Bagmati oder Ganges. Unsere Wandertätigkeit kann der einfache Mann nicht durchschauen, geht ihm doch das Verständnis dafür ab, warum wir uns in Hitze und Kälte auf den langen Wegen abmühen.

Auf meinen eigenen ausgedehnten Wanderungen stellte ich immer wieder fest, daß die Nepali zuerst nach dem Woher und Wohin des Weges und dann nach dem Grund der Reise fragen. Da sind Antworten wie „Berge schauen", „Klöster ansehen", „Tiere be-

Zwei Mädchen tragen Mist auf die Felder, wo bald Kartoffeln gedeihen sollen (Braga, 3510 m, Mai '85).

obachten" oder „Dörfer besuchen" keine ausreichenden Erklärungen. Hier treffen wir also auf eine Art Unverständnis unserem Tun gegenüber, wundert sich doch der Nepali, daß wir gescheiten und reichen Ausländer „grundlos" sein Land durchstreifen. Aber er ist viel zu tolerant und zu sanftmütig, um deshalb gegen die Fremden eine Abneigung zu hegen. Vielmehr genügt es ihm zu wissen, daß sie kommen, jedes Jahr etwas zahlreicher und daß sie Unterkunft und Verpflegung brauchen. Daraus schlägt er Kapital, indem er am Wegrand und in den Dörfern Lodges baut oder sein eigenes Haus dazu herrichtet, um sich einen willkommenen Nebenverdienst zu schaffen. Andere wiederum stellen ihre Dienste als Träger oder Führer zur Verfügung. Aufgrund dieser natürlichen Naivität hat der Einheimische keine weiteren Erwartungen an den Fremden. Aber da sind einige Punkte, die wir uns unbedingt vor Augen halten müssen, wenn wir Nepal, wie auch irgend ein anderes Drittweltland, bewundern und bewandern.

Wenn wir uns der Schönheiten und der kulturellen Vielfalt des Himalajabogens erfreuen und die reine Luft der Berge atmen, sollte dies im Bewußtsein geschehen, daß es das *Shangri La*, den glücklichen Ort eben nicht gibt, der Nepal zunächst zu sein scheint. Auch hier gibt es Probleme, und zwar große. Mangelnde Schulbildung, Bevölkerungsexplosion, überdimensio-

Ein alter Tamang raucht seine Wasserpfeife (Pharkhel).

nierte Waldrodungen, unaufhaltsame Bodenerosion, das Ausgeliefertsein an fremde Hilfe, Korruption, Arbeitslosigkeit und ein mangelhaftes politisches System bilden in sich einen Problemkreis, wo Ursache und Wirkung nicht mehr genau auseinanderzuhalten sind. In diesem labilen Gefüge müssen wir uns deshalb sehr vorsichtig bewegen.

Menschen, wo immer sie sich aufhalten und was immer sie auch tun, hinterlassen Spuren in ihrer Umwelt. Wir sind nun einmal ein Teil dieser Erde und leben auf, von und mit ihr und sie muß mit uns leben. Unsere Erkenntnisse befähigen uns aber, ein bewußtes

Dasein zu führen und Rücksicht zu nehmen. In Nepal besteht diese Rücksicht in einer toleranten und defensiven Auseinandersetzung mit dieser einmaligen Kultur und den friedliebenden Menschen. Wir dürfen nicht versuchen, hier etwas zu ändern, sondern wir müssen den Nepali Zeit lassen, uns zu ändern, denn besonders im menschlichen Bereich sind die Qualitäten dieser Leute beinahe unerschöpflich. Ansonsten gilt, was bei uns gilt. Umwelt- und Landschaftsschutz ist auch in Nepal kein Gesellschaftsproblem, sondern ein sehr persönliches. Hier können wir mit gutem Beispiel vorangehen, besonders in den Berei-

chen Abfallbeseitigung und Brennstoffwahl. Abfall beseitigt man am besten, indem man schon gar keinen mit sich führt. Wir verwenden mit Vorteil einheimische Ware in Stoffsäcken und verzichten auf importierte Büchsen und umweltbelastend verpackte Güter. Mit dieser Einstellung kann das Problem schon an seiner Wurzel beinahe gelöst werden. Holz bildet die wichtigste Brennstoffquelle der Bergbewohner im Himalaja. Es wird auch noch lange so bleiben, denn dem einfachen Mann steht keine Alternative zur Verfügung. Kerosin ist in Nepal zu teuer und Gas in ländlichen Gegenden nicht erhältlich. Wir aber können es uns leisten, mit Kerosin oder Gas zu kochen und müssen es auch tun, um wenigstens einen kleinen Beitrag zur Schonung des Waldbestandes zu leisten. Erklären Sie Ihren nepalesischen Begleitern und den Leuten unterwegs, warum Sie nicht Holz verwenden wollen. Lagerfeuer sind meiner Meinung nach sowieso ein Tabu.

Im weiteren hat die Nepal Heritage Society (NHS) einen Appell an alle jene verfaßt, die sich in diesem Land auf eine Wanderung begeben. Dieser ist im Anhang dieses Buches abgedruckt.

Das Wandern im Himalaja, sofern man gesund ist und bleibt, beglückt und befreit zugleich. Das harmonische Gehen und der Lauf der Sonne bilden die einzigen Zeitmaße. Nicht die Anzahl Kilo- oder Höhenmeter sind wichtig, nein, diese sind Nebensache, sondern der Weg selbst, jeder Meter davon. Die Einfachheit des Wanderlebens wird Sie in das Geheimnis des Wohlbefindens einführen . . . Nehmen Sie nur Erinnerungen, lassen Sie nur Fußspuren.

2. Nepal – das Ziel

Daten und Fakten, Zahlen und Statistiken – lassen wir das. Ein gescheiter Kopf sagte einmal, sie seien wie Bikinis: was sie zeigen, ist reizvoll, was sie verbergen, ist wichtig für den Fortbestand der Menschheit. Ich beschränke mich in der Folge auf einige eher praktische Hinweise.

Beginnen wir mit dem Namen des Landes: Nepal. Der Akzent liegt auf der zweiten Silbe des Wortes, also: Nepàl. Was das bedeutet oder wie dieser Name entstanden ist, darüber sind sich auch die Experten nicht ganz einig. Spekulativ scheint mir die Ansicht, er stamme aus dem Tibetischen, wo *nä* Ort und *bal* Wolle heißt. Landläufig wird der Name Nepal lediglich für das Kathmandutal gebraucht. Fragt man im Helambu einen Träger, wohin er gehe, wird er sagen „*Nepal jäne*" (ich gehe nach Nepal) und ein paar Tage später wird er seine Äpfel am Markt in Kathmandu feilhalten. Deshalb scheint mir die Deutung, der Name stamme aus der Sprache der dort ansässigen Newar, als die naheliegendste. *Ne-pa-la* (von Newar: *ne* = Newar, *pa* = See, *la* = Wasser oder Brunnen) wird auch der geologischen und historischen Vermutung gerecht, das Kathmandutal sei einmal ein großer See gewesen, aus welchem lediglich der Hügel von Swayambunath als Insel herausragte, so wie er es heute aus dem Nebelmeer tut.

Viele Klischees umranken das letzte Hindukönigreich der Welt, und zum Teil auch Vorurteile, die nur schwer abzubauen sind, haben sie sich doch in unserer Vorstellungswelt tief eingegraben. Nepal ist weder das Land der Eisriesen, noch der Goldpagoden, weder der dritte Pol, noch das Revier des Yeti, weder Traumland, noch Paradies – es ist vielmehr beinahe alles zusammen und noch viel mehr. Schon eine Fahrt von Kathmandu nach Bhaktapur eröffnet weitere Horizonte. Nepal ist vor allem ein vegetationsreicher, subtropischer Vielvölkerstaat, wo mit mittelalterlichen Methoden Terrassen beackert werden, ein immenses Hügelland zwischen der heißen Fülle der Gangesebene und der leeren Kälte des Dachs der Welt. Dieser subtropische Gürtel zieht sich vom flachen Terai im Süden über die Siwalikhügel und die Kette der Mahabharat Lekh, die das Land kulturell und klimatisch von der nordindischen Ebene abschirmt, über die Trogtäler in die unendlichen Hügel, das Vorgebirge des Himalaja. Die bekannten Bergkämme, die ihre Gipfel bis in die Zone der Jetwinde hochhalten, machen nur einen geringen Streifen im Norden des Landes aus. Die dahinterliegenden Hochtäler und -ebenen, wie Mugu, Dolpo und Mustang, gehören geographisch und klimatisch schon zu Tibet und seinen Bergwüsten.

Es wird auch behauptet, Nepal sei eines der ärmsten Länder der Welt. Das stimmt, wenn man Armut von Zahlen wie Bruttosozialprodukt und Pro-Kopf-Jahreseinkommen ableitet. Aber hier blenden die Kalkulationen einmal mehr. Die Nepali sind zur Mehrheit Selbstversorger. Oft wird getauscht, weniger gekauft und verkauft, z. B. Kartoffeln, Fett und Wolle gegen Reis, Mais und Fleisch. Der größte Teil der Nepali führt ein genügsames Leben, fern der Hektik und der negativen Berieselung der Industrienationen, er arbeitet sehr hart in einer großartigen Umgebung, ja muß sehr hart arbeiten, um überleben zu können. Wohl drücken bakterielle Verseuchung und mangelnde medizinische Versorgung auf die Lebenserwartung, aber die Leute am Himalajabogen scheinen mir weitaus glücklicher, als der Durchschnitt im Westen, wo Sachzwänge den Lebenslauf bestimmen, nicht mehr die Natur. Einfachheit ist bekanntlich der Schlüssel zum Wohlbefinden. Der Nepali lebt einfach, ist genügsam und glücklich und zeigt dies auch. Die Mehrheit des 18-Millionen-Volkes besitzt materiell gesehen nichts oder wenig und manche Familie rackert sich am Rande des Existenzminimums ab, aber wirkliche Armut oder sogar Elend und Hunger wird man in Nepal sehr selten zu Gesicht bekommen. Genügsamkeit und ein intaktes

Warten auf die Wintersaat: abgeerntete Reisterrassen bei Chandrakot, 1563 m.

Familienleben, Verbundenheit mit der Religion und eine positive Einstellung zum *karma,* zum Schicksal, sind die Wurzeln des glücklichen Daseins, das dieses Volk führt.

Trotz seines naturnahen Lebens kann man aber dem Nepali eine gewisse Ignoranz, was seine Umwelt betrifft, nicht absprechen. Die Völker zwischen Mechi und Mahakali haben sich nicht sehr gut an ihre Umgebung angepaßt. Sinnlos wird mit Kahlschlag und Brandrodung dem Lebensspender Wald zu Leibe gerückt. Der Wald ist in den Augen der meisten Nepali ein Feind. In ihm hausen die bösen Geister, nebst Rehen, Wildschweinen und Bären, die sich regelmäßig auf den Feldern mit den Früchten menschlicher Anbaukunst vollschlagen. In vielen Gebieten wird wesentlich mehr Holz geschlagen, als je für Brennstoff und Bauzwecke verwendet werden könnte. Diese Einstellung ist fatal, werden doch die Hänge ihrer Befestigung beraubt und durch die immensen Regengüsse des Monsuns unwiederbringlich erodiert. Leider kann der einfache Bauer diesen Zyklus nicht durchschauen und hackt weiter Bäume um, obwohl dies im ganzen Land gesetzlich verboten ist. Auch Tieren gegenüber ist eine gewisse Brutalität unverkennbar. Was sich bewegt, wird verfolgt und mit Steinen beworfen. Meist ehemalige Gurkha-Soldaten benutzen ihre alten indischen Büchsen zur Jagd, die unkontrolliert und intensiv betrieben wird. Das Wild ist deshalb äußerst scheu und zudem wenig zahlreich. Die Absicht der Regierung, einige Nationalparks einzurichten, sollte dem Raubbau an Wald und Wild in besonders gefährdeten Gebieten den Riegel vorschieben; diese Bemühungen wurden aber nur bedingt von Erfolg gekrönt, werden doch diese Reservate meist bewohnt. Nationalparks bestehen heute in Westnepal (Rara und Shey-Dolpo), nördlich von Kathmandu (Langtang), im Terai (Royal Chitwan) und im Khumbu (Sagarmatha), zudem sind noch einige Wildreservate im Westen des Terai eingerichtet worden. Aufforstungsprojekte können in verschiedenen notleidenden Zonen beobachtet werden. Einige davon sind zum Glück sehr erfolgreich. Dennoch ändert dies noch nichts an der Tatsache, daß die drei Hauptflüsse Nepals, der Karnali, der Narayani und der Sapt Kosi jährlich beim Anschwellen des Monsuns jenes Kapital in den Golf von Bengalen tragen, das zukünftigen Generationen wohl fehlen wird: den Humus.

Aufgrund der topografischen Gegebenheiten, dem Monsunklima und mangelnder Bedürfnisse wurde das Land bislang nicht durch ein modernes Straßennetz erschlossen. Vielmehr sind es einfache Pfade, auf denen sich der Nepali bewegt und an denen die schmucken Dörfer liegen. Es sind aber nicht einfach „Nepali", die mit uns die Wege teilen, mitnichten, es ist viel komplizierter. Nepal beherbergt auf seiner kleinen Fläche 22 verschiedene Volksgruppen. Die Mehrheit ist indo-arischer Abstammung und nach den Moguleinfällen in Nordindien im 12. Jahrhundert in die Berge geflüchtet, um einer Islamisierung zu entgehen. Es handelt sich meist um Hindu mit hohem Kastenstatus, wie Bahun (Prie-ster) und Chhetri (Krieger), die in In-dien Brahmanen und Kshatriya ge-nannt werden. Sie haben sich mit orts-ansässigen Menschen teilweise ver-mischt. Dann finden wir Angehörige der Ur-Rassen Nepals wie die Newar, Sunwar und Kiranti (Rai und Limbu), die vermutlich immer hier hausten. Von Tibet her folgten die tibeto-mon-golischen Züge vorbuddhistischer Magar und buddhistischer Gurung, Tamang, Thakali, Bhotia und Sherpa, die mit der Flucht vieler Tibeter nach Nepal 1959 ihr vorläufiges Ende fan-den. Im Terai – früher eine Fieber-hölle – finden wir nebst den traditio-nellen Tharu nun mehr und mehr Einwanderer aus Indien und aus dem Hügelgebiet, wo der Bevölkerungs-druck zu groß wurde.

Jede dieser Volksgruppen hat ihre eige-ne Kultur bewahren können, dazu ge-hört nebst Kleidung, Hausbau und Anbaumethoden auch die Sprache und die Religion. Nepali oder Gurk-hali, die Landessprache, wird von rund 50 % der Bevölkerung als Mut-tersprache gesprochen. Die andern ler-nen es als Fremdsprache in der Schule. Obwohl sich der Nepali sonst ohne Hinterfragen und Kritik in sein

Schicksal ergibt, und man diese Ein-stellung mit Vorteil zumindest wäh-rend eines Aufenthaltes in Nepal auch übernimmt, kommen wir nicht um-hin, einige Worte über Wetter und Klima zu verlieren. Es ist so ausgegli-chen und gemäßigt, wie die Bewohner selbst. Vor allen Dingen findet es täg-lich statt, ohne Satellitenbilder und Prognosen, obwohl solche von Radio Nepal auch ausgestrahlt werden.

„Mainly fair throughout the country" tönt es da meist zwischen Oktober und Mai, der eigentlichen Trocken-zeit. Ein riesiges Kontinentalhoch be-stimmt dann das Wetter, Regenfälle sind selten. Im Winter (Januar und Fe-bruar) hingegen muß mit Westwinden und Schneefall gerechnet werden, der von West nach Ost abnimmt. Manch-mal ist Jumla (2 300 m) total einge-schneit, während man auf dem Kala Pattar (5 545 m) im Khumbu den Schnee nur auf den umliegenden

Sieben- und Achttausendern erspähen kann. Von einem „Winter" in unserem Sinn kann jedoch keine Rede sein. Die Sonne hat Kraft genug, mit allfälligen Schneedecken kurzen Prozeß zu ma-chen. Zudem wird die Luft während des Tages genügend erwärmt, was die trockene Kälte der Nacht erträglich macht. Mai und Juni sind die heiße-sten Monate. In Lagen unter 2 000 m ist es dann für Wanderungen schon zu heiß. Der Monsun setzt langsam ein, wird doch durch die Erhitzung des ti-betischen Hochplateaus feuchte Luft aus dem Golf von Bengalen angesaugt, die sich beim Aufstieg über die Hügel und an den Himalajabergen mehr und mehr in Form von Gewittern und Landregen ihrer Last entledigt. Dies ist die Zeit der Blutegel, welche in hel-len Scharen urplötzlich auftauchen und ihren unbändigen Durst stillen möchten. Aber auch die Natur entfal-tet die ganze Pracht ihrer Farben.

Die Tracht der Sherpani heißt *enki* **(Changba/Solu).**

Wald und Felder präsentieren sich beinahe „irisch-grün", in den Bergen blüht der Rhododendron und viele andere Blumen verschönern die sonst braunen Wiesen. Juli, August und September stehen im Bann der enormen Niederschläge des Monsuns. Trekking während dieser Periode hat auch seine besonderen Reize. Ein Schirm und Salz oder Schnupftabak als Abwehrmittel gegen die Blutegel gehören dann zur Standardausrüstung. Reißen die Wolken einmal auf, dann folgt die Belohnung für das Ausharren in Regen und Nebel und für die kühlen Nächte in nassen Zelten: Absolut weiße, tiefverschneite Berge glänzen durch die tropische Vegetation und die tausend Düfte der warmen Erde, ein enormer Kontrast!

Über die Dauer des Monsuns zu diskutieren oder sogar Prognosen darüber anzustellen, liegt mir fern. Er kommt und geht, wenn *er* will. Im Prinzip muß zwischen Juni und September mit Niederschlägen gerechnet werden, aber manchmal kommen diese schon im April und manchmal regnet es bis Ende Oktober. 1984 z. B. war am 17. September Schluß, während 1985 am 22. Oktober der letzte Monsunsturm wütete. Sein Kommen läßt sich durch zunehmende Gewittertendenz erahnen, er pflegt aber auf einen Schlag unvermittelt aufzuhören. Sonst gilt in Nepal (wie auch bei uns) die Regel: Es gibt kein schlechtes Wetter, nur schlechte Kleider . . .

Die Nepali kleiden sich unterschiedlich. Während bei den Männern die lokalen, zweckmäßigen Trachten durch westliche Einflüsse verwässert werden, sind die Frauen eher traditionsbewußt. Studiert man die Frauentracht der einzelnen Volksstämme, kann man an ihr schon bald die Zugehörigkeit der Person ablesen. Dazu gehört auch der Schmuck, der sich von Gruppe zu Gruppe ändert. Bei offiziellen oder festlichen Anlässen tragen die meisten Männer die offizielle Nepalitracht: Schuhe, Baumwollhose (unten eng, oben weit), Baumwollhemd, Gilet, westliche Weste, Schal und der unvermeidliche *topi*, die farbenfrohe Stoffmütze. Sherpa und Bhotia tragen dann die tibetische *chuba*, ein langer Wollmantel und eine Fellmütze, meist mit Brokat geschmückt.

Auch der Hausbau unterscheidet sich von Region zu Region. Wohnen Angehörige mehrerer ethnischer Gruppen im gleichen Gebiet, pflegen diese ihren eigenen Haustyp. In Bhojpur in Ostnepal leben im gleichen Dorf Bahun, Chhetri, Rai, Limbu, Sherpa, Tamang, Gurung, Kami, Newar und Sunwar, also zehn verschiedene Volksgruppen und jede baut noch ihre kulturtypischen Häuser.

Obwohl dem Begriff Zeit in diesem Land jene Rolle zukommt, den er eigentlich verdient – er ist nahezu unwichtig! – kennen auch die Nepali den Kalender, oder besser gesagt, sogar deren vier. Am gebräuchlichsten ist der Nepali-Kalender, nach Bikram Sambat (B. S.), einem indischen König, der ihn einmal einführte. Demzufolge befinden wir uns 1987 schon im Jahre 2044 B. S. Neujahr wird Mitte April gefeiert. Zwölf Monate mit eigener Namensgebung sind bekannt, wobei diese jeweils gegen den 15. unserer Monate beginnen. Auch die Wochentage sind anders benannt, als bei uns. Daneben wird besonders in den größeren Städten auch der gregorianische Kalender gebraucht. Er wird „English Calendar" genannt. In Kathmandu hängen die Newar noch sehr an ihrem eigenen Kalendermaß. Nach unserer Zeitrechnung befindet man sich dort im Mittelalter, genauer im 15. Jahrhundert. Geht man durch die Reisfelder von Sankhu oder Kirtipur, hat man sogar das Gefühl, man sei 500 Jahre zurückversetzt worden. In Gebieten mit tibetischem Einfluß oder in den buddhistischen Klöstern gilt der Tibetische Kalender, ein komplizierter 60-Jahre-Zyklus. Es werden keine Jahreszahlen verwendet, sondern das Jahr erhält einen Namen aus der Verbindung von fünf Elementen und zwölf Tieren. 1986 wäre das Jahr des Feuer-Tigers. Die zwölf Monate dagegen tragen Nummern und keine Namen. Das tibetische Neujahr, genannt *losar*, wird meist im Februar unserer Zeitrechnung abgehalten. Bevor Sie mit einem Nepali einen Termin abmachen, stellen Sie klar, welchen Kalender Sie bevorzugen, da ansonsten gewisse Mißverständnisse

wohl nicht ganz zu vermeiden sind. Viele Nepali tragen eine Uhr, für sie eine Art Statussymbol. Nehmen Sie es aber den lieben Leuten nicht übel, wenn sie diese nicht lesen können. Wie erwähnt, die Zeit spielt keine große Rolle. Während wir die „akademische Viertelstunde" Verspätung kennen, wird im Lande der Gurkha die „Nepali time" akut. Pünktlichkeit ist die Höflichkeit der Könige – da es aber in Nepal nur einen König gibt, ist jedermann auf seine Art höflich.

Sprache und Religion

Im Vergleich mit den sonst üblichen asiatischen Gepflogenheiten sind die Nepali nicht übermäßig höflich, sondern eher sehr direkt und bestimmt korrekt. Die Grußformel *namaste* hört man höchstens von Kindern, die vorbeiwandernde Touristen auf sich aufmerksam machen wollen. Will der Nepali etwas wissen, dann fragt er ohne Umschweife „kahān ho?" (wohin?), oder „kati baje?" (wieviel Uhr ist es?), um sich dann nach Erhalt der gewünschten Auskunft wort- und danklos abzuwenden. Bei den verstädterten Nepali tritt noch eine weitere Eigenschaft in den Vordergrund, die man sich merken muß. In Kathmandu wird man als Fremder kaum ein „nein" zu hören bekommen. Auch auf eine unmöglich erfüllbare Bitte wird mit einem „Ja" oder höchstens ausweichend geantwortet. Der Nepali fürchtet sich, mit einem „Nein" den Bittsteller zu brüskieren. Generell, und dies gilt für Stadt und Land, antwortet er nur auf die Frage, die man ihm gerade stellt. So kann die Antwort zwar klar sein, durch ihre Knappheit aber

viele Dinge offenlassen, die zu wissen ebenfalls von Nutzen oder notwendig wäre.

Der Schlüssel zur Verständigung in diesem Vielvölkerstaat heißt Nepali oder Gurkhali, die *lingua franca*, die offizielle Landessprache. Wie Hindi und Urdu aus dem Sanskrit abgeleitet, wird es praktisch von allen Nepalesen gesprochen, aber von der Hälfte etwa auch nur als Fremdsprache. Viele Nepali sind mehrsprachig, wobei als ausländische Fremdsprache *angrez* (np für Englisch) bevorzugt und auch in den Schulen gelehrt wird. Viele Sherpa sprechen recht gutes Englisch, haben sie doch dieses im Kontakt mit Fremden erworben. Andere wieder sprechen das berüchtigte „Sherpa-English", in dem englische Worte mit tibetischer Grammatik eine Symbiose erleiden. Englisch schreiben können jedoch nur Leute mit entsprechender Schulbildung. Viele Sherpa schreiben auch englische Briefe, aber in phonetischer Schreibweise. Wenn man den Brief laut vorliest, versteht man ihn auch. Nepali wird, wiederum wie Hindi, in der Devanagarischrift geschrieben, ebenso die meisten lokalen Sprachen. Nur Sherpa und Bhotia kritzeln manchmal ihre persönlichen Notizen in tibetischer Schrift nieder. Es macht Spaß, einige Brocken Nepali zu erlernen. Der grammatikalische Aufbau ist leicht, die Schwierigkeit besteht nur darin, sich die unbekannten Wörter zu merken und richtig zu artikulieren. Viele Ausdrücke haben, falsch ausgesprochen, eine komplett andere Bedeutung. Die Sprachkenntnisse können bei täglicher Anwendung mit Sherpa und sämtlichen Weggenossen schnell erweitert werden. In den Buchhandlungen Kathmandus

Der Reis ist reif, er wird von Hand geerntet (Manigaun/Trisuli, 1195 m).

Buddhisten, anerkennen die hinduistischen Brahmanen *(bāhun)* als ihre Priester. Andererseits gilt es auch als vorteilhaft, dem Hinduismus anzugehören, besonders wenn man sich um Staatsstellen bemühen will, weshalb viele Newar Hindu geworden sind. Im übrigen ist der Einfluß des Hinduismus auch in den lamaistischen Regionen latent, kennen doch alle diese Volksstämme das Kastensystem. Die Kastenhierarchie wird nicht so orthodox gehandhabt, wie im benachbarten Indien, doch ist sie – obwohl offiziell abgeschafft – noch vorhanden und auch wirksam. Diesem Umstand wird man am ehesten gewahr, wenn man ein gewöhnliches Dorf unter die Lupe nimmt. Die tiefkastigen Handwerker erstellen ihre meist bescheideneren Behausungen klar außerhalb des Dorfzentrums, das den hochkastigen Priestern und Kriegern oder der dazugehörigen Volksgruppe reserviert ist. Ein sozialer Aufstieg über die Kastenstruktur hinweg ist im eigenen Land auch heute noch ein Ding der Unmöglichkeit.

Nepal wurde lange Zeit als „gewaltloses" Land beschrieben. Dies ist es eigentlich auch heute noch. In Kathmandu kann man sich noch sehr frei bewegen, obwohl die zunehmende Arbeitslosigkeit auch einen Nährboden für Diebstahl und Einbruch abgibt. Mit den selbstverständlichsten Vorsichtsmaßnahmen (Wertsachen und -schriften in den Hotelsafe und Geld auf den Leib) entgeht man den wenigen Taschendieben, die die Basare zuweilen verunsichern. Im Terai ist noch mehr Vorsicht geboten, da hier aus Indien ein gewisses Maß von Kriminalität „importiert" wurde. Besonders gefährlich sind dort aber eigentlich nur

sind zudem sehr gute Wörterbücher und Sprachlehrbücher erhältlich. Ich habe immer wieder festgestellt, wie viel näher man den einfachen Leuten kommt, wenn man sich die Mühe nimmt, ihr Idiom zu sprechen. Zudem wird in ländlichen Gegenden kaum Englisch gesprochen, weshalb ein gewisser Basiswortschatz in Nepali durchaus von Nutzen sein kann.

Die Religion spielt auch heute noch eine enorme Rolle. Etwa 14,5 Millionen Nepali, das sind 80 % der Bevölkerung, sind Hindu, der Rest lamaistische Buddhisten. Daneben gibt es noch moslemische und christliche Minderheiten. Die großen Glaubensbekenntnisse leben friedlich, ja ausgesprochen harmonisch nebeneinander, oft wird das gleiche Heiligtum von beiden Seiten verehrt. In gewissen Gebieten kann man nicht mehr genau sagen, welchen Ritus die Leute nun praktizieren, da Religionsverschmelzungen stattgefunden haben. Die Newar in Kathmandu, ursprünglich die Transitorte Sunauli und Raxaul an der indischen Grenze. Auf Wanderungen in den Bergen ist das Risiko von Diebstählen relativ gering, vorausgesetzt, man stellt seine Habe nicht zur Schau und hat sie besonders bei Lagerplätzen in oder in der Nähe von Dörfern im Auge. In Zentral- und Ostnepal kommen sehr wenig Diebstähle vor, jedoch ist in der Region um Pokhara generell mehr Vorsicht als sonst üblich am Platze. Leider häufen sich aus diesem Gebiet Meldungen über Diebstähle. Sogar Berichte von tätlichen Angriffen auf Fremde sind mir zu Ohren gekommen; allerdings ereigneten sich diese nicht auf den Hauptwegen. Für kurze Treks in dieser Gegend sollten sich allfällige Einzelgänger mit Gleichgesinnten zusammenschließen, oder einen Sherpaführer mitnehmen, um das Risiko zu schmälern. In der Nacht empfiehlt sich besonders auf Zeltplätzen in der Nähe von Pokhara eine ständige Wache, falls man nicht in einem Haus übernachten kann. Diese betrübliche Entwicklung wurde auch durch jene Reisenden gefördert, die aus purer Unachtsamkeit ihre Ausrüstung und ihre Wertsachen zu wenig sicher versorgten oder nicht beaufsichtigten. Gelegenheit macht eben auch in Nepal Diebe. Benehmen Sie sich, wie Sie dies zu Hause auch tun würden: etwas Vorsicht kann nicht schaden. Die große Mehrheit der Nepali ist aber sehr ehrlich und vertrauenswürdig. Einmal trug mir ein Dorfbewohner vier Stunden lang

Anpflanzen: ein Chhetri-Bauer bündelt seine Reis-Setzlinge (Tharo Khola, 1600 m).

eine Brille nach, die er als mein Eigentum zu erkennen glaubte, was sich allerdings als falsch erwies. Mit Hilfe meines Sherpa konnten wir den richtigen Inhaber schließlich doch noch finden.

Die politische Struktur Nepals würde allein Stoff genug für ein ganzes Buch liefern. Wir haben es mit einer sogenannten „konstitutionellen Hindu-Monarchie" zu tun, was aber in Realität nur bedingt stimmt. Das Staatsoberhaupt, König Birendra Bir Bikram Shah Dev ist gleichzeitig Inhaber der höchsten Vollzugsgewalt in Legislative, Exekutive und Jurisdiktion. Es steht ihm ein Nationalrat *(Rastriya Panchayat)* von 140 Mitgliedern zur Verfügung. Dieser Rat rekrutiert sich aus 112 Distriktsvertretern und 28 vom König selbst ernannten Personen. Politische Parteien sind seit 1960 verboten, existieren aber im Untergrund, unterstützt von verschiedenen Staaten aus Ost und West. Eine sehr große Zahl von Ministern untersteht direkt dem Premierminister. Neben diesen einflußreichen Personen haben auch verschiedene Mitglieder der Königsfamilie erheblichen Einfluß und Entscheidungsbefugnisse. Obwohl der relativ junge König mit großem persönlichem Engagement den innenpolitischen Hauptproblemen (Familienplanung, Förderung des Schulwesens, Verbesserung der landwirtschaftlichen Erträge, Sicherung einer lebensnotwendigen Waldfläche, Entwicklung von Basisindustrien, Unterbindung des Devisenschwarzmarktes und Verbesserung der Effizienz des Regierungsapparates) zu Leibe rückt, werden seine bewundernswerten Bemühungen durch Korruption, Vetternwirtschaft und mangelnde Bildung

vieler Beamter leider stark gebremst. Die gebildete, junge Generation ist unzufrieden mit diesen Zuständen, die einer Entwicklung des Landes im Wege stehen, weshalb zumindest im Untergrund heftig Kritik am System

geübt wird. Man fordert im wesentlichen eine Abkehr vom Panchayat-System und die Wiedereinführung der politischen Parteien. Was immer auch kommen möge, es wird vorderhand an effizienten und geschulten Beamten fehlen, die das Land verwalten können. Zudem ist die Kommunikation innerhalb des Landes sehr schlecht, vergehen doch oft Monate, bis ein Dekret der Regierung bis in die hintersten Ecken des stark gegliederten Landes gelangt, wenn überhaupt. Ich traue jedoch den improvisationsfreudigen Nepali zu, daß sie die Krise des Systems überstehen können. Ob ihnen allerdings von den mitmischenden Großmächten in der Nachbarschaft dazu Zeit gelassen wird, steht auf einem anderen Blatt.

Außenpolitisch verfolgt König Birendra einen Balancekurs zwischen den expansiven Indern im Süden und den Chinesen im Norden, die 1959 mit der Niederwerfung Tibets die politische Landschaft um Nepal veränderten. Mit beiden Großmächten werden gute Beziehungen gepflegt und Handel getrieben. Nepal wurde bisher seiner Rolle als Pufferstaat zwischen Indien und China gerecht und wird auch in Zukunft, sofern keine einschneidenden Veränderungen eintreten, diese Rolle spielen müssen. Man wünscht allgemein hierzu dem König eine glückliche Hand. Sein Gewicht im Land ist enorm, konnte er doch durch die Heirat mit einer Rana-Prinzessin die politische und wirtschaftliche Machtfülle zum ersten Male in der Geschichte des modernen Nepal in einer Person vereinigen. Zudem wird seine Familienlinie als direkte Nachkommen des Hindugottes Vishnu angesehen, wodurch dem König auch im religiösen Leben eine wichtige Rolle zukommt.

Nepal war und ist noch im wesentlichen ein mittelalterlicher Agrarstaat. Die Verbesserung der Verkehrswege, die Erschließung ungenutzter Zonen im flachen Süden, Elektrifizierung und Industrialisierung wird den Bewohnern eine andere Zukunft bescheren. Eine Verschmelzung von Traditionen mit Attributen des modernen, technisierten Lebens wird unvermeidlich sein, zumindest in den größeren Städten.

Das Leben auf dem Land hingegen wird in nächster Zeit wohl kaum revolutioniert werden. Dort wird das einfache, harte, aber vielleicht auch glücklichere Leben der Menschen seinen Fortgang nehmen.

3. Kathmandu – der Ausgangspunkt

Seit Jahrhunderten strahlt diese einmalige Stadt eine Faszination auf Fremde aus, die auch durch den Smog und den zunehmenden Verkehr unserer Tage keinen wesentlichen Abbruch erleidet. Kathmandu ist nicht nur die Hauptstadt des Königreiches Nepal, es ist auch dessen geistiges und kulturelles Zentrum schlechthin. Diese Stadt stellt einen Schmelztiegel der nepalesischen Vielfalt dar, ein wahres Schaufenster des Landes. Und doch – Kathmandu ist nicht Nepal, Kathmandu ist Kathmandu, unverwechselbar.

Die unendliche Beschaulichkeit des Landlebens geht hier im Lärm und Gestank der brodelnden Basare unter, die Bergkulissen werden durch feuchte Backsteinmauern, herrliche Tempelanlagen und die Moderne der hohlen Konjunkturbauten ersetzt, die sich stetig in das Stadtbild hineinfressen. Das Gekrähe der Hähne, das Gackern der Hühner und das Grunzen der Schweine und Yaks weicht dem Gehupe der Autos und dem Geklingel der Rikschas – das Hundegebell bleibt. Die freie Weite erstickt in der heimeligen Enge der belebten Gassen, die Leute bleiben die gleichen, freundlich und lächelnd, sanft ihrem Schicksal ergeben. Kathmandu, die Stadt der fleißigen Newar-Händler, der uralten Kultur, aber inzwischen auch die Stadt der Computer, der Airlines und des

„big business", ein Umschlagsplatz für Pilger, Touristen und Drogen. Sie liegt im Herzen des gleichnamigen Tales, zwischen den heiligen Flüssen Vishnumati und Bagmati, auf 1 300 Meter Meereshöhe, umgeben von der Kunststadt Patan und den Bauernstädten Bhaktapur, Thimi und Kirtipur sowie einem ganzen Schwarm charmanter Dörfer. Gespickt mit heiligen und heiligsten Tempeln der Hindus und Buddhisten, an denen der Zahn der

Zeit sichtbar nagt, bildet sie Ziel unzähliger Pilger aus allen Himmelsrichtungen, Ankunfts- und Ausgangspunkt einer stattlichen Anzahl fremder Bewunderer.

Die Stadt schart sich um den Durbar Square, einem Platz, vielmehr verschiedenen Plätzen, die umrahmt von Tempeln, Pagoden und Palästen eine starke Manifestation religiösen Lebens und der Baukunst der hier ansässigen Newar darstellen. Dort steht auch der mächtige Kasthamandap (skr *kastha* = Holz, *mandap* = Tempel), der Legende gemäß aus dem Holz eines einzigen Baumes erbaut, eine ausladende, beschirmende Pagode, von der die Stadt ihren Namen erhielt: Kathmandu, die Betonung liegt dabei auf der ersten Silbe. Um sie herum konzentriert sich der eigentliche, alte Stadtkern: Backsteinhäuser, heilige Schreine, Plätze, Gassen, Winkel, Höfe und Hinterhöfe, Basare, Pagoden und Stupas. Die modernen Viertel hingegen befinden sich östlich der alten Stadt. Dort finden sich neoklassizistische Rana-Paläste, Hotels und der Durbar Marg, die Prachtstraße mit den Reisebüros und dem Narayanhiti-Palast, der modernen Residenz des Königs. In Thamel, am nördlichen Ende der Altstadt, wimmelt es von Geschäften und Hotels beinahe aller Klassen und Schattierungen, von der spartanischen Bleibe bis zum Fünf-Sterne-Luxuspalast. Thamel entwickelte sich in der letzten Dekade rasant vom verträumten, fast ländlichen Stadtviertel zur regelrechten Anlaufstation Nr. 1 für bergsüchtige Besucher aus dem Westen, beher-

Gebetsfahnen flattern über dem Stupa von Jamacok, 2094 m.

mel – die Welt ist klein, wie ein Karussell. Und für die Hauptstadt eines solchen Landes ist Kathmandu tatsächlich erstaunlich klein. Zu den knapp 200 000 ständigen Einwohnern gesellen sich vielleicht 300 000 Menschen, die jeweils temporär hier ihren Wohnsitz nehmen, besonders im Winter und während den großen Festwochen: Tibeter, Manangbhot, Sherpa, Bhotia, indo-arische Hindu, Inder, Kaschmiri, Bhutanesen und Sikh. Das ganze Tal beherbergt vielleicht eine Million Menschen, zur Hauptsache Newar, die Urbevölkerung dieser Gegend. Streng genommen ist Kathmandu nicht einmal mehr die größte Stadt Nepals. Die Industriemetropole Biratnagar im östlichen Terai hat ihr mit 350 000 ständigen Einwohnern den Rang streitig gemacht. Anders als in anderen Drittweltstaaten stellt Kathmandu nicht einen Magneten für die arbeitssuchende Landbevölkerung dar. Der Überschuß aus den Bergen entlädt sich vielmehr ins Terai, wo zaghafte Schritte zu einer Industrialisierung gemacht werden. Es erstaunt deshalb nicht, daß die Bevölkerungszahl der Hauptstadt eher langsam zunimmt, während Orte wie Nepalganj, Bhairawa, Birgunj, Janakpur, Rajbiraj und Biratnagar sehr großen Zuwachs verzeichnen, aus Neuzuzügern nepalesischer, aber auch indischer Herkunft. Dagegen blieb Kathmandu bis heute ohne nennenswerte Industrie, wenn man von den Werkstätten in Balaju und dem dortigen Gaswerk sowie der Zementfabrik bei Kirtipur absieht. Letztere ist zusammen mit dem motorisierten Verkehr für die schlechte Luft im Tal verantwortlich, eine Plage, die während der Trockenzeit durch die vormittäglichen Bodenne-

bergt es doch die berühmtesten Restaurants und Absteigen und die unentbehrlichen Sherpa-Shops, wo fehlendes Material billig angemietet werden kann. Der enorme Verkehr in den staubigen Gassen läßt Erinnerungen wach werden an die Freak Street in den frühen siebziger Jahren, wo dieser kurze Straßenzug beim Basantapur-Platz fast jene Berühmtheit erlangte wie der Broadway in New York oder die Champs-Elysées in Paris, es war d i e Straße Kathmandus schlechthin.

Das ist heute vorbei. Das Zentrum hat sich ins Thamel verlagert, dort hat die „Welt" Einzug gehalten, dort gibt es sogar Restaurants, die bis 22 Uhr offen sind, dort kann der späte Heimkehrer sogar nach 22 Uhr noch ein Taxi ergattern, vorausgesetzt, es ist gerade kein Feiertag. Trotz des pulsierenden Lebens ist Kathmandu irgendwie ein Dorf geblieben, man kennt sich, man trifft sich – am Flughafen, bei der Post, am Bankschalter, beim Immigration Office, in den Kneipen von Tha-

bel noch verstärkt wird. Ansonsten ist
das Klima in Kathmandu aber sehr
ausgeglichen. Mai und Juni bieten
Temperaturen zwischen 30 und 35°
Celsius, bei hoher Luftfeuchtigkeit.
Selbst im kältesten Monat, dem Januar, sinkt das Thermometer nie
unter den Gefrierpunkt. Tagsüber genießt man stattliche 20 bis 25° Celsius
bei trockener, klarer Luft, die eine ausgezeichnete Sicht in den Ganesh und
den Jugal Himal verheißt. An besonders klaren Tagen sind z. B. von Jawalakhel Annapurna II und der Khumbu
Himal zu erkennen. Wer den Himalaja in seiner ganzen Pracht erspähen
will, der wandert am besten von Balaju
durch den Royal Forest hinauf zum
Stupa von Jamacok (2094 m) oder
fährt mit Bus oder Taxi zu den klassischen Aussichtspunkten Nagarkot
oder Kakani, je etwa eine Fahrstunde
vom Zentrum entfernt. Besonders bei
Sonnenauf- oder -untergang gräbt sich
das Spektakel des Gebirges tief in die
Erinnerung.

Die gebräuchlichsten Fortbewegungs-
mittel sind Busse, Taxi, Motor- und
Fahrradrikschas, Motorräder und natürlich Fahrräder indischer und chine-
sischer Bauart. Alle sind für unsere Be-
griffe relativ preiswert, wobei das
Fahrrad für individuelle Entdeckungs-
reisen besonders empfehlenswert erscheint. Hat man sich einmal an den
Linksverkehr und die hupende und
klingelnde Fahrweise der Einheimischen gewöhnt, wird eine solche Fahrt
beinahe zum Vergnügen. Vorsicht ist
dennoch geboten: Baustellen, Löcher

Mönche feiern *losar* **(tib. Neujahr) vor der
neuen Kargyüpa Gompa in Boudhanath (Februar '86).**

und allerlei kuriose Hindernisse, wie Hunde, Kühe, Bananenschalen, Wasserpfützen und mangelnde nächtliche Beleuchtung sind zu beachten. Die meisten Mietvelos sind zudem unbeleuchtet. Nachts und bei Nebel fahren Lkw's, Busse und Taxi manchmal auch ohne Licht. Diesen Gefahrenherden muß der Fußgänger ebenfalls Beachtung schenken.

Noch vor wenigen Jahren schienen Kathmandu und Patan im Abfall zu ersticken. Eine geordnete Müllabfuhr existierte nicht. Lediglich Kühe, Schweine und Hunde säuberten die Straßen und Gassen, indem sie wenigstens Verderbliches zum Verschwinden brachten. Aus dieser Zeit stammen auch einige Verhunzungen des

Namens in *Crap-mandu* (hi *crap* = wüst, schlecht) oder *Khatam-mandu* (np *khatam* = Ende, Tod). Nun fahren regelmäßig Müllabfuhrwagen durch die Metropole und sammeln die schwelenden Seuchenherde geflissentlich zusammen. Kathmandu ist sauberer geworden, aber dennoch vergißt man westliche Maßstäbe besser. Besonders gefährlich ist immer noch das Wasser. Hüten Sie sich, Wasser zu trinken oder nur die Zähne mit ungekochtem oder ungefiltertem Wasser zu putzen. Wie überall in Nepal ist das Wasser sehr weich und Shampoo oder Seife halten sich hartnäckig auf Haar und Haut. Denken Sie daran, wenn Sie sich mit diesen Produkten eindecken. Die lokalen Seifen indischer und nepa-

lesischer Herkunft eignen sich übrigens sehr gut.

Auch bei Fleisch ist Vorsicht am Platze. Wer nach einem Rundgang durch den Fleischmarkt in Khichapokhri immer noch Appetit hat, nimmt mit indischen Curries vorlieb. Steaks, als Imitation westlicher Küche aufgetischt, haben schon manchem den Urlaub verkürzt oder verlängert. Wer nicht genügend Arzneimittel bei sich hat, kann sich in den vielen Apotheken mit indischen Präparaten eindecken oder eines der großen Spitäler aufsuchen, z. B. das Bir Hospital am Kanti Path oder Shanta Bhawan oder Patan Hospital, beide in Patan gelegen. In allen dreien können auch westliche Ärzte oder Pflegepersonal angetroffen werden.

Kaum eine Hauptstadt der Welt vermittelt so starke Kontraste wie Kathmandu. Dieser Bruch zwischen Mittelalter und Atomzeit macht auch vor den Menschen nicht halt. Hier sieht man einfache *jyapu* (Bauernkaste der Newar), dort modische Dandies, hier filzige Bhotia, dort attraktiv frisierte Studentinnen. Und doch bildet die Bevölkerung visuell eine Einheit, die durch das emsige Hin- und Herwogen aller noch verstärkt wird.

Weniger hektisch geht es in den Beamtenstuben zu. Alle öffentlichen Büros (Post, Bank, Ministerien) öffnen ihre Pforten gegen 10 Uhr vormittags (Nepali time). Zwischen elf und zwölf wird man wohl am ehesten jemanden antreffen, danach wird es schon schwierig. Im Immigration Office in Dilli Bazar wird im Vergleich zum allgemeinen Durchschnitt eher hart gearbeitet. Bringt man gegen zehn das Formular für das Trekking-Permit ausgefüllt mit Fotos, Paß und Wechsel-

Einer der vielen Stupa von Kirtipur (Kathmandutal).

24

bestätigung der Bank vorbei, kann man gegen 16 Uhr die Bewilligung bei den freundlichen Beamten wieder abholen. Ansonsten erreicht man mit freundlichem Auftreten und einer dosierten Portion Beharrlichkeit viel mehr als mit Härte und Überheblichkeit. Vergessen Sie nicht, daß die Korruption hier einen integrierenden Bestandteil des Geschäftslebens bildet. Die Korruption ist toleriert. Hat ein Beamter eine gewisse Stufe erreicht, soll er auch davon profitieren können – dies ist nicht meine, sondern die Volksmeinung. Allerdings – und mit Recht – sind die jüngeren und gebildeten Bevölkerungsschichten gegen diese Art unrechtmäßiger Bereicherung, da sie die Entwicklung des Landes stark verlangsamt. Ganz ausrotten wird man sie wohl so schnell nicht können. An Samstagen ruht die Arbeit in den Kontoren des Staates, ebenso an den zahlreichen Feiertagen, deren es viele gibt. Reist der König außer Landes, sind Schulen und Büros zudem am Abreise- und Rückkehrtag meist geschlossen. Die privaten Firmen kennen eine andere Kadenz. Schon um 9 Uhr wird gearbeitet, abends bis 18 oder sogar 19 Uhr, oft sieben Tage in der Woche. Dies gilt besonders für Reise- und Trekkingagenturen, die am Kanti Path und Durbar Marg gleich reihenweise zu finden sind.

Die Sehenswürdigkeiten sind sehr gleichmäßig im Tal verteilt. Nebst den schon erwähnten Tempelanlagen aus der Mallazeit am Durbar Square in Kathmandu sind unzählige kleinere religiöse Schreine in der Stadt zu finden. Spezielle Beachtung verdienen dabei der Stupa in Bhothahity und die Pagoden im Basarbezirk zwischen Asantole und Indrachowk. Falls Sie

Lust haben, einmal einen Ranapalast zu sehen, drängt sich ein Besuch in der Kesar Library in Thamel auf. Die Rana, eine mächtige Thakurifamilie, führte zwischen 1850 und 1950 das Szepter im Land, während die Shah-Könige zu rein protokollarischen Pflichten degradiert waren. Inspiriert durch Besuche in Europa, ließen sie

durch französische Architekten eine größere Zahl stattlicher Paläste erbauen, wo sie dem Prunk der niedergehenden europäischen Monarchen nacheiferten und sich Mätressen, besonders Sherpani hielten. Die Spuren jener dekadenten Epoche sind noch vorhanden. Ein besonders eindrucksvoller Palast ist der Singha Durbar in Thapathali, wo heute der Premierminister und verschiedene Ministerien ihr Domizil haben.

Der heiligste Hinduschrein im Tal liegt am ebenso heiligen Bagmati, der

als braunes Rinnsal die Asche der Verstorbenen zum Ganges weiterträgt. Die Verbrennungen geschehen meistens in Pashupatinath, wo die bekannte Goldpagode das Ziel unzähliger Pilger bildet.

An der Peripherie der Stadt starren die durchdringenden Augen Buddhas von den Stupawänden, so in Swayambunath und in Boudhanath. Besonders Boudhanath nimmt in der Rangordnung der lamaistischen Heiligtümer eine mehr und mehr dominierende Stellung ein, auf Kosten der zerstörten und unbenützbaren Stätten im besetzten Tibet. Jeden Abend und besonders in der Vollmondnacht umkreisen unzählige Buddhisten betend den mächtigen Stupa, drehen die Gebetsmühlen und besuchen die Gompa. Es gibt etwa ein Dutzend Klöster dort, wobei alle fünf großen Orden vertreten sind: Gelukpa, Kargyüpa, Karmapa, Niyngmapa und Sakyapa. Ein riesiges neues Kloster dürfte 1986 eingeweiht werden: Chentse Gompa, der Haupttempel der Kargyüpa Sekte. Im Innern prunken wandfüllende Reliefgemälde aus Gips, durch geschickte bhutanesische Künstler gefertigt, sowie drei riesige Statuen – bei Europäern mögen dabei Assoziationen an Barock und Rokoko auftauchen. Frühmorgens lohnt es sich, einen Blick in die Klöster zu werfen, wo den *puja*, den Gebetsriten der Lama zugehört werden kann. Dumpfe Trommeln und schrille Klarinetten, Tschinellen und Glocken unterbrechen regelmäßig das monotone Gemurmel der Mönche. Setzt man sich längere Zeit hin, scheint man Zeit, Raum und sich selbst zu vergessen, während die Dämonen im Scheine der Butterlampen von Wandgemälden und Rollbildern furchterregend herabglotzen und das milde Lachen des Buddha fast magische Zufriedenheit und Ruhe ausstrahlt. In jedem Kloster befindet sich ein Hochsitz, der mit *kata* (weißen Schärpen), Brokatdecken und einem Bild des Dalai Lama geschmückt ist. Sollte Seine Heiligkeit

Ein *jyapu* gönnt sich eine Pause.

der Gompa einen Besuch abstatten, wird er auf eben diesem Thron sich niederlassen.

Analog zum Durbar Square in Kathmandu bestehen in den Nachbarstädten Patan (auch Lalitpur) und Bhaktapur (auch Bhadgaon) ebenso schöne Tempelanlagen. Vergessen wir nicht, daß die drei Orte ehemals drei autonome Königreiche der Malla-Dynastien darstellten, bis 1768 Prithvi Narayan Shah von Gurkha aus sich das Kathmandutal einverleibte und das moderne Nepal begründete. Das Konkurrenzdenken der Mallakönige ließ auf engstem Raum eine unglaubliche kulturelle Blüte entstehen, wobei die handwerkliche Fertigkeit der Newar weit über die Grenzen bekannt wurde. Es gibt ja Hinweise, wonach der Pagodenstil in Nepal erfunden worden sei und dann seinen Siegeszug nach Ostasien durch den „Export"

von Newar-Architekten angetreten habe. Patan, die Stadt der Künste, unterscheidet sich im Charakter sehr stark von Kathmandu, denn dort dominiert nicht der Handel, sondern das Handwerk. Besonders Metall und Holz werden verarbeitet – zu Schmuck, Statuen, Schnitzereien und Artikel des täglichen Gebrauchs. Die Kupferkessel der Sherpa stammen ebenso aus Patan, wie die Wasserbehälter aus Messing, die praktisch im ganzen Land Verwendung finden. In den letzten Jahren entstanden einige Möbelfabriken, die den nepalesischen Bedarf abdecken und den Import indischer Produkte eindämmen sollen. In der Tibetersiedlung Jawalakhel erlebt die Teppichknüpfkunst eine neue Belebung. Die komplett handgemachten, robusten Teppiche erfreuen sich besonders bei Ausländern wachsender Beliebtheit.

Bhaktapur, eine Bauernstadt, gehört schon zu jenen Siedlungen im Tal, wo die Beschaulichkeit und die Ruhe sich noch festklammern konnten. Ein Trolleybus verbindet sie mit der 12 km

entfernten Hauptstadt. Berühmtheit erlangte die hohe, fünfstöckige Nyatapola-Pagode. Auch das goldene Tor des ehemaligen Mallapalastes zieht die Leute in Scharen an. Besonderes Vergnügen bereitet immer ein Besuch auf dem Töpferplatz, wo mit archaischen Methoden sehr schöne Töpfereien geformt werden, die praktisch ausschließlich für den lokalen Verbrauch bestimmt sind. Weiter hinten liegt der Dattatreya Tempel und in einer Gasse ganz in der Nähe kann das legendäre Pfauenfenster bewundert werden, Ausdruck des Kunstgeistes der Newar schlechthin, die es immer wieder verstehen, ganz banale und nützliche Einrichtungen in gediegenen Werken zu verpacken.

Nördlich von Bhaktapur thront die hinduistische Pagode von Changu Narayan auf einem Hügel, eine der schönsten Anlagen im ganzen Tal. Bei klarer Sicht genießt man einen schönen Rundblick ins ganze Tal, ähnlich dem Aussichtspunkt bei Kopan Gompa, eine Wegstunde nördlich von Boudhanath. In diesem Kloster finden regelmäßig Meditationskurse statt. Der Andrang westlicher Studenten ist beträchtlich.

Natürlich gibt es noch unzählige andere Sehenswürdigkeiten, sie alle zu beschreiben, würde zu weit führen.

Kathmandu – ein Ausgangspunkt, ein Start zur Begegnung mit Nepal. Die Fülle der Eindrücke ist dermaßen groß, daß man sie im ersten Moment gar nicht verarbeiten kann. Erst eine Wanderung ins Landesinnere läßt Distanz gewinnen.

Geheimnisvoller Hinduismus: kleine Gaben auf einem Opferstock vor einem Tempel (Arughat Bazar).

Erläuterungen zu den Routenbeschreibungen

In den Kapiteln 4 – 16 sind regionenbezogen insgesamt 31 Trekkingvorschläge beschrieben. Jede Routenbeschreibung erhält dabei eine Nummer, aus der gleichzeitig ersichtlich ist, in welchem Kapitel sie zu finden ist. So figuriert im Kapitel 12 die Route Jiri – Luglha/Phakdingma unter der Nr. 121 und Bantipur/Katari – Luglha/Phakdingma unter der Nr. 122.

Die Schwierigkeit einer beschriebenen Tour kann schon an der Farbe abgelesen werden, mit der sie im Text gekennzeichnet und im Kartenausschnitt markiert wird. Die Farben sind wie folgt zu interpretieren:

Grün technisch unschwierige, kürzere oder längere Wanderung auf guten Wegen in geringeren Höhen (max. 4000 m) mit guter Infrastruktur für Individualreisende.

Blau technisch unschwierige, längere Wanderung auf guten Wegen, z.T. in größeren Höhen (max. 5500 m) mit guter Infrastruktur für Individualreisende.

Gelb technisch unschwierige, anspruchsvolle Bergwanderung z.T. über 4000 m, teilweise auf schlechteren oder schwer zu findenden Wegen, ohne oder mit wenig Infrastruktur für Individuelle.

Rot schwere, z.T. alpinistisch-technische Extremtour in Höhen über 5000 m, ohne Infrastruktur, z.T. in unbewohntem Gebiet und im Hochgebirge.

In Nepal kann grundsätzlich auf zwei verschiedene Arten gewandert werden:

– **Individueller Trek**
ohne Führer, Sherpa, Koch, evtl. ohne Träger; Verpflegung und Unterkunft unterwegs

– **Organisierter Trek**
mit Führer, Sherpa, Koch und Träger, Verpflegung und Zelte werden mitgeführt

Die 12 grün und die 3 blau markierten Vorschläge können aufgrund des geringeren Ausrüstungsaufwandes und der Möglichkeit, unterwegs in Lodges zu schlafen und sich dort zu verpflegen, dem Individualtrekker ohne Sherpa und eventuell ohne Träger empfohlen werden.

Die 9 gelben und 7 roten Touren können ohne Sherpa, Träger und Zelte kaum angegangen werden, da die Routenverhältnisse eine wesentlich umfangreichere Ausrüstung und das Mitführen von Eßwaren, Kochern und Brennstoff bedingen. Ganze Gruppen wählen zudem mit Vorteil die organisierte Variante für alle Treks. Eine der bekannten Trekkingagenturen wird Ihnen in diesem Fall behilflich sein, Sirdar, Sherpa, Koch und Träger zu vermitteln, die nötigen Einkäufe zu tätigen, das Zusatzmaterial (z.B. Zelte, Matratzen etc.) für Sie und das gesamte Personal bereitzustellen und die nötigen Transporte in Nepal zu organisieren. Am einfachsten ist es natürlich, gerade hier ein fixfertiges Arrangement zu buchen.

Die Routenbeschreibung ist in sieben Abschnitte gegliedert:

Charakter	Kurzbeschreibung, Dauer, tiefster und höchster Punkt, eventuelle Schwierigkeiten
Ausrüstung	ob Unterkunft und Essen unterwegs erhältlich sind, Hinweise über eventuelle zusätzliche Ausrüstung, Bewilligungen und eventuell deren ausgeweiteter Geltungsbereich (Extension), Kartenmaterial (SK = Schneiderkarte, eigentlich „Nepal-Kartenwerk der Arbeitsgemeinschaft für vergleichende Hochgebirgsforschung" und MM = Mandala Map, gebräuchliche Trekkingkarten der NPMAF Nepal Police Mountaineering and Adventure Foundation, Naxal/Kathmandu). Die SK sind im Fachhandel, SK und MM auch in Kathmandu erhältlich.
Beste Zeit	Angabe der vorteilhaftesten Reisezeit
Sehenswert	Nennung der wichtigsten Sehenswürdigkeiten, Feste etc.
Weg zum Startpunkt	Angabe, wie der Startpunkt am besten erreicht wird

Wegbeschreibung

Detailangabe des gesamten Weges, anhand derer und des entsprechenden Kartenmaterials man sich ohne weiteres zurechtfinden wird. Die fett gedruckten Ortsnamen bezeichnen das Ende der üblichen Etappen. Dort befinden sich auch die üblichen, geeigneten Übernachtungsplätze. Sofern nichts anderes vermerkt, ist dort Wasser vorhanden. Bei den gelben und roten Touren müssen für alle Sherpa und Träger Zelte mitgeführt werden, da diese oft keine andere Unterkunftsmöglichkeit haben. Wo Häuser sind, bevorzugen in der Regel die Träger diese, um zu übernachten.

Beachten Sie, daß sich die Routen aufgrund von neu angelegten Wegen, neuen Brücken oder Erdrutschen kurzfristig ändern können. Erkundigen Sie sich deshalb laufend unterwegs. Die Beschreibungen entsprechen dem Stand im Winter 1985/ 1986. Richtungsangaben „links" oder „rechts" müssen in der beschriebenen Marschrichtung gesehen werden. In Beschreibungen, wo der Rückweg auf der gleichen Route stattfindet, sind bei Flüssen nebst z.B. „linkes Ufer" auch „o. rechtes" (also orographisch rechtes) oder „westliches Ufer" vermerkt, um Mißinterpretationen zu vermeiden.

Hinter wichtigeren Orten sind jeweils die Meereshöhe in Metern und einige Kodes vermerkt, z.B.

TH = Teehaus, Unterwegsverpflegung oder Erfrischung erhältlich

H = Hotel oder Lodge, Unterkunft vorhanden

C = Camp, gute Zeltplätze vorhanden

L = Lunch, idealer Mittagsrastplatz

CP = Checkposten, hier müssen die Bewilligungen vorgezeigt und

Der Pipal, ein willkommener Schattenspender auf dem Weg (Dhandhimandhi, 1700 m).

Ihr Name muß in einem Buch eingetragen werden

AP = Airport, Flughafen oder Flugfeld mit regelmäßigen Abflugmöglichkeiten nach Kathmandu. Praktisch immer STOL- Piste, die nur bei Sicht und guten Verhältnissen angeflogen wird.

Die Zeitangaben sind reine Durchschnittswerte ohne Marschpausen bei guten Verhältnissen, die auch von einer größeren Gruppe eingehalten werden können. Individualreisende oder kleine Gruppen benötigen in der Regel etwas weniger. Bei schlechtem Wetter muß mit beträchtlichen Abweichungen gerechnet werden.

Mögliche Fortsetzung

Ideen, wie der Trek weitergeführt oder beendet werden kann. Angabe, wie Kathmandu wieder erreicht wird.

Eine besondere Schwierigkeit bereitete mir der „Namensalat" in Nepal. Für Orte, Städte, Flüsse, Berge und Flurbe-

zeichnungen sind keine einheitlichen Schreibweisen vorhanden. Auf jeder Karte sind die Namen anders geschrieben. Ich verwendete konsequent jene Namen, die auf den entsprechenden und vorgeschlagenen Kartenwerken eingezeichnet sind, wobei diese bei Neuauflagen oft wieder anders buchstabiert werden und manchmal auch mit den gebräuchlichen Bezeichnungen nicht identisch sind. Bei Orten, die sowohl einen Nepali, wie auch einen lokalen Namen tragen, sind beide erwähnt, z.B. Bhandar (sh: Changma). Bhandar ist also die Bezeichnung in Nepali, Changma in der Sherpasprache. Es gibt auch Dörfer, wo durch die Karten Mißverständnisse provoziert werden. Dort gebe ich aufklärende Hinweise, z.B. Manedingma ist der gebräuchliche Name eines Dorfes. Dieser Name kommt aus der Sherpasprache. Auf der Schneiderkarte (SK) ist der Nepaliname Nuntala eingezeichnet. Deshalb ist dieser Ort in der Beschreibung wie folgt erwähnt: Manedingma (SK+np: Nuntala). Manche Orte weisen mehr als zwei Namen auf, so z.B.: Nauche = Sherpa, Namche Bazar = Nepali, Naboche = Tibetisch. Dort verwende ich jenen Namen, der unter den Einheimischen gängig ist.

In den vorhandenen Karten ist auch keine einheitliche Linie in der Transkription in die lateinische Schrift zu erkennen. Hier wende ich immer die auf den Karten gebrauchte Schreibweise an, um Unklarheiten zu vermeiden. Im Anhang des Buches habe ich ein kleines Verzeichnis der gängigsten Flurnamen mit der deutschen Über-

Eine Gruppe steigt angesichts der Amai Dablang, 6856 m, nach Dingpoche ab (Duglha, 4620 m).

setzung beigefügt. Auch hier verwende ich nicht die korrekte Transkription, sondern jene, die in den Karten erwähnt ist. In der allgemeinen Beschreibung gebrauchte Nepaliworte sind jedoch in der Transkription nach M. Meerendonk's „Basic Gurkhali Dictionary" geschrieben. Dies ist eine klar verständliche Überschreibung aus der Devanagarischrift, zudem kann dieses kleine Büchlein in Kathmandu gekauft werden. Sofern nicht anderweitig vermerkt, stammen die kursiv gedruckten Fremdwörter aus dem Nepali (np). Es fanden aber auch Worte und Namen aus anderen lokalen Sprachen Verwendung, wobei folgende Abkürzungen gebraucht werden:

sh = Sherpasprache (ein tibetischer Dialekt)
tib = Tibetisch
hi = Hindi
skr = Sanskrit
rai = Raisprache
ta = Tamang
gu = Gurung
ne = Newar
lat = Latein

Bei den Höhenangaben bin ich ähnlich vorgegangen. Auch hier gibt es viele Differenzen, die durch stetige Neuvermessungen noch vermehrt werden. Steht z.B. im Text Deorali, 2705 m, dann entstammt diese Angabe der Schneiderkarte (SK). Dieses ausgezeichnete Kartenwerk deckt jedoch nur einen Teil Ostnepals ab. Sonst stehen dem Fremden die berühmt-berüchtigten „Mandala Maps" (MM) der nepalesischen Polizei zur Verfügung, meistens im Maßstab 1:250.000. Dort wird es noch schwieriger. Ich stützte mich auf die Vermessungen des „Survey of India", wobei ich die englischen Fuß in Meter umrechnete und

offensichtliche Umrechnungsfehler, die bereits in den Karten enthalten sind, korrigierte. Fehlt diese Zahl, so gebe ich Angaben, die ich selbst mit dem Höhenmesser ermittelte, wobei natürlich die Genauigkeit stark zu wünschen übrig läßt. Diese Höhenangaben sind mit dem Vermerk „etwa" oder „ca." gekennzeichnet.

Seit den Feldarbeiten für die SK ist schon einige Zeit verflossen, ebenso die Gletscher im Khumbu. Beachten Sie bei den rot markierten Touren in und um dieses Gebiet die Tatsache, daß durch teilweise beträchtliche Abschmelzung völlig andere Geländestrukturen vorhanden sind und diese mit dem Kartenwerk nun nicht mehr übereinstimmen. Tenzing Norgay,

Der Rarasee, 2890 m.

der Erstbesteiger des Sagarmatha, beschrieb diese Entwicklung kurz vor seinem Tod mit dem Wortspiel: „The Himalayas have become Rocky Mountains!"

4. Der ferne Westen — das andere Nepal

Die Sehweise der Hauptstadt, sofern diese nicht im Zentrum des Landes liegt, beeinflußt die Geographie. So ist es auch in Nepal. Kathmandu, zu Beginn des östlichen Drittels des Königreichs gelegen, sieht Zentralnepal als „Westnepal" und den Westen als „fernen Westen". Bei den dicht besiedelten Gebieten zwischen Mahakali und Dhaulagiri handelt es sich aber kaum um den „wilden Westen", wie sie auch schon bezeichnet wurden. Vielmehr könnte vom „anderen Nepal" oder sogar vom „wahren Hindu-Nepal" die Rede sein.

Während die klassischen Wanderpfade des Annapurna, Langtang oder Khumbu in überwiegend tibetisch-trockene Zielgebiete führen — mit tibeto-mongolischen Volksgruppen, die dem tibetischen Lamaismus zugehörig sind — finden wir im fernen Westen eine puritanische Hindugesellschaft, welche die größtenteils subtropischen Hügel bevölkert. Vergessen wir aber nicht, daß Nepal ein Hindustaat ist und vier Fünftel der Nepali eben Hindus sind. Im fernen Westen kommt diese Tatsache erst richtig zum Vorschein, hier bewegen wir uns zwischen hochkastigen Bahun, Chhetri und Thakuri, die im 12. Jahrhundert der Islamisierung Nordindiens durch die Mogulen entflohen sind. Damals fanden die Einwanderer aus der Gangesebene das Volk der Khas vor, das im

Gebiet des heutigen fernen Westens ein eigenes Königreich aufgebaut hatte. Unter dem Einfluß der Bahun wurden die Khas Hindus und es wurde ihnen der zweithöchste Kastenstatus der Kshatriya — in Nepal Chhetri genannt — verliehen. Nur in der Nähe des Rarasees habe ich noch ärmliche Überreste von Khas getroffen, die ihren alten jhankristischen Götterglauben noch pflegen. Ebenso klein ist die Gesellschaft der Rautye, eines tibeto-mongolischen Stamms nomadisierender Viehzüchter und Sammler, die besonders in den Zonen Bheri und Seti herumziehen oder nun teilweise seßhaft geworden sind. Auch die Rautye besitzen eine eigene Religion, in der lokale Gottheiten verehrt werden.

Beginnt man einen Trek im Terai, beispielsweise in Nepalganj, sticht vorerst der total indische Charakter der Leute und der Stadt ins Auge. Pferdewagen und Ochsenkarren durchklappern die stillose Straßensiedlung, Hitze und Insektenplage passen auch nicht ins typische Nepalbild. Dringt man über die Siwalik und Mahabharat Lekh ins Plateau von Surkhet, so werden zwar Häuser, Menschen und Landschaft zunehmend „nepalesischer", aber in Sprache und Ernährung schlägt sich die Nähe Indiens noch stark nieder. Statt *bāto* wird für „Weg" das Hindiwort *rasta* verwendet und statt dem

kukhuro für „Huhn" gackert das Hindi-gefärbte *murgha* zwischen den Häusern. Statt *dāl bhāt* wird — wie in weiten Teilen Nordindiens — *dāl chapāti* verschlungen — der Reis weicht den ungesalzenen Brotfladen — die Linsen aber bleiben. Neben diesen Eigenarten bringt die Topographie des fernen Westens auch gewisse Unterschiede zum „bekannten" Nepal. Weite Teile werden von sanften Hügeln und nicht von tief eingeschnittenen Tälern bestimmt, wie sie das vorherrschende Bild Nepals bestimmen. Westlich des Kanjiroba Himal scheint sich sogar die Hauptkette des Himalaja zu verlieren, setzt sie sich doch etwas unbestimmter in den großen, waldbestandenen Lekh (np *lek* = Hochland, Bergzug) südlich von Jumla und im Kranz der Sechstausender in Mugu und Humla fort, um auf einmal in Form von Api, 7133 m, und Saipal, 7036 m, wieder aufzuerstehen. Im Garhwal und Kumaon, auf indischem Territorium, protzt er dann fast wieder in so großer Pracht wie zwischen Dhaulagiri und Kanchenjunga. Der Monsuneinfluß vom Golf von Bengalen kommt hier auch nicht so stark zur Geltung wie im Osten. Hinter den west-östlich verlaufenden Lekh findet der Wanderer trockene Nadelwälder und Flachdachhäuser. Nördlich von Jumla behindert einen der Monsun sogar im Juli und August nicht sonderlich, womit jenen Reisenden, die lediglich im Sommer Urlaub machen können, dieses Gebiet wärmstens empfohlen sei. Der Anmarsch zu den Lekh jedoch findet in niederschlagsreicheren Zonen statt. Der ferne Westen weist auch eine Menge geschlossener, d.h. für Fremde nicht zugänglicher Gebiete auf, wie Humla, Mugu und das sagenhafte Dolpo. Ebenso groß ist die Anzahl von Nationalparks und Naturreservaten in diesem Landesteil, allen voran Rara und Shey-Phoksumdo, wobei letzterer von Fremden vorderhand nicht besucht werden darf. Der Wildreichtum ist dementsprechend auch größer als in anderen Zonen Nepals, und manche überraschende Begegnung – gewollt oder ungewollt – wird dem Besucher zuteil. In den Wäldern der Lekh tummeln sich Rehe und Hirsche sowie Wildschweine, die mitunter eine Gefahr darstellen können. Auf dem Weg zwischen Jumla und Rara trotten überraschend viele Himalajabären durch den Wald, was sogar meinen der Natur eher gleichgültig gegenüberstehenden Sherpa und Tamang Eindruck machte. Auf dem steilen Abstieg vom Churchi Lagna fragte mich mein Koch Ram, ob das da vorne eine Kuh sei. Es war schon dämmerig und ich konnte seine Frage nicht schlüssig beantworten, weshalb ich zum Fernglas griff und das schwarze Objekt etwa hundert Meter vor uns etwas genauer studierte. „Soviel ich weiß, gehen die Kühe nicht auf ihren Hinterbeinen spazieren", mußte ich Ram berichten, wobei dieser seinen massiven Bambusstock etwas fester umklammerte. Als ich wieder hinschaute, war der Bär weg. Am nächsten Tag, auf dem Weg nach Rara, trat ich beinahe in eine

▲
Rast am Weg (Bargaon, 1100 m).

Kanjiroba Himal (Chakhure Langa, 4050 m).
▼

Schlange, die auf einem sonnigen Wegflecken ruhte. Knapp erholt, gelangte ich unvermittelt an einen lauten Seitenbach, an dessen anderem Ufer sich ein recht großer Bär labte. Ich blieb stehen, denn er hatte mich nicht kommen hören oder sehen. Bären werden nur gefährlich, wenn man sie überrascht. Er stand etwa zwölf Meter vor mir, ein prächtiges Exemplar mit maisgelbem Kragen, großem Kopf und kleinen Ohren, mit denen er aber den Gesang meiner nahenden Träger wahrnahm. Ohne Eile verzog er sich im Gebüsch, ohne mich bemerkt zu haben. Im Rarasee selbst aalen sich seltene Fische an der Sonne, die vom weißen Sand im seichten Naß des Ufers widergespiegelt wird. Forscher meinen, unter den hiesigen Arten gäbe es solche, die sonst nirgends auf der Welt vorkämen. Der See muß sehr alt sein und die Unruhe der stetigen Auffaltung heil überstanden haben. Sehr jung dagegen ist der kleine Nationalpark, der ihn umgibt und schützt. Sogar die früher hier ansässigen Khas mußten ihre Dörfer Rara und Chhapri verlassen und wurden im Süden, wie es so schön heißt, mit Erfolg neu angesiedelt. Ihre ehemaligen Häuser verschwinden langsam im aufstrebenden Dickicht, der Wald holt sich die Felder zurück. An den südlichen Gestaden wurde zudem aufgeforstet. Tausende unreifer Tannen blicken in die flache Runde – am Horizont blenden die Schneeberge.

Die Bahun erkennt man an den scharfen Gesichtszügen und der Körperkordel, die meist unter dem weißen Baumwollhemd im Relief erscheint. Sie repräsentieren die Priesterkaste und üben dieses Amt auch aus, sei es als Tempel- oder Familienpriester. Ihre

Kastengruppe ist in verschiedene Familienclans unterteilt, ähnlich wie bei vielen anderen Volksgruppen des Landes. Gefolgt in der Kastenhierarchie werden die Bahun von den Thakuri, der Adelskaste, deren Vertreter in der heutigen Staatsführung eine gewichtige Rolle spielen.

Sowohl die Königsfamilie der Shah (sprich sa-ha), wie auch der ehemalige Premierminister Chand stammen aus dem Kreis der Thakuri, die streng genommen keine selbständige Kaste darstellt, sondern eine Oberschicht der Chhetri (Kriegerkaste) bildet. Man tut gut daran, speziell im fernen Westen, jeweils vor Eintritt in ein Haus zu fragen, ob man „genehm" ist, denn die meisten Thakuri verwehren auch heute noch Vertretern niederer Kasten, Kastenlosen oder auch Fremden den Zutritt. In der Regel rufen einen aber die Chhetri bei solcher Gelegenheit herein, aber sie werden kaum Eß-

waren von uns annehmen, schon gar nicht Reis oder Wasser. Ich habe einmal einem meiner Chhetri-Träger aus Dailekh eine Banane angeboten, die er aber ausschlug. Dagegen nahm er die 50 Paisa gerne entgegen, mit denen er sich am gleichen Ort eine solche kaufen konnte.

Was immer wieder auffällt, ist der Dreck in den Dörfern und die mangelnde Hygiene. Fäkalien findet man selbst in unmittelbarer Nähe von Quellen, dagegen kennen die Hindus den Ausdruck des „unreinen Feuers", ein Feuer also, das von einem Niederkastigen oder Kastenlosen angefacht wurde und auf dem kein Chhetri oder Bahun sein Essen kochen würde. Viele dieser Hindus aber sind gebildet und artikulieren auch ein beinahe reines Nepali. Mein Sherpa-Träger Niyma Dorjee jedoch spricht ein Nepali wie viele andere seiner Mitbürger, welche das Nationalidiom nur als Zweitsprache mit Fehlern und Akzent nuscheln. Einmal unterhielt er sich mit einem dieser gebildeten Chhetri-Beamten über Gott und die Welt. Nach einer Weile wandte er sich mir zu, da er der Diskussion, die er angezettelt hatte, offenbar nicht mehr folgen konnte: „Dis pipu no gudd Nepali isipik!"

Häuser, die ein Teil der Natur sind, paradiesische Ruhe zwischen Mandarinenbäumen, Tabakpflanzen und Bananenstauden, am Boden trocknen Pfefferschoten (Kalikot, ca. 900 m, September '84).

Nr. 41 (grün)   Nepalganj — Jumla

Charakter	unschwierige Bergwanderung von Nepalganj/Hatisahar nach Jumla, etwa 9 Tage vom Flachland des Terai in das trockene Hügelgebiet der Karnali-Zone
	tiefster Punkt: Hatisahar, ca. 350 m
	höchster Punkt: Bhartha Lekh, ca. 3800 m
	Hauptschwierigkeiten:
	Hitze zwischen Hatisahar und Surkhet, früher Wintereinbruch mit Schnee in der Gegend von Jumla (Dezember).
Ausrüstung	Route ist durchwegs mit einfachen, lokalen Gasthäusern bestückt. Gruppen ab 4 Personen sind in eigenen Zelten und mit eigener Verpflegung besser aufgehoben. Gas- oder Kerosinkocher benutzen. Brennstoff und Eßwaren in Nepalganj einkaufen.
	Bewilligung: Annapurna
	Extension: Nepalganj – Dailekh – Jumla – Rara
	Karte: MM Jomosom, Jumla & Surkhet
Beste Zeit	September – November, März – Juni
Sehenswert	Mallasäulen in Dhandhimandhi, Hindutempel in Jumla
Weg zum Startpunkt	mit Flugzeug (2 h) oder Bus (2–3 Tage, evtl. via Indien mit entsprechendem Visum!) nach Nepalganj. Mit Lokalbus von dort nach Hatisahar (1–2 h). Wenn möglich Träger aus Kathmandu oder Pokhara.

Wegbeschreibung

Nach insektenreicher Nacht in **Nepalganj** (H/C/AP) mit Frühbus nach Hatisahar ca. 350 m (TH) am Fuße der Siwalikberge. Die ehemalige Straße nach Surkhet ist an vielen Stellen unterbrochen und nicht zu befahren. Eine Stunde im Wald (TH), dann links auf steilem, felsigem Pfad auf die Siwalik und hinunter nach Chepang (H/L) 3 h. Nun mit Fähre über den braunen Babai Khola, durch liebliche Dörflein in ein romantisches Tal. Dort hinauf zum Kamm der Mahabharat Lekh: **Hare** (H/C) 3 h von Chepang. Durch Wald hinunter zum Kenchu Khola und beinahe flach nach Kenchu 3–4 h (L/H/C). Eine waldbestandene Ebene führt zum majestätischen Bheri, der auf einer gewaltigen Hängebrücke überquert wird. Nun flacher Weg durch die Ebene von Surkhet. Gute Zeltplätze bei Flugpiste. **Surkhet** (Bi-rendranagar) (H/C/AP) liegt etwa 4 h vom Bheri entfernt. Steiler Aufstieg zur Gothikanda Danda überwiegend durch Wald. Lunch in Ratanaga, kleiner Paß, ca. 2200 m, nach 4 h auf Hügelzug (H/TH). Weitere 3 h bis **Patalpokhari**, ca. 2000 m (C/TH), herrlicher Platz mit Seelein und riesigen Kiefern. Steiler Abstieg durch Waldreste zum Katia Khola, den man nach 2 ½ h bei Dungisor (H/C) erreicht. Rechts des Flusses bleibend bis zum Lohre Khola, Brücke (L/TH), billige Fische, 1 ½ h von Dungisor. Hier teilen sich die Wege. Rechts hinauf geht es via Dailekh und Odan an den Tila Khola. Wir gehen links, aber am rechten Ufer des Chhaman Khola. Dieser schöne, kristallklare Fluß wird bei Gamaudi durchwatet, ca. 1 h nach Lunch. Nun auf linkem Ufer durch liebliche Talschaft, vorbei an Chhetridörfern. Camp etwa 2 h nach Flußüberque-rung, oberhalb von **Mathigaon.** Man steigt auf den Kamm des Hügelzuges, der bei Dhandhimandhi Bazar (L/H/C) erreicht wird. Auf herrlichem Kammweg in ca. 3 ½ h nach Gumnakot (L/H). Weiter durch wildere Landschaft auf gutem Weg nach **Beuli**, ca. 2900 m (H/C). Eine gute Wegstunde oberhalb liegt der Paß der Bharta Lekh, ca. 3800 m, auch schönes Camp, aber manchmal kein Wasser. Sehr steiler Abstieg an den Tila Khola. Lunch nach ca. 3 ½ h ausgangs des Waldes. Von dort in weiteren 2 h nach **Kalikot.** Die Hauptroute führt nach oben an einer großen Zeder vorbei in Richtung Odan. Eine Abkürzung führt hinunter an den Tila Khola. Der Weg ist schmal und ausgesetzt, führt aber weite Teile im Schatten! TH kurz vor Brücke, Lunch, 3 h. Nun über den grünblauen Tila in den Sonnenhang. Durch steile Grashalden in eine montane Landschaft mit Föhren und Kiefern. C bei **Jubia** (TH), ca. 7 h von Kalikot. Auf gefälligem Weg nach Khalan (H/C) 1 h. Das Tal wird breiter und trockener. L in Nagma am Sinja Khola (H), 3 h nach Khalan. Nun weitgehend ohne nennenswerte Steigung dem Tila entlang nach Lihi und zum großen Dorf **Raka** (C/H) 3 h vom Sinja Khola. Immer noch flach und links des Tila in 2 ½ h nach Lamra (L/TH) und in weiteren 2–3 h durch Reisfelder nach **Jumla**, 2300 m (C/H/CP/AP).

Mögliche Fortsetzungen

- Trek nach Rara und zurück, 6 Tage (siehe Nr. 42/gelb)
- Trek zurück nach Hatisahar via Dailekh, 9–10 Tage
- Trek via Dhorpatan nach Tansen oder Pokhara, 20 Tage (siehe Nr. 51/gelb und Nr. 61/grün)
- Flug nach Kathmandu.

Nr. 42 (gelb)   Jumla – Rara – Jumla

<table>
<tr><td>Charakter</td><td>Bergwanderung zum größten Binnengewässer Nepals. Hin und zurück ca. 5 Tage, 2–3 Tage für Wildbeobachtungen am Rarasee einplanen.
tiefster Punkt: Jumla, 2300 m
höchster Punkt: Danpheko Lekh, ca. 3600 m
Hauptschwierigkeiten:
– praktisch keine Verpflegungsmöglichkeit
– starke Schneefälle ab Ende November möglich</td></tr>
<tr><td>Ausrüstung</td><td>Route führt zwar an einigen Dörfern vorbei, außer Äpfeln im Herbst ist aber beinahe nichts erhältlich. Alle Eßwaren aus Kathmandu oder Nepalganj mitführen. Gas- oder Kerosinkocher sowie genügend Brennstoff nicht vergessen.
Bewilligung: Annapurna
Extension: Jumla – Rara
Karte: MM Jomosom, Jumla & Surkhet</td></tr>
<tr><td>Beste Zeit</td><td>April–Oktober (wenig Niederschlag während des Monsuns!)</td></tr>
<tr><td>Sehenswert</td><td>Hindutempel in Jumla, die höchsten Reisfelder Nepals rund um Jumla, Wildbeobachtungen</td></tr>
<tr><td>Weg zum Startpunkt</td><td>Mit Flug von Kathmandu nach Jumla oder Trek von Nepalganj (siehe Nr. 41/grün). Wenn möglich Träger aus Kathmandu oder solche in Jumla anwerben (schwieriger)</td></tr>
</table>

Wegbeschreibung

Nach vermutlich unruhiger Nacht in **Jumla,** 2300 m (H/C/CP/AP) (kläffende Hunde!) dem Bach nach Norden folgend nach Simkhata 1 h, Regierungsgebäude, dann durch gefällige Weidelandschaft auf eine Hochebene mit Sommerhütten, 2 h (L). Wasser im Wald. Nun steil auf den sichtbaren Paß der Danpheko Lekh, ca. 3600 m, etwa 2 h vom Lunch, herrliche Sicht auf Sisne-, Patrasi- und Kanjiroba Himal. Hinunter zum klaren Sinja Khola, den man überschreitet, und Camp unterhalb von **Bumra** am Fluß. Auf steilem Pfad hinauf zum Dorf und auf Hangweg nach Bhargaon (auch Bhara genannt). Etwa 2 ½ h nach Bumra L in Chautha. Nun dem Chauthabise Khola folgend (nach Norden) zum Churchi Lagna. Durch Nußbäume und Wald bis zu einer Wiese, wo sich der Weg teilt. Es geht nach links. Den

3450 m hohen Paß erreicht man 2–3 h nach der Mittagspause. Ausflug zum Aussichtspunkt bei 3650 m, ca. 1 h vom Paß mit schöner Rundsicht und erstem Blick auf den Rarasee. Sehr steil hinunter durch dunklen Wald nach **Pina,** 2520 m, etwa 2 h vom Paß. Oberhalb des Dorfes quert man in den Wald und in ein kleines Tal. Nach Bachüberschreitung kurz, aber steil nach Jhari, ärmliche Siedlung mit großen Zedernbäumen. Weiter ansteigend durch herrlichen Mischwald auf einen flachen Übergang, etwa 3 h von Pina. Kurz darauf blickt man auf die blauen Wasser des Rara Tal (np *tāl* = See). Leicht hinunter an das Südende des Sees und zum Guesthouse des Nationalparks auf der anderen Seite, **Rara,** ca. 2890 m, 4 ½ h von Pina. Zelten im Park verboten, Unterkunft im Guesthouse gratis, Parkeintritt Rs 60,–. Rundgang um den See 4–5 h, vorsichtig gehen: Bären, Wildschweine, Leoparden . . ., und Ausflug auf den Hügel nördlich des Sees sind zu empfehlen. Nun geht es nach Westen zum Ausfluß des Sees. Man bleibt rechts des Khatyar Khola bis zu zwei kleinen Brücken. Dann links eine fast unsichtbare Wegspur hinauf. Bald wird der Weg besser. Durch Wald, eine Wiese mit Wasser und nochmals Wald zu einem wunderschönen Aussichtspunkt und auf die Churchi Lekh, 3 ½ h von Rara. Sicht auf Saipal. Hinunter durch enges Tal. Beim ersten Wasser Lunch, dann rechts den Hangweg benutzen. Hinab in eine Art Schlucht und hin-

auf auf den zweiten Paß. Von dort geht der Hauptweg steil hinunter. Schöner ist links ein leicht absteigender Hangweg bis **Okharpatha** ca. 3000 m (C) etwa 7 h von Rara. Weiter dem Hang entlang. Unten sieht man die Brücke von Hada Sinja. Der Weg folgt vorerst weiter dem Hang und trifft mit einem von unten kommenden zusammen. Dort hinunter nach Hada Sinja, 2 h. Über die Brücke ins Tal des Jaljala Khola. Auf der rechten Seite des Ba-

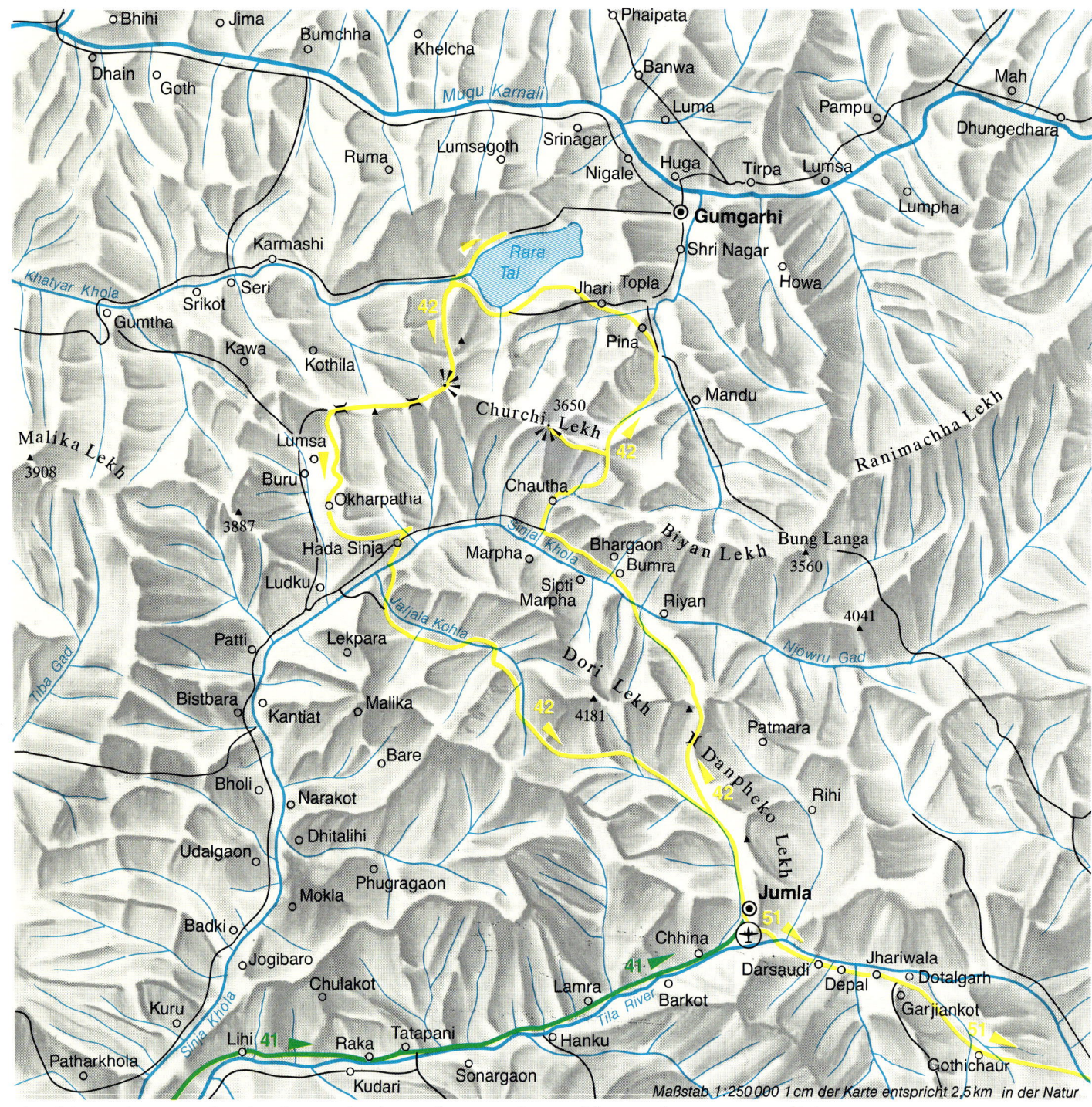

ches bis zu einer Brücke, darüber und weiter bis zu einer Verzweigung. Dort hinunter zur nächsten Brücke. Lunch im Wald. Hinauf (diverse Abzweigungen!) und über insgesamt 4 Pässe auf die Jumla-Seite des Tales. Camp auf dem letzten Paß, **Dori Lekh,** oder kurz darunter im Wald, 5–6 h von Hada Sinja. Weiter hinunter im Wald zu einer Schafweide, dann querend zur Ebene unterhalb der Danpheko Lekh (Lunchplatz auf dem Hinweg). Nun auf bekanntem Pfad nach Jumla, 2 ½ h.

Mögliche Fortsetzungen

– Flug nach Kathmandu (unsicher!)
– Trek nach Nepalganj (siehe Nr. 41/ grün), ca. 9 Tage
– Trek via Dhorpatan nach Tansen oder Pokhara (Nr. 51/gelb und 61/ grün), ca. 20 Tage.

38

5. Zwischen Jumla und Dhorpatan

Im Land der Kham-Magar

Eine Wanderung von Jumla nach Dhorpatan stellt weniger eine physische als eine psychische Anstrengung dar:
„16.10.84, zwischen Rakapani und Gija. Die Wege im fernen Westen Nepals sind offensichtlich nicht offen sichtlich. Sieht man einmal vom Wegnetz ab, das Kalanga (Jumla) umgarnt, so tendieren die Hauptrouten sich bald in Reisterrassen, in Wasserleitungen oder in tausend Kuhpfaden im Wald zu verlieren. Ständig muß man fragen, zögern, wählen, schauen, gehen, zurückgehen, wieder fragen und wieder wählen usw. Ein alter Mann zeigt uns den Weg. Er ist Witwer und nicht mit Kindern gesegnet worden, weshalb er ein hartes Dasein fristet. Zum Glück ist er bei uns, wir hätten den Weg sonst wohl nie gefunden . . .‟
Die tiefen Täler des Tulo und Sani Bheri sind vornehmlich von Chhetri und Bahun bevölkert, welche die zahlreichen Reisterrassen bestellen. Der Bahun-Bauer stellt für die unreine Pflügarbeit einen niederkastigen Helfer an, meist einen Gharti (Sklavenkaste), der zwei Ochsen vor sich hertrotten läßt, während er mit dem geringen Gewicht seines Körpers den mit einer Metallspitze versehenen Holzpflug durch die Erde leitet. Ebenfalls im fernen Westen konnte ich schon beobachten, wie anstelle von Ochsen zwei Männer den Pflug gezogen haben. Es fällt schwer, sich eine mühsamere Arbeit vorzustellen.
„18.10.84, zwischen Bargaon und Bingo. Stark verwurzelt sind die arischen Hindus mit ihrer Scholle schon, so stark, daß sie auch kurze Reisen zu scheuen scheinen. Kaum jemand kennt Dhorpatan, die meisten zeigen nach Norden und murmeln 'Dolpa', wenn man danach fragt. Aber wir wollen eigentlich nach Osten. So tasten wir uns von Dorf zu Dorf, deren Namen oft nicht oder falsch auf der Karte eingezeichnet sind. Eßwaren können nicht gekauft werden. In vielen Siedlungen krähen unzählige Hähne, die Hühner wurden während des Dasain (großes Hindufest im Oktober) verspeist. Die Eierproduktion ist dementsprechend von keinem markanten Überschuß gekennzeichnet. Wir leben von unseren Vorräten und ergänzen den Speisezettel mit *ambak* (Guavafrüchten), *suntala* (Orangen) und *kerā* (Bananen).‟
Dann, am Sisne Khola, geschehen doch noch Zeichen und Wunder. Nach Überquerung des heiklen Baches tut sich eine andere Welt auf:
„20.10.84 zwischen Sisne Khola und Chammari. Kumar Dass Thoker Lama, der Nimmermüde und Immerfröhliche schafft als erster die waghalsigen Sprünge über den Sisne Khola, ein Unternehmen, welches nach erster Prüfung aussichtslos erschien. Er war es auch, der die Lasten über die glitschigen Stämme und Steine trug. Nach einem steilen Anstieg wird uns eine unverhoffte und sehr angenehme Überraschung zuteil: das Dorf Kharkhola – es erscheint uns wie aus einer anderen Welt. Nach den etwas kaltschultrigen und wortkargen Chhetri und Bahun rufen uns nun lachende Kham-Magar in ihre Häuser. Die Sattel- werden durch Flachdächer ersetzt, der Reis weicht dem Mais, der Hinduismus dem Bön. Kartoffeln, Maismehl und leckeres Gemüse wechseln die Hand, ein paar Eier lassen wir braten. Wir fühlen uns wie im Schlaraffenland. Die Wege werden besser, ja phantastisch schön, und sogar kleine Mädchen und Buben können uns glaubwürdige Auskunft geben. Kurz nach dem Mittagessen erreichen wir Jang, eine große schwarze Magarsiedlung. Alle Männer sind im Wald, am Wildheuen oder auf den Feldern. Wir finden Frauen und Kinder vor, die Mais mahlen und Wolle spinnen. Ein älterer Mann, der sofort Englisch spricht, gibt sich als Ex-Gurkha zu erkennen. Er hat bei den Briten 25 Jahre lang Dienst geleistet und erklärt uns nun den weiteren Verlauf des Weges. Zudem sendet er zwei Buben mit uns, die uns über die kunstvolle Seilbahn-

Brücke am Sani Bheri helfen sollen. Wie Affen klettern die zwei am Seil über den beachtlichen Fluß und ziehen schon den ersten Passagier im Tragsitz hinüber. Eine Stunde später entlassen wir die fleißigen Helfer mit einem Bakschisch und steigen weiter nach Chammari, wo wir ebenso freundliche Menschen antreffen."

Freundlichkeit und Gastfreundschaft scheinen besonders bei den Magar Eigenschaften zu sein, die auffallend stark entwickelt sind, so stark, daß sich dieses Volk sogar noch von den sonst schon freundlichen anderen Volksgruppen des Landes abhebt. Die Magar sind vor vielen Jahrhunderten aus Innerasien an den Südrand des Himalaja gewandert und hatten südlich und westlich des Dhaulagiri ihr eigenes Königreich mit Hauptstadt in Tansen-Palpa gebildet. Da sich ihr Lebensraum in den verschiedensten klimatischen Zonen befindet – vom tropischen Terai bis ins kalt-trockene Dolpo – haben sich Baustil, Kleidung und Lebensweise der Magar jeweils an die örtlichen Gegebenheiten angepaßt. Ursprünglich Anhänger des Bön, jener Religion, die vor Einführung des Buddhismus in Tibet praktiziert wurde, sind die Magar im Laufe der Zeit von ihren Nachbarn auch glaubensmäßig beeinflußt worden. Im Westen durch den Naturkult der Khas, im Norden durch die Bhotia-Lama und den tantrischen Buddhismus, im Süden durch die eingewanderten Brahmanen und den Hinduismus. Nach Zerfall ihres Staates sind viele Magar als geschickte Handwerker in andere Teile Nepals ausgewandert, weshalb z. B. im Solukhumbu auch einzelne Magarsiedlungen beobachtet werden können, deren kulturelle Eigenständigkeit aber weitgehend verloren ging. Hier aber, in den Tälern des Sani Bheri und des Uttar Ganga finden sich noch recht ursprüngliche Magar, eben die Kham-Magar, die noch einen alten tibeto-birmanischen Dialekt sprechen, der sich dermaßen von der Sprache der Magar des Mayangdi unterscheidet, daß sich diese zwei Gruppen auf Nepali verständigen müssen. Ihre Zuverlässigkeit, Tüchtigkeit und ihr Humor wurde vor langer Zeit schon von den Engländern entdeckt, weshalb auch heute noch viele Magarburschen als Gurkha in der britischen und indischen Armee dienen, bei der nepalesischen Truppe sehr zahlreich vertreten sind und viele sehr hohe Offiziersränge bekleiden. Die Armeerenten bilden deshalb nebst dem Erlös ihrer Viehzucht und Landwirtschaft eine wichtige Ertragsquelle.

Nur zwei ethnische Gruppen in Nepal kannten seit alters her die Liebesheirat: die Gurung und die Magar. Entschließt sich ein Paar, sich zu verehelichen, versteckt es sich im Haus eines Freundes, der dann auch meistens die beiden Elternpaare davon in Kenntnis setzt und als Mittelsmann die Heirat vorbereitet, die ohne großen Pomp, aber mit viel *raksi* (Branntwein) gefeiert wird.

Sprichwörtlich ist auch der Viehreichtum der Magar. Riesige Schaf-, Ziegen- und Rinderherden grasen die steilen Hänge des Uttar Ganga ab. Wie bei den meisten Nepali dient die Ziege vornehmlich als Fleisch- und Wollelieferant, während die Milch nicht verwertet wird. Der Ertrag an Kuhmilch ist sehr gering. Eine Kuh, die mehr als vier Liter am Tag gibt, hat schon Seltenheitswert.

Am Ende dieser interessanten, wenn auch nicht immer leicht zu findenden Wegstrecke liegt Dhorpatan, ursprünglich ein Sommerdorf der Kami und Magar aus dem oberen Bari Gad, heute Sitz einer stattlichen Kolonie von Exiltibetern.

Träger und Lasten

Auf vielen Touren sind Helfer unentbehrlich, ja sie ermöglichen erst ein

Holzbrücke über den Uttar Ganga (bei Masa, 2750 m, Oktober '84).

Durchstreifen abgelegener Gebiete, wie hier zwischen Jumla und Dhorpatan. Ich habe immer wieder versucht, die gleichen Träger auf meine eigenen Fahrten mitzunehmen, um ein möglichst persönliches Verhältnis zu ihnen zu erreichen. Viele sind gute Freunde geworden. Ich erinnere mich ihrer in großer Dankbarkeit, haben sie doch oft unter schwierigen Verhältnissen ihre Arbeit ohne Klagen und mit großem Einsatz geleistet.

Jack, eigentlich Gan Bahadur Tamang, ein junger, drahtiger Mann aus Pharkhel, trägt nicht nur schwere Lasten mit erstaunlicher Geschwindigkeit über Berg und Tal, er ist auch ein guter Hilfskoch. Schon um fünf Uhr morgens pumpt er am Kerosinkocher, um für mich und die Sherpa den Morgentee zu kochen. Mit seiner schmelzenden Stimme singt er meist ein Liedlein dazu, das, begleitet vom Summen des Kochers, in den Ohren der Erwachenden den ganzen Tag lang zurückbleibt. Alle nennen ihn Jack, und das ist ungewöhnlich, gebrauchen doch die Nepali nur selten ausländische Namen für ihre Mitbürger. Üblicherweise werden die richtigen Namen verwendet, oder – eine typische nepalesische Eigenart – Kosenamen, die nach der Reihenfolge der Geburt entstehen. Der Erstgeborene einer Familie wird auch *jetho*, der Zweitgeborene *māhilo* genannt. Der dritte Sohn kann auch *sāinlo*, der vierte *gāhilo* gerufen werden. Der jüngste Sproß schließlich heißt *kānchho*. Sinngemäß werden die Mädchen *jethi*, *māhili*, *sāinli*, *gāhili* und *kānchhi* betitelt. Unbekannten Personen ruft man je nach Alter *bābu* (Vater), *amā* (Mutter), *dāju* oder *dāi* (älterer Bruder), *didi* (ältere Schwester), *bhāi* (jüngerer Bruder) oder

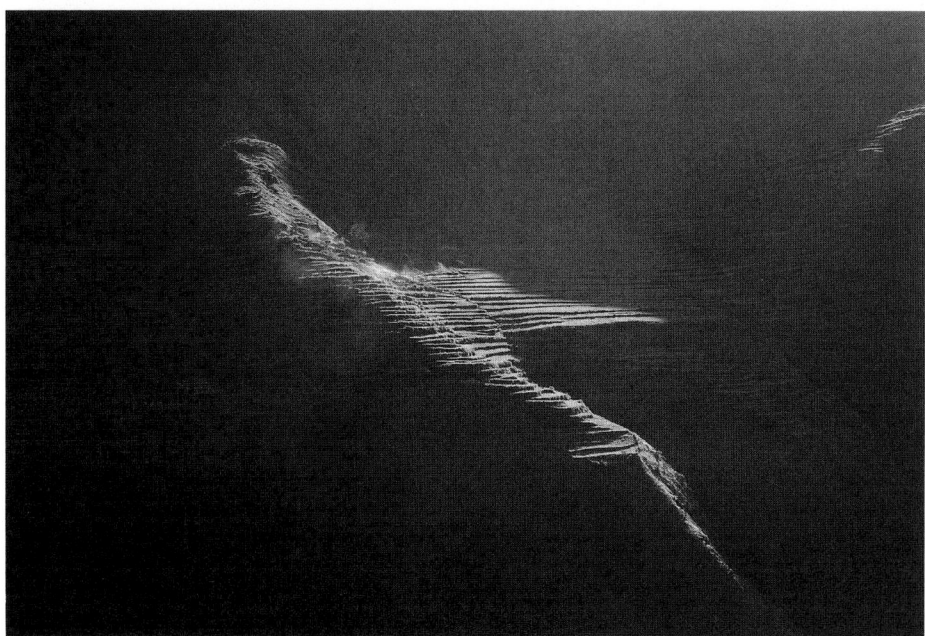

Dorf und Felder im steilen Hang (Kol, ca. 1900 m).

bahini (jüngere Schwester). Aber Jack wird eben Jack genannt, da er in Kathmandu in einem Hotel gearbeitet hatte, wo es ihm aber nicht gefiel. Nun beackert er mit seiner jungen Frau seine Felder südlich der Hauptstadt und verdient sich auf den Trekkings zusätzliches Geld.

Aus dem gleichen Dorf stammt Kumar Dass Thoker Lama, ein bärenstarker, dunkelhäutiger Tamang. Seine Ruhe, sein Blick und seine Arbeitswut haben mich immer stark beeindruckt, ebenso sein Humor. Einmal rastete ich mit ihm in einem einsamen Wald. Unvermittelt begann Kumar mit verstellter Stimme ein unzweideutiges Liebesgeflüster zu imitieren. Nahende Träger stellten darauf ihre Lasten hin und schlichen sich an, um auch einen Blick vom Geschehnis zu erhaschen. Groß war das Gelächter, als wir manchen verlegenen Kopf hinter den Bäumen hervorlugen sahen. Die Schadenfreude der Nepali ist sehr ausgeprägt, die Ironie fehlt ihnen jedoch total.

Nawang, ein junger Sherpa-Träger, begleitete mich auf verschiedenen Fahrten. Sein stiller Charakter und sein sanftes Gemüt haben mich sofort für ihn begeistert. Manchmal hob er an, wie ein Lama zu beten oder zu singen. Meistens verschlug es ihn in den Wald, wo er Beeren, Kräuter, Brennesseln und Vogeleier sammelte. Die Beeren offerierte er allen seinen Weggenossen, die Kräuter trocknete er, da er von deren Heilwirkung wußte, und aus den Brennesseln kochte er manche feine Suppe.

Tarkye, ein nahezu tauber Sherpa, begleitete mich manchmal im Khumbu. Er trägt sein Schicksal mit einer bewundernswerten Geduld und arbeitet sehr hart. Seine Lebenskraft ist beispielhaft.

Ebenfalls im Khumbu lernte ich den Solu-Sherpa Tenzing kennen, einen untersetzten Burschen mit einer dichten schwarzen Mähne. Oft hatte ich Mühe, ihm zu folgen, flitzte er doch wie ein Wiesel über Stock und Stein.

Träger und Sherpa auf dem Weg nach Manang (Chame, 2651 m).

Vor besonders harten Aufstiegen setzte er sich jeweils hin und stopfte etwas Kautabak *(khāini)* in seine weißen Zähne, die sich dramatisch von seiner sonnengegerbten Haut abhoben. Kälte und Schnee schienen ihm ebenso wenig zuzusetzen, wie die flimmernde Hitze eines klaren Vormonsuntages. Zudem weiß er vorzüglich mit Pferden und Yak umzugehen. Einmal ritt er einen besonders störrischen Gaul zu. Mit geblähten Nüstern versuchte das Tier, Tenzing aus dem Sattel zu heben. Der Sattel ging zwar in Brüche, Tenzing strahlte aber auf dem Rücken des Pferdes und zwinkerte mir zu: „Dis hors veri isitorong!" Die Sherpa und Bhotia im besonderen, die Nepali aber im allgemeinen flicken jeweils ein „i" zwischen die Konsonanten oder vor „s" mit Konsonant, so wird „school" zu „iskul" oder „isikul", „star" zu „istar" oder „isitar".

Santa Singh Lama und Mangal Singh Tamang, zwei kräftige Kerle, sind irgendwie miteinander verwandt, wie genau, konnte ich nicht herausfinden. Beide sind Tamang und stammen aus Dingla in Ostnepal, eine äußerst fruchtbare und gesegnete Gegend. Während Santa sich nach getaner Arbeit zu mir setzte und Englischunterricht begehrte, das Gelehrte fleißig in ein filziges Heft kritzelte und unterwegs die Phrasen laut vor sich hersprach, spielte Mangal viel *bāgh chhal*, Tiger-und-Schaf-Partien, das beliebteste Brettspiel des Landes. Mit ernster Miene konnte er sehr lustige Geschichten erzählen, besonders nach ein paar Gläsern Hirse- oder Reisbier, *chang* genannt.

Nur einmal, ganz durch Zufall, stießen die Bhotia-Träger Pasang, Wangdü und Bhujung Lama aus Sama zu meinem Troß. Eigentlich wollten sie in Gurkha nur Öl einkaufen, hörten aber, daß mein Sirdar noch Träger suchte, um den verschneiten Rupina La zu überqueren. Kurzentschlossen meldeten sie sich bei uns. In ihren schwarzen *chuba* (tibetischer Wollmantel) sahen sie im ersten Moment fast zu elegant aus, um die schweren Körbe zu buckeln. Ihre heitere Art und ihre sprichwörtliche Widerstandskraft gegen Kälte, verbunden mit einer phänomenalen Improvisationskunst, waren einmalig. Bhujung Lama, ein geheimnisvoller Mensch mit einer besonderen Ausstrahlung, die durch seine innere Ruhe und seine klaren Gedanken noch verstärkt wurden, zückte bei jeder Rast seine Schnupftabakdose und zog zwei gewaltige Prisen durch die Nase. Manch-

40 kg Blätter für das Vieh trägt dieses Tamang-Mädchen nach Hause. Der Wald ist weit, die Last ein Tageswerk (Barang, 1600 m).

mal kamen ihm dabei Tränen. Sie erzählten mir viel von ihrem Dorf, das für Fremde derzeit nicht zugänglich ist. Im Sommer ziehen sie oft nach Tibet, um Mais und Kartoffeln gegen Salz, *chhäuri*-Rinder gegen Yak, Fett und Wolle einzutauschen.

Die Nepali tragen ihre Lasten in großen Bambuskörben, *doko* genannt, welche sie mit einem Stirnband *(nämlo)* auf dem Rücken balancieren. Das *nämlo* wird aus Stoff, Bambus oder Leder gefertigt. Schon kleine Kinder sind mit dieser Tragmethode vertraut und tragen ihre Geschwister, Holz, Wasser und Marktware genauso geschickt wie ihre erwachsenen Vorbilder. Das Gewicht der Last wird zwischen Stirn und Hüfte verteilt, die Halsmuskeln entwickeln sich dabei stark, denn der Kopf muß wenn möglich ruhig gehalten werden.

Die meisten Träger gehen barfuß oder mit Plastiksandalen. Das Gehen mit diesen Sandalen erfordert ebenfalls große Geschicklichkeit. Ich persönlich würde mich allenfalls – bei gutem Wetter – damit auf einen flachen, weichen Sandstrand wagen.

Usanzgemäß werden Träger und Trägerinnen bar entlöhnt, wobei diese selbst für ihr Essen, meist Reis und Linsen oder *dhiro*, ein Brei aus Buchweizen- und Hirsemehl, sorgen und bezahlen. Leute gleicher Kastenzugehörigkeit kochen oft gemeinsam, Niederkastige (z. B. *kämi*) bereiten ihr Mahl separat und oft abseits der anderen.

In der Regel erhalten die Träger nach getaner Arbeit ein Bakschisch, wobei Kleider besonders gefragt sind. Auch Geld wird gerne entgegengenommen. Weniger sinnvoll scheint mir die Abgabe von Zigaretten, eine Unsitte, die

Mais, Basisnahrung für viele Bergler (Chammari, 1700 m).

besonders bei Expeditionen immer wieder beobachtet werden kann. Viele Nepali verfielen dabei der Nikotinsucht, eine teure Sache, wenn man bedenkt, daß ein Päckchen etwa ein Viertel eines Tageslohnes kostet. Meinem Koch Ram zahlte ich einmal am Ende eines Treks 1200 Rupien aus. Dann rechnete ich ihm vor, daß er davon schon 300 Rupien in Form von Zigaretten in den Äther paffte. Einen Monat später stieg er auf Schnupftabak um.

Als Fremde sind wir verantwortlich für das Wohlergehen der *kulli*, wie sie in Nepal genannt werden. Schlecht gekleidete Träger müssen ausgerüstet werden, sobald es in größere Höhen geht, wo Kälte und Schnee erwartet werden müssen. Die Hosen, Hemden, Pullover, Sonnenbrillen, Socken, Schuhe, Jacken und Handschuhe dürfen aber erst abgegeben werden, wenn deren Gebrauch wirklich erforderlich wird. Mancher Träger hat vor Beginn einer Tour dankbar eine komplette

44

Ausrüstung in Empfang genommen, diese aber im nächsten Dorf bereits versilbert. Der schon erwähnte Tenzing war auch bekannt unter dem Namen „der Mann, der niemals friert". An einem kalten Winterabend half er beim Abwaschen, in T-shirt und kurzen Hosen. Ich schenkte ihm einen warmen Pullover, den er aber nie anzog. Später, im warmen Kathmandu, flanierte er damit durch die Gassen von Thamel ... Schönheit leidet auch in Nepal.

„Nur wer die Last trägt, weiß, wo sie drückt." (Nepalesisches Sprichwort)

Nr. 51 (gelb)   Jumla – Dhorpatan

Charakter	Bergwanderung von Jumla über die Chakhure Lekh und entlang von Sani Bheri/Uttar Ganga zur tibetischen Flüchtlingssiedlung Dhorpatan, 11–13 Tage
	tiefster Punkt: Dalli (Bheri Khola), ca. 900 m
	höchster Punkt: Chakhure Langa, 4050 m
	Hauptschwierigkeiten: zwischen Jumla und Jang praktisch keine Lebensmittel erhältlich, Schnee am Chakhure Langa von Dezember bis März, Weg nicht immer offensichtlich.
Ausrüstung	Praktisch keine Verpflegungsmöglichkeiten unterwegs. Eigene Zelte, Eßwaren, Kerosin- oder Gaskocher mit genügend Brennstoff bis Dhorpatan mitführen.
	Bewilligung: Annapurna
	Extension: Jumla – Dhorpatan
	Karte: MM Jomosom, Jumla & Surkhet
Beste Zeit	März – Mai, Oktober – November
Sehenswert	Hindutempel in Jumla, Bewässerungssysteme der Malla östlich von Jumla, Dörfer der Kham-Magar, Flora und Fauna.
Weg zum Startpunkt	– mit Flugzeug ab Kathmandu – Trek von Nepalganj, ca. 9 Tage (siehe Nr. 41/grün) Träger aus Kathmandu, Pokhara oder Jumla (schwieriger)

Wegbeschreibung

Von **Jumla**, 2300 m (C/H/CP/AP) in Richtung Flugplatz bis zu zwei Brücken, ½ h. Beide überqueren und dem Tila auf dem rechten Ufer folgen. Breiter Weg, z. T. im Nachmittagsschatten, bis Garjankot und über einen Hügel hinunter zu Einzelhaus mit Mühle: **Dotalgarh**, 2500 m (C/TH), 3 h von Jumla. Oberhalb des Ortes Weggabelung. Man folgt dem unteren bis zu kleinem Paß mit Steinhaufen, 1 ½ h. Abstieg über Weiden zur Schaffarm von Gothichaur 2760 m. Durch eine kleine Schlucht zurück zum Tila, auf den man nahe von Gothigaon trifft. Man überquert den Fluß. Lunch bei Munigaon, 4 h von Dotalgarh. Bei Garhigaon teilt sich der Weg. Links durch enges Tal via Bhalu Langa – Hurta an den Bheri. Wir gehen rechts durch Wald auf die Weide von Napani und steiler Aufstieg wieder durch Wald. Nach ca. 3 h Zeltmöglichkeit mit Wasser im Wald, oberhalb Hausruine. Sonst eine weitere Stunde weiter oben mehr Wasser: **Chakhure Lekh**, ca. 3500 m (C). Aufstieg zum Paß, Chakhure Langa, 4050 m, auf grandiosem Panoramaweg, 2 h. Steil hinunter nach Panlotbas, etwa 3000 m, schöne Weide (L), 2 h vom Paß. Langer Abstieg auf breitem, z. T. steinigem Weg bis zur Sommerweide **Ranga**, 2400 m, 4 h. Aufstieg zum Dhotbas Langa, 2850 m, weiter durch Wald, dann Weiden. Steil hinunter nach Dhar, ca. 1900 m (L), 3–4 h. Gegenüber sind Maina und Giri sichtbar. Bald teilt sich der Pfad. Der gute Hangweg ist länger. Besser links hinauf zu kleinem Übergang 2150 m. Herrlicher, leicht fallender Weg zum Sama Khola. Steil hinunter zur Brücke. Camp nahe des Flusses, **Sama Khola,** 3 h von Dhar, unterhalb von Suakot. Nun entweder rechts (neuer Weg) oder links des Sama Khola hinunter durch viele Dörfer und Reisfelder in ca. 7 h nach **Dalli,** 900 m am Bheri Khola (C/TH). Über die große Brücke nach Gairi. Dem Bach und unzähligen Wasserleitungen folgend bis zu verschiedenen Mühlen (TH). Von da rechts ins Seitental (sehr steil) und auf steilem Hangweg zurück zum Haupttal. Lunch unterwegs am Bach nach 4 h. Bald wird ein Paß sichtbar. Im Wald erreicht man diesen (ca. 2150 m). Herrlicher Weg dem linken Talhang entlang hinunter zum Sani Bheri. Camp nach 7–8 h unterhalb von **Bargaon,** 1100 m, auf Terrassen. Hinunter zum Sani Bheri auf verschiedenen „guten" Wegen (Wasserleitungen, Erdrutsche), dann auf linkem Ufer hinauf. Es folgt Jibi (L), etwa 3 h. Weiter an verschiedenen Dörfern vor-

Exiltibeter (Dhorpatan, 3000 m).

bei, immer links des Sani Bheri, Weg nicht immer klar. Man muß oft fragen. Camp auf ca. 1200 m, 7 h von Bargaon: **Bingo.** Zunächst fast eben nach Amlochaur. Drei Wege am Ausgang des Dorfes. Unser Pfad versteckt sich hinter einem Rasthaus links. Nach oben ins Seitental (Schlangen!). Über den Bach mit Mühlen und hinauf im Morgenschatten nach Dhading (L), 4 h. Herrlicher Höhenweg bis Chiphu Khola. Dann steil hinauf im Zickzack zur kleinen Siedlung Thandi. Unangenehm steiler Abstieg nach Bhagakhola und auf Wegspuren zu zwei verlassenen Dörfern am Sani Bheri: **Sisnc Khola,** ca. 1350 m (C). Über den Fluß, keine Brücke, und auf Geröll 5 Min. nach rechts (Richtung Sani Bheri). Dann links klitzekleiner Weg, sehr steil im Zickzack durch Gras nach Kharkhola, Häuser mit Flachdächern. Mais und Eier erhältlich! Auf reizendem Höhenweg nach Jang, eine typische Kham-Magar Siedlung. Lunch unterwegs. Abstieg zur Seilbrücke am Sani Bheri, wo übergesetzt wird. Am anderen Ufer im Wald versteckte Brücke und hinauf, dann auf gleicher Höhe nach **Chammari,** ca. 1700 m, 7 h vom Sisne Khola. Leicht ansteigend zu einem markanten Baum. Schöner Höhenweg rechts über dem Uttar Ganga bis Kol. Hinunter zur Schule und vorbei an weiteren Häusern in ein Seitental mit Mühlen (L), 3 h. Hinauf zu einem von weitem sichtbaren Höhenweg. Aussicht auf Hiunchuli Patan, 5858 m. Abstieg zum Doppeldorf **Shera,** 2150 m, Camp auf Weide dahinter, etwa 4 h vom Lunchplatz. Breiter Weg durch Wald und verschiedene Dörfer. Kartoffeln erhältlich. Dann in eine alpine Weidelandschaft mit schönem Misch-

wald. Lunch nach 3 h, verschiedene Wasserstellen. Dem Uttar Ganga auf dessen rechten Ufer folgend bis zu einer schönen Brücke. Am linken Ufer nun auf herrlichem Weg zu verschiedenen Sommersiedlungen. Es folgt **Masa,** 2750 m (C), etwa 8 h von Shera. Nun sind es nur noch etwa 2 ½ h bis **Dhorpatan,** 3000 m (H/C/AP), das man über Felder und Weiden erreicht.

Mögliche Fortsetzungen
- Trek nach Pokhara über Jalja La, Beni, etwa 8 Tage (siehe Nr. 61/ grün)
- Trek nach Tansen über Burtibang, etwa 7 Tage (siehe Nr. 61/grün)
- Charterflug nach Kathmandu (unsicher).

6. Um den Dhaulagiri

Erlebtes *karma*

Es regnet. Aber wenn einmal alles naß ist, kann nichts mehr naß werden. Nur noch schwerer.

Bobang, ein großes Dorf aus vielen, vielen kleinen Häusern breitet sich vor uns aus. Hauptsächlich Kami und Magar würden hier wohnen, aber die meisten Häuser stehen leer. Es ist still. Die Tropfen fallen regelmäßig in die aufgeweichten Felder, kahle Maisstauden starren hoffnungslos der Fäulnis entgegen. Eine Katze schleicht über den Platz vor dem Haus, bei jedem Schritt ihre Vorderpfoten schüttelnd. Ich sitze auf der gedeckten Veranda eines leeren Hauses. Der Mörtel ist verwaschen, durch das Schindeldach rinnt das Naß. Eine hübsche Thakalifrau pflückt Gemüse im Garten, kleine Gurken, von denen ein paar den Weg in den Kochtopf von Ram finden, der im rauchigen Anbau eine Ratatouille komponiert. Ein alter Bauer steht im Regen und raucht seine kleine Holzpfeife, die er aus einer Falte seines Gürteltuches hervorgeklaubt hatte. Er ist Kami, aus der niedrigsten Hindukaste der Eisenschmiede. Kami sieht man in ganz Nepal. Sie zieren jeweils die Dorfperipherie der Vertreter höherer Kasten. Seltener bekommt man ein Kamidorf zu Gesicht. Hier in Bobang leben sie zusammen mit Magar und einer Thakkalifamilie.

Aber das Dorf ist leer, still – wo sind sie geblieben? „Oben", sagt der Alte, „oben in Dhor, sie kommen bald". Während wir uns auf dem glitschigen Pfad wieder in Bewegung setzen, gleiten die kleinen Häuser an uns vorüber. Wie altes Spielzeug stehen sie im Schlamm. Schmale Türen, schwarze Strohdächer, der Mörtel bröckelt, die Fenster sind geschlossen. Kein Tier, kein Laut, nur das Rieseln des Regens. Doch – da kommen Menschen, viele Menschen, Tiere, viele Tiere. Ich bleibe stehen. Der Zufall will es, daß ausgerechnet heute der Alpabzug einsetzt. Ganze sechs Monate beackern die Kami und Magar die Äcker in Dhor, auf der Hochebene, um danach in ihre Siedlungen zurückzukehren, nach Bobang und Sukurdung. Die Karawane schwerbeladener Menschen scheint kein Ende zu nehmen. Schwarze Kami und Magar mit breiten Gesichtern strömen uns im Regen entgegen. Frauen, Männer, Kinder – alle tragen schwerste Lasten, große Körbe. Rinder und Büffel trotten daneben. Schirme aus Bambus und Blättern schützen die Köpfe der Schwerarbeiter. Ein stolzer Vater wird von seinem Sohn beschirmt, der auf den Schultern mitreitet. Die jungen Frauen tragen ihre Kleinen zuoberst im Korb, darunter tönt das Gegacker der Hühner. Trotz des Schmucks an den Ohren und um die Hälse der Kamini macht

der Zug einen armen Eindruck, das unwirtliche Wetter mag zur Trostlosigkeit beitragen. Barfuß gleiten sie vorüber, langsam und wortlos. Die Hunde folgen mit gesenkten Köpfen, pudelnaß. Einige sind an eisernen Ketten festgebunden.

„Hast du Streichhölzer?" fragt mich ein junger Mann. Ich stecke mit meinem Feuerzeug seine *bidi* in Brand. Unter Pfiffen und Rufen werden viele Schafe und Ziegen mühsam auf dem Weg gehalten. Noch mehr Menschen kommen, naß vom Regen, naß vom Schweiß. Mit ihren dunklen Händen halten sie sich am *nämlo* fest, am Tragriemen, der um den Kopf und den Korb läuft. Der Regen nimmt zu, es schüttet. Im Schutz eines Strohdachs beobachte ich den Zug. Ein Bild endloser Mühsal, das *karma* der Kami.

»Ekdam khatrako bāto«
(Ein sehr gefährlicher Weg.)
Zitat Prem Bahadur Magar auf dem Weg zum Dhaulagiri Base Camp

Der Weg um den Dhaulagiri ist ein Weg der Widerstände. Diese können schon im Immigration Office beginnen, wo die Bewilligung manchmal erst nach einer Unterredung im ersten Stock erteilt wird. Eigentlich befindet sich das Mayangdi Khola nicht in einem Sperrgebiet, aber hart daneben.

Sirdar Subas Singh Lama läßt sich den Weg erklären (Rani Ghat).

Hart wird auch die Fahrt nach Naudanda-Syangja. Die Straße nach Pokhara verwandelt sich Jahr für Jahr mehr in eine wüste Piste, gespickt mit Löchern und allerlei Hindernissen. Auflockerung bietet dagegen Mugling, wo die Busse für das obligatorische *dāl bhāt* ganze dreißig Minuten Halt einlegen. Mugling besteht vornehmlich aus zwei Reihen, endlosen Reihen von Kneipen, an deren Türen hübsche Mädchen lauern und rufen: „*dāi, khānā mitho chha!*" (Bruder, das Essen ist gut!). Kaum hat man die Hände am immerströmenden Naß des Schlauches vor dem Haus gewaschen und Platz genommen, fahren die unterteilten Metallplatten auf, in denen sich Linsen, Reis, Gemüse und Chilli spiegeln. Kaum am Werk, spachtelt ein Bursche weiteren Reis auf die Platte und ein Kellenwurf Linsen läßt auch nicht auf sich warten. *Dāl bhāt*, 24 Stunden am Tag, sieben Tage in der Woche, 52 Wochen im Jahr. Der Bus hupt schon wieder ...

Nach der Hitzeschlacht am Karkineta und im Kali Gandaki findet sich der Wanderer oberhalb von Beni unvermittelt auf einem prächtigen Höhenweg, der ihn langsam in verschiedene größere Magardörfer führt: Jhin, Pakhapani, Tharekani, Malkbang, Malampar. Danach wird es schwieriger. Im Wald sind die Wege nicht mehr offensichtlich und meistens ist auch niemand da, den man fragen könnte. Eindrücklich ist der Anblick einer Bärenfalle. Auf mächtigen Stämmen lagern noch mächtigere Steinquader. In der keilförmigen Lücke unter der tödlichen Last liegt ein leckerer Köder. Möchte der ahnungslose Bär dessen habhaft werden, löst er den plumpen Mechanismus aus – das endlose Gewicht saust auf ihn nieder und ...

In den Magardörfern weiter unten jedoch herrscht eine ausgelassene Stimmung. Wir befinden uns mitten im Dasainfest, das bekanntlich im Oktober während mindestens zweier Wochen das halbe Leben in Nepal lahmlegt. Ein geschulter Schlächter zieht mit seinem langen, etwa vier Kilogramm schweren Gurkhaschwert *(khukuri)* von Dorf zu Dorf und schlägt den mächtigen Wasserbüffeln mit einem Schlag die Halswirbel entzwei, worauf diese schnaufend langsam in die Knie gehen. Eine solche Schlachtszene ist zwar nicht besonders schön, aber für das Dasain ebenso typisch wie die Büttenreden am rheinischen Karneval. Vor dem Schlachtakt findet meist eine längere, erhitzte Diskussion über den Preis des Tieres statt, während der Schlächter sich gelangweilt auf sein Messer stützt und Zigaretten raucht.

Anläßlich des Festes fließen rauhe Mengen von *raksi*, der in dieser Gegend mit Vorliebe aus Hirse gebraut wird. Manche kritische Nepali meinen, viel fruchtbares Land würde lediglich zum Anbau der *raksi*-Hirse verwendet, anstatt anderer Frucht, welche die Ernährungslage der Bauern verbessern helfen könnte. Auch wird zur Destillation des Hirseschnapses eine Unmenge von Holz verwendet, Holz, das dringend gespart werden müßte.

Im Mayangdi Khola erreicht man wieder ausgetretenere Pfade, obwohl dieses Tal nur schwach besiedelt ist. Die ausgesetzten und gefährlichen Wege führen zu den Basislagern jener Berge, die sich links und rechts wuchtig auftürmen: Manapathi, Jisbang, Dhaulagiri I, Tsaurabang, Dhaulagiri II und III. In dieser enormen Schlucht wandert man durch einen der letzten Urwälder Nepals. Mit zwei Trägern aus Muri nehme ich den heiklen Abstieg über die morschen Leitern hinter Bagar in Angriff. Sie tragen Eßwaren zum Basislager der Japaner, die den Dhaulagiri II versuchen. Seit Wochen regnet es, obwohl eigentlich laut Kalender schon lange die Trockenzeit über die Gegend hätte hereinziehen sollen. Die zwei fröhlichen Burschen kennen den Weg und sie wissen, was sie erwartet. *„Ekdam khatrako bāto!"*, ein sehr gefährlicher Weg, ruft der eine fortwährend aus. Seine nackten Füße nehmen sicher Stufe um Stufe. Mit den Händen hält er sich behend an den Steighilfen, die in Form von Bambusstauden zu beiden Seiten der Stiege wachsen. Schon sind wir unten, ein kleiner Teil des *khatrako bāto* ist überwunden. Nach Dhoban folgt eine abenteuerliche Flußüberquerung auf drei zittrigen Brücken, die hintereinander auf Felsblöcke gelegt wurden.

Dhaulagiri Himal (Tharekhani Deorali, 2950 m).

Der Sirdar und die starken Träger müssen hier den Schwächeren helfen. Hie und da begegnet man einzelnen Magar, die in sumpfigen Lichtungen Wasserbüffel weiden, einer davon versorgt das Basislager täglich mit frischer Milch und Yoghurt. Der Wald lichtet sich, die Bäume werden seltener. Buschwerk und Alpenrosen, Gras und Zwergrhododendren ersetzen ihn. Trotz des Regens würzen die *sunpāti* die dünner werdende Luft. Steil, steil und nochmals steil, abweisend und be-

ängstigend wirken die endlosen Flanken der Berge. Man kann sich kaum eine wildere Gegend vorstellen. Je näher man sich den Eisriesen nähert, desto größer wird das Grollen der Lawinen, die pausenlos herunterdonnern. Besonders zwischen dem sogenannten „Italienerlager" an der Westflanke des Monarchen Dhaulagiri I – notabene der höchste Berg, der sich ganz in Nepal befindet – und dem Basislager für die Normalroute scheint man tropischen Gefilden endlich entronnen, dafür empfängt einen eine misanthropische Urwelt. Lawinenkegel füllen das steile, unwirtliche Tal, Hängegletscher lauern auf beiden Seiten. Durch diese hohle Gasse müssen wir. Dieser gefährliche Abschnitt sollte nur bei besten Verhältnissen und gutem Wetter gewagt werden. Es folgt der French Col, das Estrichfenster des Mayangdi Khola, durch das man eine völlig andere Welt betritt. Eine offene, weite Landschaft, arid, mit weichen Formen, ein breites Tal – das Rikha Samba, früher unter dem Namen Hidden Valley auf der Karte verzeichnet. Die erfolgreiche französische Annapurna-Expedition von 1950 entdeckte diesen Paß, darum heißt er noch heute French Col. Über weite Hänge steuert man dem Dhampus Paß zu, von wo auch ein Abstecher auf den 6011 m hohen Trekkinggipfel Dhampus Peak unternommen werden kann.

Eine selten begangene und eher entbehrungsreiche Tour findet hier praktisch ihr Ende, denn nach dem langen Abstieg nach Marpha folgt ein wesentlich einfacherer Schlußteil. Schöne Wege und freundliche Menschen, die sie säumen. Vorbei sind Urwald und das unbehagliche Gefühl in der engen Schlucht. Blutegel und Lawinenkegel gehören zur Erinnerung, wie auch der Blick nach Tibet von den Höhen der Pässe.

Nr. 61 (grün)   Tansen – Dhorpatan – Pokhara

Charakter	leichte Bergwanderung in überwiegend subtropischen Gefilden am Südfuß des Dhaulagirimassivs, Dauer 14–16 Tage tiefster Punkt: Rani Ghat, 450 m höchster Punkt: Jaljala, 3400 m Hauptschwierigkeiten: etwas Schnee am Jaljala im Dezember/Januar Hitze in den tiefen Lagen außerhalb des Winters
Ausrüstung	ganze Route mit kleinen Gaststätten versehen. Gruppen über 4 Personen mit eigenen Zelten, Gas- oder Kerosinkochern besser aufgehoben. Basisverpflegung unterwegs, Rest aus Kathmandu, resp. Tansen mitnehmen. Bewilligung: Annapurna Extension: Tansen – Burtibang – Dhorpatan – Beni – Kusma Karte: MM Pokhara/Dhorpatan/Tansen Circuit
Beste Zeit	Oktober bis Mai (Dezember – Februar sehr empfehlenswert, da Temperaturen viel angenehmer)
Sehenswert	Tansen, Ranaschloß in Rani Ghat, Aussicht vom Jaljala, Karawanen im Kali Gandaki, Newar in Kusma
Weg zum Startpunkt	Mit Bus ab Kathmandu via Mugling – Narayangarh – Butwal nach Tansen. Die Straße Pokhara – Tansen via Syangja – Dangsing befindet sich in schlechtem Zustand.

Wegbeschreibung

Vom Buspark in **Tansen,** 1372 m (H) durch die Gassen hinauf und links über einen kleinen Paß zu einem schönen, flachen Platz (C) mit Pipal und Aussicht, ½ h. Hinunter an kleinen Dörfern vorbei in ein enges Tal und hinaus an den Kali Gandaki: **Rani Ghat,** 450 m (C/TH), 4–5 h, Ruine eines ehemaligen Rana-Palastes. Von hier führt ein Weg über Riri Bazar ins Tal des Bari Gad. Wir wählen den szenischeren Pfad über den Kali Gandaki und leicht rechts hinauf an verschiedenen Magardörfern vorbei auf den luftigen Hügelkamm 1250 m (L), 3 h. Abstieg zum Kali Gandaki durch fruchtbare, gartenartige Gegend zur Brücke bei **Aslewa** (TH), Camp auf alten Terrassen kurz nach Eintritt ins Bari Gad, etwa 7 h von Rani Ghat. Dem rechten Flußufer folgend auf beinahe flachem

Weg nach Khaireni Bazar (H/L) 2 ½ h. Durch Reisfelder und über kleine Schuttdeltas nach Ourli Khola. Unterkunft und Camp bei **Chhorkatna,** 620 m (H/C), 3 h von Khaireni Bazar. Wir folgen dem flachen rechten Ufer des Bari Gad zum Bahun-Dorf Rupakot, (L) nach 3 h in Rampur. In der Mischsiedlung **Bachitti,** 709 m (auch: Bhuachitti) (C/TH) bei Schule, 4 h von Rampur. Immer auf dem rechten Ufer des Bari Gad durch Reisfelder zum Daran Khola (TH). Dort wechselt man die Zonengrenze vom Lumbini nach Dhaulagiri. (L) in Rangshi (TH) nach 2 ½ h. Weitere 2 ½ h durch verschiedene Mischdörfer nach **Kara Bazar,** 869 m (H/C). Das Tal wird steiler und schroffer, (L) nach 3 h in Malkutibang (TH). Bei der Talgabelung rechts auf steil angelegtem Hangweg zu verschiedenen kleinen Siedlungen.

Bald erscheint der große Ort Burti-bang, 1158 m (H/C/CP). Nach einer weiteren Stunde Camp bei den ersten Teehäusern in **Bhuji Khola,** 1270 m (C/H), 5 h von Kara Bazar. Dem Tal weiter folgend bis Dogadi. Links des Flusses hinauf zum Kami- und Magar-dorf Bobang, 1768 m (TH/L), 4 h. In zwei weiteren Wegstunden nach **Su-kurdung,** 2020 m (TH/C), Camp bei Schule. Stet ansteigend durch Wald bis zum „Deorali Bhanjyang", dem 3100 m hohen Übergang ins Tal des Uttar Ganga, 4 h. Leicht links zu zwei Som-mersiedlungen (H) und zur Brücke. Links des Flusses zum Flugfeld von **Dhorpatan,** 3000 m (C/TH), 6–7 h von Sukurdung. Weiter nach Osten zur Flüchtlingssiedlung Chentung (TH) 1 h. Dann teilweise im Ried zum Bahre Khola. Bei Niederwasser kann dieser an dessen Ausfluß durchwatet werden, sonst 10 Min. flußaufwärts über die Brücke. Durch Wald hinauf nach Gurjakot (auch: Gurja Ghot) (TH/L), 3 ½ h von Dhorpatan. Wie-der durch schönen Wald und über eine Rampe zu den Sommerhäusern von **Jaljala,** 3250 m (C). Vom Grat dahin-ter schöne Sicht auf Dhaulagiri, 6–7 h von Dhorpatan. Nun fast flach zur Wasserscheide und zur Paßhöhe des Jaljala, 3400 m. Herrliche Sicht auf Dhaulagiri- und Annapurna Himal. Steiler Abstieg durch Wald nach More-ni, 2591 m (TH/C) und zum Dar Khola: Lumsum, 2100 m (H/C), 4 h von Jaljala. Dem Tal entlang hinunter über Brücke an das rechte Ufer nach Muna. Kurzer Anstieg nach **Sibang,** 1753 m (H/C), etwa 3 h von Lumsum. Nun weiter nach Takum und hinunter nach Darapani, 1562 m (TH/C). Auf schönem Weg kurz durch Föhrenwald hinunter nach Darbang, 1113 m (H/

Bahundorf (Bandhungha, 500 m, Oktober '85).

C/CP/L), 3 ½ h von Sibang. Dem lin-ken Ufer des Mayangdi Khola folgend, vorbei an verschiedenen Dörfern (TH) und vielen Rastplätzen *(chau-tāro)* mit z. T. prächtigen Pipalbäumen (lat. *ficus religiosa* und *ficus bengalen-sis*) nach **Simalchaur,** 968 m (H/C), 3–4 h von Darbang. Es folgen die schweflingen Quellen von Tatopani-Mayangdi und gemütlich geht's talaus über Titreni (schöne Zeltplätze), Bagua, 876 m (H) nach Beni, 850 m (H/C), großes Mischdorf am Kali Gandaki, hier L, etwa 3 h. Über den Mayangdi Khola und vorerst am schat-tigen rechten westlichen Ufer des Kali Gandaki leicht hinunter. In Parse (TH), 2 h von Beni, aufs sonnige linke Ufer wechseln. Camp nach weiteren 2–3 h auf Wiese hinter **Khaniyaghat,** 831 m (H/C). Auf gutem Weg nach Shatradara, 777 m (TH/C), 1 h. Wei-ter, immer auf linkem Ufer des Kali Gandaki nach Naya Sanghu Bazar (H)

und Kusma, 1025 m (L/H/CP/AP ge-genüber in Balewa), 3 h vom Camp. Man schwenkt im Dorf nach links (nordostwärts) ins Modi Khola. Nach 2 ½ h erreicht man **Dobila,** 1100 m (H/C). Sehr schöne Zeltplätze ½ h über dem Dorf unter Pipal, 3 h von Kusma. Dem Rücken folgend nach Gijan (H/C), 1 h. Kurzer Abstieg zum Fluß, dann ansteigend bis Tilhar (TH/C/L), 3 h von Dobila. Durch Föhrenwald hinauf zu Häusergruppe. Weiter oben quert man in einen Erosions- und Bergsturztrichter. Da-nach in weitem Bogen bis Badaure Deorali, 1500 m (H/C) 3 h von Tilhar. Abstieg nach links zum Bach im Wald, wieder hinauf. Wunderbarer Zeltplatz bei Schule in **Pangdur Deorali,** ca. 1400 m (TH/C), 7 ½ h von Dobila. In einer knappen Stunde hinüber nach Naudanda, 1458 m (H/C/CP). Rechts weiter auf Kamm über Kaskikot (Ab-stieg zum Phewa Tal von hier auch möglich) und vorbei an Forstprojek-ten nach Sarangkot, 1676 m (H/C/L), 4 h von Pangdur. Herrliche Sicht auf Phewa-Tal, Pokhara und die Berge. Hinunter in 2 h nach **Baidam,** 900 m (H/C) am Phewa-Tal, nahe Pokhara (H/AP).

Mögliche Fortsetzungen

– mit Bus oder Flugzeug nach Kath-mandu.

Nr. 62 (rot)   Dhaulagiri-Rundtour

Charakter	Schwieriger Bergsteigertrek, z. T. auf schlechten und ausgesetzten Wegen im Mayangdi Khola. Start in Naudanda/Syangja (Straße Pokhara – Tansen), Ende in Pokhara, Dauer: 18–20 Tage
	tiefster Punkt: Modi Khola bei Kusma, 720 m
	höchster Punkt: Dhampus Paß, 5650 m
	Hauptschwierigkeiten:
	Höhe, schlechte Wege, z. T. schwer zu finden, Lawinen zwischen Dhaulagiri Base Camp und French Col
Ausrüstung	zwischen Beni und Marpha weitgehend unbewohntes Gebiet ohne Unterkunfts- und Verpflegungsmöglichkeit. Bergsteigerausrüstung (Doppelschuhe, Steigeisen, Daunenjacke, 2–3 Pickel pro Gruppe, etwa 50-m-Seil) und zwei Eisschrauben, Kerosin- oder Gaskocher mit genügend Brennstoff. Verpflegung aus Kathmandu oder Pokhara. Ab Marpha Basisnahrung wieder erhältlich.
	Bewilligung: Annapurna
	Extension: Kusma – Beni – Dhaulagiri B.C.
	Karte: MM Pokhara/Dhorpatan/Tansen Circuit
Beste Zeit	Oktober – November, April – Mai
Sehenswert	Flora und Fauna im Mayangdi Khola, Klöster und Karawanen im oberen Kali Gandaki
Weg zum Startpunkt	Mit Flugzeug oder Bus via Pokhara oder mit direktem Bus ab Kathmandu Ratna Park

Wegbeschreibung

Naudanda, 1097 m (H/C) liegt an der Straße Pokhara – Tansen. Hinunter nach Seti Dovan, 900 m, durch Felder und eindrücklichen Wald. Nach Brücke in Rangatani links (südlich) des Flusses nach Karkineta Phedi, 1173 m (TH/L), 4–5 h. Auf breitem Weg steil, teilweise auf Stufen zum Paßdorf **Karkineta,** 1631 m (H/C), etwa 2 h von Phedi. Abstieg nach Yamdi, 914 m (TH) in 1 ½ h und weiter leicht hinunter zum Modi Khola, etwa 720 m, 1 ½ h von Yamdi. Schöner Anstieg durch Wald und Felder nach Kusma, 1025 m (H/CP/L/AP gegenüber in Balewa) 3 ½ h vom Paß. Schöne Häuser der hier ansässigen Newar. Auf dem rechten Ufer des Kali Gandaki über Naya Sanghu (TH), Shatradara (TH) nach **Khaniyaghat,** 831 m (C/H), 3 h von Kusma. Immer weiter auf Mauleselpfad nach Parse (H/C), wo man auf das linke (östliche) Ufer wechselt, 2–3 h. Nun noch 2 h bis Beni, 850 m (H/C/L). Man schwenkt ins Kali Gandaki und zweigt kurz vor Ende des Dorfes links ab. Steil auf kleinerem Weg durch Grashalden und Einzelhöfe zu einer Streusiedlung, Sicht auf Berge. Nun etwas auf und ab auf herrlichem Hangweg (Anfang nicht leicht zu finden, Weg nach Jhin erfragen!) nach **Patlekhet,** ca. 1850 m (THC) 3 ½ h von Beni. Langer Tag, aber es lohnt sich, der Hitze zu entfliehen. Nun auf dem von weitem sichtbaren Hangweg mit Sicht auf Dhaulagiri und Annapurna-Gruppe nach Jhin (TH) und bei Pakhapani, ca. 1990 m (H/C) verläßt man das Tal des Ranughat Khola nach links (We-

sten), 3 h. Hier L. Auf gefälligem Weg in großartiger Parklandschaft hinauf zum großen Magardorf **Tharekhani,** etwa 2200 m (C/TH), 3–4 h von Pakhapani. Nach dem Dorf leicht rechts (nordwärts) ansteigend in herrlichen Mischwald mit klarem Bach. Bei Wasserfall guter Swimming-Pool! Hinauf zu einem Paß (2950 m) mit Schutzhütte und guten Zeltplätzen mit Wasserstelle, etwa 3 h, Sicht auf Dhaulagiri Himal. L evtl. hier. Abstieg durch schönen Wald und später Felder zur Brücke am Marang Khola. Nun scharf links (südwärts) auf sichtbarem Hangweg über einen kleinen Rücken und nach **Malkbang,** ca. 2000 m (C/TH), 3 h vom Paß. Leicht ansteigend zu einem schönen Sattel und hinunter zum Bach, nach Brücke steil nach Malampar (TH), großes Magardorf, 1 ½ h. Man verläßt das Dorf gegen oben und steigt hinauf in ein bewaldetes Tal, das bald enger und steiler wird. Kurz vor dem Gratrücken verliert sich der Pfad ein paarmal im Bach, der auf schwarzem Schiefer daherrieselt. Evtl. hier L. 4 h nach Malampar steht man oben. Nun links (westlich) haltend durch großen Wald auf und ab. Guter Weg, 1 ½ h bis zu einer Weide mit Sommerhäusern, **Danda Kharka,** ca. 3250 m, Sicht! (C) Wasser vor der Weide am Weg oder unterhalb im Wald. Nach rechts (nordwestwärts) absteigen auf Waldweg (Bärenfallen!) hinunter zum trostlosesten Nest, das ich je gesehen habe: Dhurkos, 2 ½ h. Hinauf über pittoresken Pfad entlang einer Felswand mit vielen Bienenwaben nach Sunkos (L), 1 h von Dhurkos. Hinüber zu einer Büffelweide auf dem Kamm mit Sicht ins Mayangdi Khola. Abstieg steil durch Wald zum Fluß, den man auf zittriger

Brücke überquert. Kurzer Aufstieg nach **Bagar,** 2050 m (C/TH), 1 ½ h bis 2 h von Sunkos. Leichter Anstieg nordwärts zu Höhenweg auf Grashalde (Vorsicht!), dann im Wald zu einer heiklen Abstiegsstelle (50-m-Seil über Felsen und morsche Leitern). Nach 3 ½ h erreicht man Lipsiba (L), schöne Büffelweide. Weiter durch dichten Wald in 2 ½ h zur großen Lichtung von **Dhoban,** 2630 m (C). Nach kurzer Zeit kommt ein steiler Abstieg im Wald mit drei waghalsigen Brücken über den Konabon Khola. Weiter auf dem linken Ufer des Mayangdi, der nach etwa 2 h ebenfalls übertänzelt wird. Bald folgt im bärenreichen Wald eine Büffelweide (L), 2 ½ h von Dhoban, böser Hund. Auf der rechten Flußseite im Wald zu einem Seitenbach und unter steinschlaggefährlichen Hängen auf ausgesetztem Pfad über zwei weitere Seitenbäche. Dann steiler Aufstieg auf schönem Weg durch Alpenrosen *(sunpāti)* zur Alp Puchhar (C/Steinhöhle), 3 h vom Lunchplatz. Nun in 1 h zum **Dhaulagiri Base Camp** (Italienerlager) ca. 3650 m, ca. 6 ½ h von Dhoban. Hier Ruhetag einschalten, akklimatisieren. Etwas östlich aufsteigend und über Moräne hinunter zum Gletscher und in die grimmige, nach Schneefall akut lawinengefährliche Schlucht zwischen Dhaulagiri I und Dhaulagiri II. Nach ca. 1 h hinüber auf die linke (westliche) Talseite auf Weglein, z. T. über Lawinenkegel, Vorsicht, einzeln queren. Durch zunehmend steinigere Landschaft in 4–6 h zum **Oberen Basislager** (C), wo das Tal breiter und freundlicher ist. Zum Fuß des linken (nordwestlichen) Talhanges auf endlose Geröllfelder zu einer charakteristischen Moräne in der Talmitte. Die-

Dhaulagiri, 8167 m, der Monarch zeigt seine Südostwand (Poon Hill, 3000 m).

ser folgend, durch eine Senke und wieder hinauf zum French Col, ca. 5500 m, wo sich eine großartige Weite auftut, 3–5 h vom Oberen Basislager. Camp im oberen **Rikha Samba** (vormals Hidden Valley). Nun quert man nach rechts (östwärts) auf weiten Geröllhalden zum Einschnitt zwischen Dhampus, 6011 m, und Tukuche Peak: Dhampus Paß, ca. 5650 m. Weg nach links (Norden) hoch auf Wegspuren in weiten Hängen zu verschiedenen Sommerweiden und zu einem Kamm, von

wo man den Kali Gandaki zum ersten Mal sieht. Bei ungünstiger Witterung ist dieser Weg schwierig zu finden. Vorsicht, nicht ins Tal absteigen, kein Durchgang. Auf besserem Weg zu einer schönen Alp direkt gegenüber Nilgiri-Gruppe, **Dhampus Kharka,** ca. 3600 m, 7–10 h von Rikha Samba. Im Wald auf herrlichem Weg hinunter nach Marpha, 2667 m (H/C/L), 3 h. Hier treffen wir auf die „Autobahn" des Kali Gandaki (Maultierkarawanen, andere Wanderer . . .). Unfehlbar

Warten auf die Sonne. Touristen haben sich auf dem Poon Hill versammelt.

nach Südwesten in 1 h nach Tukuche, 2566 m (H/C) und in weiteren 2 h nach **Larjung,** 2560 m (C/H). Route bis Ghorapani ist ebenfalls unfehlbar. Über die Talstufe hinunter nach Ghasa, 2012 m (H/C), 3 h, dann L. In weiteren 3–4 h zur Stadt **Tatopani,** 1189 m (C/H/CP). Über den Kali Gandaki und Ghara Khola den Mauleseln nach, nach Sikha, 2012 m (H/C/L), 3 h von Tatopani. Über Erosionstrichter, einige Wiesen und danach durch Wald nach **Ghorapani Deorali,** 2634 m (C/H), nochmals 3 h. Früh aufbrechen zum Poon Hill, ca. 3000 m. Herrliche Rundsicht. Hin

und zurück ca. 1 ½ h. Von der Paßhöhe dem Wegweiser „Ghandrung" folgen, etwas hinauf durch dichten Wald und vorbei an einem weiteren Aussichtspunkt und einem Teehaus. Hinunter zum Lunchplatz in Banthandi (L/TH), 2–3 h. Leichter Aufstieg, Abstieg und wieder Aufstieg durch Wald nach Tadapani. Abstieg z. T. knifflig. Hinunter durch herrlichen Rhododendronwald zu einem Teehaus mit Zeltplätzen. Von dort in 1 ½ h zum großen Gurung-Streudorf **Ghandrung,** 1920 m (H/C), 5 ½ – 6 ½ h von Ghorapani. Unterhalb teilt sich der Weg bei Hausruine. Hier links

hinunter an Einzelhöfen und Terrassen vorbei zur Brücke am Modi Khola. Hinauf nach Landrung, 1610 m (H/C). Dann in Richtung Pokhara (Wegweiser). Ein Weg biegt hier nach Chandrakot ab. Zunächst flach, dann

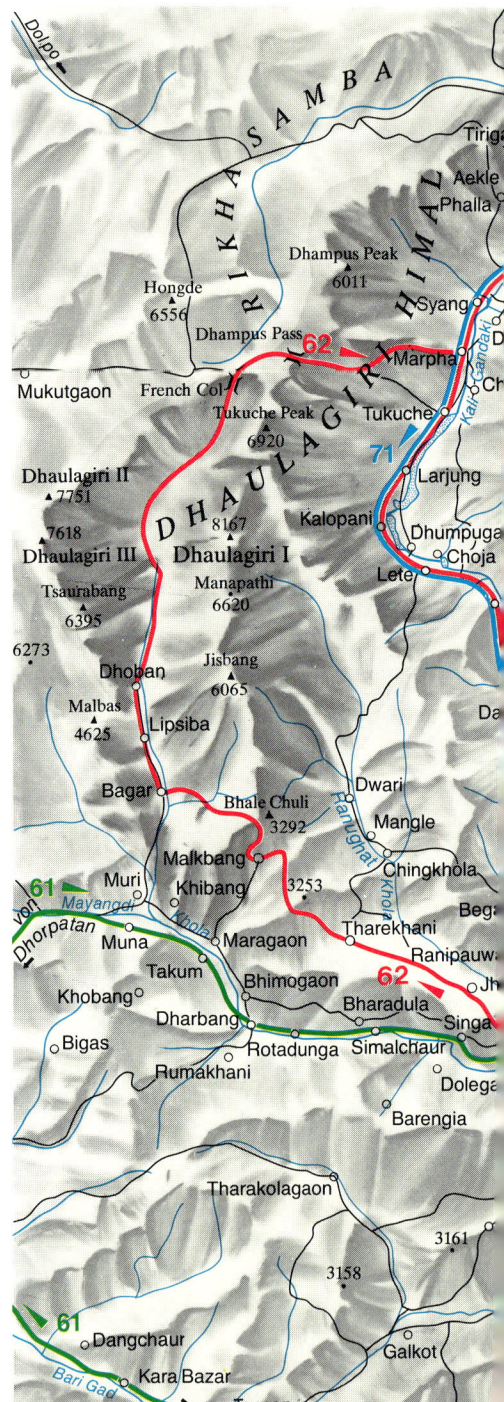

leichter Aufstieg nach Tolkha (H/C/L), 3 h von Ghandrung. Von dort steil durch dichten Wald zu einem kleinen Paß mit *chautāro* und schöner Weg bis Pathanda H/C, 2 h von Tolkha. Noch eine Stunde bis **Dhampus,** 1480 m

(H/C), Vorsicht Langfinger! Auf Treppe hinunter durch Wald nach Suikhet 1113 m (H/C) und flach hinaus zum Tibeterdorf **Hyengia,** 1097 m (H/C), 2 ½ h von Dhampus. Jeep von Suikhet oder Hyengia oder zu Fuß weiter bis

Mahendraphul (Taxistand) vor **Pokhara,** 915 m (H/C/AP).
Mögliche Fortsetzungen
– ein Bad im Phewa-Tal
– mit Bus oder Flugzeug nach Kathmandu.

7. Annapurna Himal

Ein unbekanntes Gebiet?

Ein alter Walliser Bergführer sagte mir einmal, er habe nun das Weißhorn 172-mal bestiegen, aber jede Besteigung wäre ein Erlebnis in sich selbst, Wetter, Schnee, Temperatur, Verhältnisse und Gäste seien jedes Mal anders gewesen. Es waren eigentlich 172 verschiedene Gipfel.

Was für eine Tagestour in den Alpen zutrifft, gilt erst recht für eine 20tägige Wanderung im Himalaja.

Der Annapurna Himal ist mit Abstand das beliebteste Wandergebiet in Nepal. Es wird von annähernd 20 000 Trekkern im Jahr besucht, verteilt auf Annapurna Rundtour, Kali Gandaki, Annapurna Deuthali und die kurzen Wanderungen in der Nähe von Pokhara, das sind etwa doppelt soviel als im Khumbu Himal (7 000) und im Langtang-Helambu (3 000) zusammengerechnet. Ein bekanntes Gebiet also? Ja und Nein. Selbst wenn man immer und immer wieder hingeht, man wird täglich Neues, Unbekanntes sehen und erleben.

Die Beliebtheit der Wege im Marsyangdi Khola und im Kali Gandaki läßt sich auch unschwer erklären. Einmal bietet die Annapurna-Rundtour die einzigartige Möglichkeit, eines der bekanntesten und zugleich wuchtigsten Bergmassive des Himalaja vollständig zu umrunden. Ferner bieten die Pfade zum Thorong La eine kaum erfaßbare Vielfalt von klimatischen, ethnischen und kulturellen Zonen. Die klassische Tour (siehe Nr. 71) beginnt im subtropischen, stark hinduistisch geprägten Marsyangdi, wo Chhetri und Bahun Reis und Hirse kultivieren, wo Wasserbüffel den Fremden anglotzen und die Morgennebel die Landschaft in geheimnisvolles Schweigen hüllen. Nach den weiten Ebenen folgt hinter Khudi eine dramatische Schlucht. Wie Wespennester kleben Gurungdörfer an den Steilhängen. Mais bildet hier die Hauptnahrung, während der reine Hinduismus durch von Dorf zu Dorf verschiedene Mischformen (mit dem Buddhismus) verdrängt wird. Im Tal wird die Landschaft schon deutlich karger und nach der zweiten Talstufe, zwischen Chame und Pisang, befindet man sich einerseits im Regenschatten des Annapurna II, andererseits in einer lamaistischen Welt mit Gebetsfahnen, Manimauern und Chörten. Klöster schmücken die Dörfer aus Flachdachhäusern, die von Manangbhot bewohnt werden. Auf den ariden Halden wachsen noch Gerste und Kartoffeln, auf den Weiden grasen tibetische Schafe, Ziegen und Yak. Nach Manang durchzieht man eine Reihe von Sommersiedlungen. Später folgt die eisige, unbewohnte Welt des Thorong La, wo Klarheit und Wind die Nähe Tibets ankündigen. Auf der Seite des Thak Khola oder Kali Gandaki begegnen uns Bhotia, später Baragaunle, Panchgaunle und schließlich Thakali, welche seinerzeit den Salzhandel mit Tibet unter Kontrolle hatten. Ihre gewaltigen Karawansereien zeugen noch heute von der wirtschaftlichen Hochblüte, die mit der Besetzung des Dachs der Welt durch die Chinesen 1959 abrupt endete. Dieser Ausfall wurde durch das Einsetzen des Touristenstromes etwas kompensiert. Die Thakali, weitgehend Buddhisten, sprechen einen tibetischen Dialekt und kennen auch noch gewisse Formen des Bön. In Kalopani verlassen wir die trockene, windgepeitschte Ebene des Thak Khola, um langsam in gemäßigtere Zonen abzusteigen, wo fleißige Magar ihren Mais pflanzen. Nach dem Ghorapani Deorali treten wir in die Welt der Steintreppen und warmen Herzen ein; die schönen Gurunghäuser in Ghandrung und Landrung mit ihren Steindächern heben sich dabei von den eher ärmlichen Behausungen ihrer Vettern im Marsyangdi deutlich ab. Schließlich führt der Weg wieder in subtropische Gefilde, Reisterrassen beherrschen das Landschaftsbild. Hier finden wir wieder hinduistische Chhetri und Bahun, um ganz am Ende in die Newarstadt Pokhara einzuziehen.

Die Tour bietet eine kaum zu überbietende Vielschichtigkeit an Eindrükken, für den Nepalkenner eine wahre Fundgrube, für den Neuling eher schwer erfaßbar und verdaulich. Zudem bringt die natürliche Entwicklung der Menschen und der Einfluß der modernen Zeit ständig kleine Änderungen, welche die Akzente der Eindrücke laufend verschieben.

Höhe und Wirkung

Gesundheit ist alles, besonders in den Bergen. Schon eine leichte Tour wird für einen Kranken zur Tortur. Deshalb muß dem Wohlbefinden unterwegs große Aufmerksamkeit geschenkt werden.

Wir leben im Westen in einer beinahe sterilen Umgebung und unser Körper wird in Asien mit einer Fülle von Krankheitserregern konfrontiert, die es bei uns nicht oder nicht mehr gibt. Er reagiert deshalb oft auch heftiger, als dies nötig wäre, um fehlende Abwehrstoffe zu produzieren. Wohldosierte Präventivmaßnahmen helfen mitunter, unangenehme Krankheiten zu vermeiden. Besonders gefährdet sind naturgemäß Magen- und Darmtrakt. So kommt es – paradoxerweise –, daß in Nepal, einem Land ohne Stühle, *der Stuhl* zum Hauptproblem wird. Der größte Gefahrenherd ist das Wasser, das aufgrund der milden klimatischen Verhältnisse bis an die Schneegrenze mit Tierchen angereichert sein kann, die unseren Verdauungsorganen arg zusetzen. Auch das Fleisch weist nicht jene Qualität und Reinheit auf, die wir gewohnt sind. Als Vegetarier – zumindest während des Aufenthaltes in Nepal – können sie unangenehmen Problemen recht gut ausweichen. Ich verweise deshalb für solche Erkrankungen auf die Ge-

Dorf im Monsunschatten: Flachdächer, Bewässerungskanäle (Braga, 3510 m, Mai '85).

sundheitsregeln, die im Anhang des Buches zu lesen sind. Sie helfen mit, größere Beschwerden zu vermeiden, schließen diese aber nicht vollständig aus. Eine gut angepaßte Reise-Apotheke gehört deshalb zum Inventar eines jeden Trekkers.

Eine weitere gesundheitliche Hürde bildet die teilweise beträchtliche Höhenlage im Himalaja. Schon 1855 beobachteten die Gebrüder Hermann und Robert Schlagintweit bei der Erkundung des Garhwal in Indien fol-

gendes: (aus „Reisen in Indien und Hochasien", Leipzig 1871) „... doch sichtbar brachte uns jeder Schritt höher und höher, bis es uns um 2 Uhr nachmittags ganz unmöglich geworden war, weiter hinaufzusteigen. Einer unserer Leute hatte plötzlich einen heftigen Bluthsturz bekommen und war schon tiefer zurückgeblieben; wir selbst fühlten uns alle auf eine so eigenthümliche Weise ermüdet und erschöpft, wie wir es früher niemals empfunden hatten ... Wir hatten

„. . . wo Klarheit und Wind die Nähe Tibets ankündigen . . .“ Diese Gruppe steigt vom Thorong La, 5416 m, nach Manang ab (Mai '85).

kaum das Barometer aufgestellt, als uns ein wüthender Nordwind zur schleunigen augenblicklichen Umkehr nöthigte ... Die Berechnung der Höhe des erreichten Punktes nach correspondierenden Beobachtungen ergab 22.259 Fuß (6785 m) ... Wir hatten uns zwar, besonders während der Reise in Tibet, sehr an den Einfluß der Höhe gewöhnt; bei der Besteigung des Ibi-Gamin aber empfanden sowohl wir, als alle unsere Leute Kopfweh und mehr oder minder Augenschmerzen, ungeachtet der dichten Schleier, mit denen wir uns gegen die blendenden Schneeflächen zu schützen suchten . . .“

Solche oder sogar gravierendere Erfahrungen mögen manche vielleicht schon gemacht haben, die sich in ähnliche oder auch geringere Höhen wagten. Es handelt sich um Symptome der Höhenkrankheit. Da verschiedene Wanderrouten dieses Buches einen Aufenthalt über 2500 Meter beinhalten, ist es angebracht, hierüber einige

Gedanken zu verwenden, um Unannehmlichkeiten zu vermeiden.

Mit zunehmender Höhe nimmt der Luftdruck ab und die Luft ist weniger dicht als z.B. auf Meereshöhe. Die Sauerstoffmoleküle sind weiter auseinander und deshalb muß mehr Luft in die Lungen gepumpt werden, um die gleiche Sauerstoffmenge wie unter normalen Lebensbedingungen einzuatmen. Der Körper muß eine große Anzahl zusätzlicher Sauerstoffträger produzieren, die roten Blutkörperchen, welche für den Nachschub dieses Lebenselixiers in die verschiedenen Körperteile sorgen. Diese zusätzliche Arbeit nimmt eine gewisse Zeit in Anspruch, die man dem Organismus gönnen muß. Diese Phase wird Akklimatisation genannt. Die Akklimatisation kann individuell sehr verschieden sein. Es gibt besonders höhentaugliche Menschen, die sich sehr schnell und optimal anpassen, andere brauchen mehr Zeit oder stellen sich überhaupt nicht um. Sehr oft müssen deshalb Gruppen bei Treks über 3500 Meter aufgeteilt werden, wobei jene Mitglieder mit Beschwerden tiefer bleiben müssen. Höhenanpassung hat nicht viel mit Fitneß, Jugend oder Stärke zu tun. In eigenen Gruppen habe ich schon mehrmals beobachtet, daß sich ältere Personen sehr gut umgestellt haben, während junge, sportliche Teilnehmer sich eher schwer dabei taten. Personen, die schon mehrmals Höhentauglichkeit bewiesen haben, sind vor eventuellen Schwierigkeiten bei erneuter Anpassung nicht geschützt. Jede Akklimatisationsphase muß zuerst durchgemacht werden. Dies braucht Zeit. Denken Sie daran, wenn Sie Ihre Wanderung in höhere Regionen planen. Sie müssen die Tatsache akzeptieren, daß Sie nicht sehr hoch gehen können, wenn Sie nicht genügend Zeit dazu haben. Auf etwa 3500 Meter und auf etwa 4300 Meter Höhe müssen Akklimatisationsruhetage eingeschaltet werden. Übernachten Sie auf diesen Höhen zwei Mal. Während des Tages können Sie so hoch gehen wie Sie wünschen, aber zum Schlafen müssen Sie zurückkehren. Bei Treks über 3400 Meter sollten an einem Tage nicht mehr als 450 Höhenmeter überwunden werden, selbst

Die Nilgiri-Gruppe. Der höchste Gipfel mißt 7061 m (Dhampus Kharka, 3600 m).

wenn Sie das Gefühl haben, das Doppelte zu schaffen. Beobachten Sie sich und Ihre Begleiter. Bei auftretenden Symptomen der Höhenkrankheit dürfen sie nicht höher steigen, bis Sie sich vollständig erholt haben. Bei seriösen Beschwerden, die auf die akute Höhenkrankheit hinweisen, muß sofort in tiefere Lagen abgestiegen werden! Die Devise lautet ganz einfach: „Nicht zu schnell zu hoch!"

Ferner erfährt der Wasserhaushalt des Menschen ebenfalls eine andere Kadenz. Durch die Anstrengung und das häufigere Atmen trockener Luft wird dem Körper eine große Menge Flüssigkeit entzogen, die regel- und vor allem gleichmäßig wieder zugeführt werden muß. Atmen sie über 3000 Meter nur durch die Nase. So wird das übermäßige Austrocknen der Halsschleimhäute vermieden und zudem gehen Sie automatisch langsamer, was Sie ja ohnehin tun sollten. Herz- und Lungenkranke sollten auf Treks in höhere Gefilde verzichten. Im Zweifelsfalle wird

Ihnen der Arzt grünes oder eben rotes Licht geben. Beim Anflug auf hoch gelegene Flugfelder (z.B. Jomosom, Manang, Luglha, Syampoche) ist besondere Vorsicht geboten und mindestens zwei Ruhetage sind angezeigt.

Bei vorsichtiger Planung und Einhaltung dieser Ratschläge werden Sie wahrscheinlich von der Höhenkrankheit verschont bleiben und bestimmt nicht in Lebensgefahr geraten. Die in diesem Buch beschriebenen Treks tragen übrigens diesen Gesetzen voll Rechnung. Doch wie äußert sich die Höhenkrankheit und wie erkennt man diese?

Es werden bei der Höhenkrankheit, auch AMS (Acute Mountain Sickness) genannt, drei Arten unterschieden:

1. die frühe Bergkrankheit
2. das Lungen-Ödem (Wasseransammlung in den Lungen)
3. das Gehirn-Ödem (Hirnschwellung)

Die frühe Bergkrankheit ist als Warnung zu verstehen und kann unmittelbar zu Lungen- oder Gehirnödem führen. Die AMS entwickelt sich meistens langsam, normalerweise über 2–3 Tage, nachdem man eine Höhe von 2500 Meter und darüber erreicht hat. Die frühe Bergkrankheit hat folgende Merkmale:

— Kopfschmerzen
— Übelkeit
— Appetitlosigkeit
— Schlaflosigkeit
— Körperschwellungen (besonders im Gesicht und an den Händen)

Bei Auftreten dieser Kennzeichen darf nicht höher gestiegen werden, bis Sie sich von diesen vollständig erholt haben. Als Vorstufe oder auch als begleitende Erscheinung der frühen Bergkrankheit kann oft eine Überstei-

gerung oder Veränderung der Charakterzüge der Menschen beobachtet werden. Man könnte dazu auch „Höhenkoller" sagen. Ein Phlegmatiker kann apathisch werden, während ein Choleriker zu Streitsucht und übermäßiger Kritik neigt. Ein Sanguiniker wirkt manchmal etwas beschwipst und überfröhlich. Schwermut und Trübsinn wiederum sind die Attribute des Melancholikers. Ich habe diese interessanten Gemütssteigerungen wiederholt beim Aufstieg in größere Höhen bei meinen Begleitern bemerkt. Sie führen nicht unbedingt zur AMS, sind aber offenbar eine Begleiterscheinung während der Anpassungsphase.

Wesentlich heikler und gefährlicher sind Lungenödeme. Sie äußern sich in

— Schwäche
— Müdigkeit
— verstärkter Atemtätigkeit und Pulsschlag
— erst trockenem Husten, später Husten mit wässrigem oder blutigem Auswurf
— Geräuschvollem und stoßweisem Atmen („Rasseln" in der Lunge)
— Druckgefühl auf der Brust
— Fingernägel und Lippen sind dunkler als bei gesunden Personen.

Ein Patient mit diesen Merkmalen (Vorsicht! Es treten oft nicht alle miteinander auf!) muß sofort mindestens 1000 Höhenmeter absteigen, wenn möglich auf 3500 Meter oder entsprechend darunter, wo er unter Umständen innerhalb von 24 bis 48 Stunden genesen kann. Danach kann bei Bedarf wieder langsam angestiegen werden.

Die letzte Art der AMS, das Gehirnödem, ist unmittelbar lebensgefährlich und tritt oft kombiniert mit einem Lungenödem auf.

Man erkennt es an

— extremer Müdigkeit
— Brechreiz
— starken Kopfschmerzen
— Gleichgewichtsstörungen
— ungleichmäßigen Schritten
— undeutlicher Artikulation beim Sprechen
— abnormalem Benehmen
— Halluzinationen visueller und akustischer Art
— Schwindelgefühl
— Bewußtlosigkeit.

Nicht alle Symptome sind nötig für eine Diagnose des Gehirnödems. Der Patient muß unverzüglich in tiefe Lagen evakuiert werden. Er muß unten bleiben und der Trek muß für ihn abgebrochen werden.

Medikamente spielen in der Höhenmedizin eine untergeordnete Rolle. Die einzig wirksame Medizin bleibt das Erkennen der Situation und der unverzügliche Abstieg. Der Notfall-Abstieg darf unter keinen Umständen verschoben werden, also auch nachts absteigen. Es ist sinnlos, auf einen Hubschrauber zu warten. Der Patient muß unbedingt von gesunden Kameraden begleitet werden. Kann er nicht zu Fuß absteigen, muß ein Träger oder ein Tragtier beschafft werden. Achten Sie, daß sein Kopf immer hoch gelagert wird. Ein AMS-Patient ist meist nicht in der Lage, korrekte Entscheidungen zu fällen. Oft muß er gegen seinen Willen zum Abstieg gezwungen werden. Durch die höhenbedingte Bluteindickung, verbunden mit mangelnder Bewegung durch Bettlägerigkeit, muß zudem mit thrombo-embolischen Komplikationen gerechnet werden, d.h. Blutpfropfbildung und Verstopfung von Blutgefässen. Bandagieren und Massieren der Beine können dagegen wirksam sein. Ist ein Arzt zur Stelle, können gegen die AMS zudem Medikamente und Sauerstoff verabreicht werden. Diese lindern unter Umständen die Beschwerden des Kranken, trotzdem muß er aber sofort in tiefere Lagen gebracht werden, auch wenn er sich nach der Behandlung besser fühlen sollte. Im Annapurnagebiet befindet sich zudem ein kleines Spital der HRA (Himalayan Rescue Association), das sich der Erforschung der AMS widmet und Patienten versorgen kann. Es steht in Ongre, nahe dem Flugfeld von Manang. Auch in Pheriche im Khumbu ist eine solche Station zu finden.

Also nochmals: Nicht zu schnell zu hoch! Im Notfall so schnell wie möglich tiefere Lagen aufsuchen!

Selbst bei längerem, unbeschadetem Aufenthalt in großen Höhen schadet ein schneller Abstieg der Gesundheit nicht. Meine Sherpa freuten sich dann sehr am Anblick attraktiver Sherpani und veranstalteten manchmal große Feste mit viel *chang* und *arak* und Stampftänzen, die bis zum Morgengrauen dauerten. Das folgende Katersyndrom mit Kopfweh und allen anderen Folgen durchgemachter Nächte taxierten sie dann als „low altitude sickness". Nachdurst ist ja bekanntlich schlimmer als Heimweh ...

Eines der Merkmale des Kali Gandaki ist die rege Karawanentätigkeit. Diese Maultiere haben Zement nach Jomosom gebracht und steigen nun leer nach Pokhara ab (zwischen Larjung und Kalopani, ca. 2500 m, Mai '85).

Annapurna

Bensisahar 1978

„bhainsi!" sagt der Junge und zeigt stolz auf eine Wasserbüffelkuh, die er am Wegrand hütet. Nach *„namaste"*, dem traditionellen Grußwort, welches aber von den Einheimischen eher selten gebraucht wird, ist dies das erste Nepaliwort in meinem neuen Sprachschatz. Der Name Bensisahar bedeutet jedoch „Tieflandstadt" und hat mit dem gehörnten Fleisch- und Milchlieferanten nichts gemeinsam. Ein freundliches, etwas schmuddeliges Dorf umgibt uns, ein Tempel, einige Verkaufsläden, Frauen, die auf der Straße Stoff weben, Kinder und vorbeiziehende Träger, die ihre Lasten talauf oder talab tragen – eine ländliche Idylle . . .

Bhulbhule 1978

. . . nach kurzem Marsch erreichen wir ein kleines Dorf mit einem ulkigen Namen: Bhulbhule. Große Wasserkürbisse zieren die gut gebauten und sauber bemalten Häuser. Nur Kinder und ältere Menschen treffen wir an. Die Männer tragen die Ware zum Markt, die Frauen schneiden den Reis mit ihren Sicheln. Hier treffen wir zum ersten Mal seit Dumre auf Fremde, Holländer, die vom Thorong La abgestiegen nun der Straße in Dumre entgegensteuern. *„namaste"*, grüßen die Kleinen, einige Mädchen tragen ihre Geschwister auf dem Rücken. Ang Kami kauft ein Huhn für 25 Rupien . . .

Tal 1978

. . . links und rechts erheben sich abweisende Wände, die nicht mehr enden wollen. Kurz vor dem Eindunkeln erreichen wir Tal. Eine alte Frau nimmt mich am Arm und führt mich in ein dunkles Haus. Ein junger Bursche liegt stöhnend auf dem Bett, eingehüllt in schwere, staubige Decken. Am gebogenen linken Bein klafft eine große Wunde — ein offener Beinbruch! Das gesunde rechte Bein ist aber gut gelagert. Wir verabreichen Schmerz- und Schlafmittel. Guido und Richi fixieren das Bein behelfsmäßig mit Brettern, desinfizieren und verbinden die Wunde, so gut es geht. Das nächste Spital befindet sich in Pokhara, sechs bis acht Tage schmerzhaften Transports von hier. Der Sanitäter im Posten von Thonje ist weiter oben im Manangtal beschäftigt, also auch nicht verfügbar. Dieser für den Be-

Sieben Jahre danach

Bensisahar 1985

Von weit her schon erkennen wir die Stadt am Blinken der Wellblechdächer. Es ist heiß und der Schmutz in den Gassen und in der Hauptstraße stinkt zum Himmel. Ein LKW steht leer bei einer kleinen Tankstelle. Durch den kürzlichen Erdrutsch oberhalb von Phalesangu wurde die Straße unterbrochen, sein Rückweg scheint vorübergehend abgeschnitten. Dafür bimmeln Maulesel vorbei, die – von Manangbhot getrieben – Kartoffeln nach Dumre tragen. Die vielen unterbeschäftigten Beamten vertun ihre Zeit mit endlosen Kelambot-Turnieren. Die Straße endet hier. Einige Touristen schauen sich kurz im Bazar um und gehen dann ihres Wegs . . .

Bhulbhule 1985

. . . es ist so heiß, daß wir zielstrebig in eine der vielen Lodges von Bhulbhule treten und *chang* verlangen. Die Qualität des Reissaftes läßt aber zu wünschen übrig, weshalb sich unser Aufenthalt in der Schenke in Grenzen hält. Ram kauft ein eher mageres Hühnlein und blättert 55 Rupien auf den Tisch. Am neu betonierten Wasserhahn herrscht reger Betrieb. Frauen holen Wasser in den traditionellen Messinggefässen, aber auch Plastikkübel in allen Farben werden verwendet. Die vielen Aushängeschilder der Lodges, z. T. mit kunstvoll gestalteten Sujets, locken die zahlreichen Fremden an. „Hallo, one rupee!" grüßt ein kleiner Bub . . .

Tal 1985

. . . schon 1979 hat Guido den Burschen wiedergesehen, der beim Sturz vom Pferd das Bein brach. Er humpelte zwar, aber er war am Leben und wohlauf. Der holländische Arzt hat also das schier Unmögliche vollbracht, den armen Menschen vor dem sicheren Verbluten oder einer schweren Infektion zu retten, zudem konnte er die Knochen wieder einigermaßen fixieren. Heute suche ich das dunkle Haus, inzwischen eine Lodge. Der junge Mann ist da, zeigt die Narbe und sein Gewehr, mit dem er gestern ein Thar erlegte. Er bietet mir etwas Thar-Keule an, was ich aber dankend ablehne. Seine Mutter ist inzwischen gestorben. Heute wären Sanitätsposten auch noch in Bahundanda oder Bensisahar vorhanden, zudem verkürzt die Straße nach Dumre den Weg nach Kathmandu oder Pokhara um rund drei

Düster kündigt sich das erste Monsungewitter an, ein Schirm orangenfarbiger Zirren verdunkelt den neuen Tag (Ghanpokhara, 2240 m).

troffenen grauenhafte Umstand zeigt mit aller Deutlichkeit, wie sehr in diesem Land der Einzelmensch fast ohne jeglichen medizinischen Schutz dahinlebt – und stirbt. Von den Holländern in Bhulbhule hatten wir vernommen, daß eine andere Gruppe ihres Landes etwa ein bis zwei Tage hinter uns talaufwärts wandert. Es befindet sich auch ein Arzt dabei. Wir senden den Dorflehrer nachts los, um ihn zu konsultieren ...

Zwischen Chame und Pisang 1978
Zunächst folgen wir dem Fluß durch einen wunderschönen Nadelwald, streifen über eine Ebene, an deren Ende wir den Marsyangdi überqueren. Am dortigen Checkpo-

Tage. Und die vermehrt daherkommenden Expeditions- oder Trekkinggruppen haben auch schon sehr oft bei Erster Hilfe gute Dienste geleistet. Erst gestern entfernte ein Engländer einen rostenden Metallspleißen aus einer Kinderhand ...

Zwischen Chame und Pisang 1985
Was gestern im Regen befürchtet werden mußte, trat heute leider im klaren Sonnenlicht in den Vordergrund: Der ganze Wald von Thangja bis Pisang ist Opfer eines unbe-

sten machen wir Halt. Es ist herrlich warm und freundlich, im Gegensatz zu den schroffen Felsen und abweisenden Wänden ringsum. Ein drolliger Welpe, neue Manisteine und ein *thukpa*-Imbiß (tib. *thukpa* = Nudeln), vom Postenchef offeriert, tragen zur ausgezeichneten Stimmung bei. Wieder im Märchenwald überschreiten wir die 3000-m-Grenze. Während des Mittagessens spielt Lopsang mit den Trägern Karten. Unterwegs kann ich mich vom Anblick des herrlichen Bergwaldes beinahe nicht lösen. Langsam steige ich auf ein Plateau. Schwerbeladene Manangbhot kommen mir entgegen, mit ebenso schwer beladenen Tragtieren. Sie entfliehen dem rauhen Winter des Hochtales und vermarkten ihre Felle und Kartoffeln in wärmeren Gegenden. Im Talbogen glänzt eine Art überdimensionaler Hohlspiegel aus Fels, Zeuge eisiger Zeiten ...

Manang 1978

Die tibetischen Häuser der Manangbhot sind dem Klima sehr gut angepaßt. Die dicken Steinmauern schützen gegen Winterkälte und Sommerhitze; gegen Osten, d. h. gegen den thermischen Wind, weisen die geschlossenen, gegen Westen die offenen Teile der Flachdachhäuser. Im Erdgeschoß finden wir die Stallungen, im ersten Stock die staubigen Behausungen. Auf dem Dach trocknen Holz, Heu, Tannennadeln, Gemüse und Yakmist. Viele Manangbhot verlassen um diese Zeit (November) das Dorf in die tieferen Täler, zurück bleiben ältere Leute und einige Kinder. Die Handelstüchtigkeit der Manangbhot ist weit umher bekannt ...

Thak Khola 1978

Ab Kagbeni oder Aekle Bhati wandern wir am Thak Khola entlang der großen, traditionsreichen Karawanenstraße, die von Pokhara über Mustang nach Tibet führt. Bis Jomosom folgen wir der windgepeitschten Schwemmebene, in der buntgeschmückte Pferde traben und uns ein steifer Wind entgegenweht. Jomosom scheint ein unwirtlicher, eher kleiner Ort mitten im Tal, ohne jeglichen Schutz gegen den Wind zu sein. Hier war früher die Grenze zwischen Nepal und Tibet (tib. *jom* = Grenze). Interessant wird es im ariden Felskegel von Marpha, einem kompakten Dorf mit schönen, weiß getünchten Häusern. Dort treffen wir auf Bhakti Hirachan, den sprachgewandten Dorflehrer. In sei-

greiflichen Massakers geworden. Zu hunderten, ja tausenden liegen prächtige Baumstämme kreuz und quer am Boden. Kein Baum, der noch steht, ist noch heil, entweder angekerbt, angekohlt oder bis zum Wipfel ohne Äste. Die Leute scheinen von den Baumleichen nur gerade die unteren Äste abzuschlagen, das gute Stammholz verrottet. Nebst der Zerstörung eines der schönsten Bergwälder, die ich gekannt habe, provoziert dieses sinnlose Tun Erosion und Rutsche – genügend davon sind bereits sichtbar –, von den sozialen Schäden: zukünftiger Brennstoffmangel und eventuell stagnierender Strom naturliebender Fremder, ganz zu schweigen. Die mangelnde Bildung der Einwohner dieses Tales – wie auch in beinahe allen anderen Regionen Nepals verhindert wohl, daß die Zusammenhänge erkannt werden. Die Behörden und die Polizei sagen zu diesem groben Gesetzesverstoß nichts. Man spielt Kelambot und Schach, letzteres ebenso schnell wie schlecht ...

Manang 1985

Das Dorf hat seinen Charakter weitgehend beibehalten. Einer riesigen Festung gleich klammert es sich auf einer Terrasse über dem türkisblauen Marsyangdi. Doch viele junge Manangbhot haben aufgrund ihrer regen Geschäftstätigkeit, obskurer und weniger obskurer Natur, nun definitiv in Kathmandus Thamel oder Naxal Domizil bezogen und dort protzige Häuser errichtet. Aufgrund der alten Handelsprivilegien, von König Mahendra gewährt, ist dies eine logische Konsequenz. Das Dorf macht daher einen verlassenen Eindruck. Viele Häuser stehen leer. Ihre ehemaligen Bewohner jetten zwischen Hongkong, Bangkok und Singapur hin und her ...

Thak Khola 1985

Jomosom ist zwar nicht groß gewachsen, wenn man von einigen Lodges am Flugfeld absieht, aber es ist der Ort der Videokinos und Neonlichter geworden. Auch der eher wüstenhafte Charakter des Thak Khola hat sich verändert. Viele Obstplantagen, speziell in der Gegend von Marpha, bewirken eine gewisse Linderung der stechenden Brauntöne im tiefsteingeschnittenen Tal der Erde. Bhakti befindet sich in Pokhara, wo er seinen Geschäften nachgeht. Den Lehrerberuf hat er schon vor Jahren an den Nagel gehängt. Mit 600 Rupien Monatslohn läßt sich auch in Nepal kein Vermögen erwirtschaften. Seine Frau führt nun eine Lodge im Familienhaus mitten in Marpha. Bis Larjung hinunter nem einfachen Haus übernachten wir. Sein Vater arbeitet noch auf dem Feld, aber nach der Heimkehr setzt er sich im Innenhof vor einen Topf glühender Holzkohle und wirft von Zeit zu Zeit einen Wacholderzweig hinein. Ein wohltuender Duft verbreitet sich im Raum. Während in Marpha ein reges Treiben herrscht, scheinen die palastähnlichen Karawansereien von Tukuche dem Verfall preisgegeben. Hier wurde früher Salz aus Tibet gegen Reis und andere Produkte des Südens getauscht. Die Thakali hatten das Monopol in diesem einträglichen Geschäft und brachten es zu großem Wohlstand. Heute, nach der weitgehenden Erlahmung des Tauschhandels mit Tibet, haben sich die reichen Thakali in Pokhara, Kathmandu oder im aufstrebenden Terai niedergelassen ...

Tatopani 1978

... im trüben Nebeldampf erkenne ich die Silhouette eines Dorfes, in dessen Nähe sich schwefelhaltige Quellen befinden sollen, daher auch der Name: *tāto* = heiß, *pāni* = Wasser. In der Dorfmitte steht eine Lodge, wo einige Fremde sich des Luxus' des Bedientwerdens erfreuen. Wir setzen uns zu ihnen. Für meinen Geschmack ist der Ort unwirtlich. Beidseitig ragen schwarze Wände in unendliche Höhen, unten rauscht der ebenfalls schwarze Kali Gandaki vorbei. Hinduistische Pilger stehen im Regen. Ihr Ziel ist Muktinath, der heilige Schrein am Fuß des Thorong La, wo Erdgas und Wasser aus dem gleichen Felsen strömen ...

Ghorapani Deorali 1978

Es hat geschneit gestern Nacht. Eine dünne Zuckerschicht bedeckt die Schindeldächer der Häuser auf der Paßhöhe. In der Ferne erkennen wir die bekannten Gipfel der Dhaulagiri- und Annapurnagruppe. Wuchtig schwingt sich der Annapurna South vor uns in die Höhe. Ein Hahn kräht, ein Schwein suhlt sich im Schlamm des Pfades. Die Sonne scheint warm, zu warm für den Schnee, der in Form von Wassertropfen von den Dächern und den Blättern der Rhododendren den nassen Boden begrüßt. Sonst herrscht Stille. Unsere Träger sind schon nach Ulleri abgestiegen, da es ihnen hier zu kalt war ...

erleuchten Glühbirnen die Häuser und in mancher Herberge wird mit Elektrisch gekocht, was den Brennholzbedarf im ariden Hochtal doch entlastet. Auch stelle ich mit Freude fest, daß viele der vor sieben Jahren geschlossenen Paläste in Tukuche als Lodges wieder auferstanden sind und damit vor dem Verfall gerettet wurden. Täglich fliegt nun eine Twin Otter der Royal Nepal Airlines Corp. (RNAC) von Pokhara nach Jomosom, manchmal ergänzt von Charterflügen aus Kathmandu. Unzählige Maultiere *(khachchar)* durchklappern die steinigen Gassen der Dörfer wie eh und je. Statt Reis und Salz werden heute Zementsäcke auf den Buckeln der gutmütigen Tiere festgezurrt. Regnet es, ruht der Karawanenbetrieb. Durch den stetigen thermischen Wind halten sich die Niederschläge jedoch in Grenzen ...

Tatopani 1985

Ram bereitet das Mittagessen in Tatopani, der nun stadtähnlichen Mischsiedlung. Unzählige massive Hotels stehen am Wegrand. Durch die Schlucht der Steinbauten bimmeln nach wie vor die langen Mauleselkarawanen. Hier wohnen Thakali, Magar, Gurung, Chhetri, Bahun und Newar. Am Dorfende reihen sich die Häuser und Hütten der tiefsten Hindukasten: *damāi* (Schneider und Musikanten), *sunār* (Goldschmiede), *sārki* (Schuhmacher) und *kāmi* (Eisenschmiede). Ein Gurungmädchen balanciert drei Meter lange Plastikrohre durch die Gasse. Sie trägt 45 kg von Pokhara nach Jomosom und verdient 22 Rupien pro Tag. Für das Essen muß sie selbst aufkommen. Eine ganze Truppe von Trägern mit den gleichen Lasten folgt ...

Ghorapani Deorali 1985

„Wir übernachten bei *sāinli*" informiert mich Ram. Subas, der Sirdar, nickt verständnisvoll und kann ein Lachen auf den Stockzähnen nicht unterdrücken. Wenig später stehen wir auf dem Ghorapani Deorali. Der Name kommt eigentlich von *gurans pāni*, da die Quelle sich unter einem Rhododendronbaum befindet. Nun ziehen hier täglich mehrere große Maultierkarawanen durch, weshalb sich die Verhunzung Ghorapani (von *ghorā* = Pferd, *pāni* = Wasser) durchsetzte. In der Tat trottet gerade ein stattlicher Zug dieser Tragtiere vorbei. *Sāinli* kocht Tee, Ram dicht daneben. Er macht laufend charmante Bemerkungen zu ihr und erzählt alte Witze. Alle lachen aber herzhaft. Neu ist der Name des Berges im Hintergrund: Annapurna Dakshin (*dakshin* = Süden).

Nr. 71 (blau)   Annapurna klassisch

Charakter	lange Bergwanderung von 17 — 19 Tagen rund um das Annapurnamassiv. Start in Dumre oder Bensisahar, Ende in Pokhara.
	tiefster Punkt: Dumre, 480 m, Bensisahar, 750 m
	höchster Punkt: Thorong La, 5416 m
	Hauptschwierigkeiten:
	Höhe zwischen Manang und Muktinath, Schnee am Thorong La nach Schlechtwettereinbrüchen
Ausrüstung	Lodges und Teehäuser auf dem ganzen Weg, ab 4 Personen mit eigenen Zelten, Kocher und Eßwaren.
	mindestens gute Leichtbergschuhe oder einfacher Bergschuh für den Thorong La vorsehen, Daunenjacke, warme Kleider und Sonnenbrille nicht vergessen.
	Verpflegung aus Kathmandu, Dumre oder Bensisahar Basisnahrung unterwegs laufend erhältlich
	Bewilligung: Annapurna Circuit
	Karte: MM Pokhara, Jomosom, Manang
Beste Zeit	Oktober, November, März, April, Mai
Sehenswert	– Dasain- und Tiharfest in den hinduistischen Gebieten des unteren Marsyangdi Tales und um Pokhara (Oktober)
	– Dorfgompa in Pisang, Braga, Muktinath, Marpha
	– Hinduschrein in Muktinath
	– Karawanenstraße im Thak Khola
	– Rhododendronblüte am Ghorapani Deorali (April — Juni)
	– unglaubliche ethnische Vielfalt und Klimastufen
Weg zum Startpunkt	Dumre: Bus ab Kathmandu oder Pokhara
	Bensisahar: Bus, Jeep oder LKW ab Dumre oder 2 — 3 Tage zu Fuß ab Dumre. Träger oder Muli hier.

Wegbeschreibung

Von **Bensisahar**, ca. 750 m, folgt man dem Tal links des Marsyangdi Khola in ca. 3 h nach **Khudi**, 840 m (C/H). Khudi kann auch von Begnas-Tal über Ghanpokhara in 3 Tagen erreicht werden. Im Dorf nach rechts und immer noch links des Flusses bis Bhulbhule, 853 m (C/H), wo er überquert wird. Es folgen verschiedene kleine Dörfer, das Tal wird enger, der Weg bleibt flach. Nach Ngadi (H/C) wieder auf das linke Ufer. Immer dem großen Weg entlang, nochmals über den Marsyangdi und längerer Aufstieg nach **Bahundanda**, 1310 m (C/H/CP), manchmal kein Wasser! Etwa 6 h von

Khudi. Nun kurzer Abstieg und rechts des Marsyangdi zur Brücke bei Shyange (H/C). Man wechselt ans linke Ufer und steigt nach Jagat (H/C) und weiter nach Chyamche (H/C), Brücke, L, 1400 m, 4 ½ h von Bahundanda. Romantischer Weg mit Felsentunnel durch den Bergsturzkegel, steiler Anstieg in die Ebene von **Tal**, ca. 1700 m (C/H), 7 h von Bahundanda. Von Tal aufwärts führte der Weg auf dem rechten Ufer entlang steiler Flanken. Aufgrund größerer Rutsche wurde 1985 auf dem linken Ufer eine Alternativroute gebaut, welche weniger gefährlich ist. In 1 ½ h erreicht man Dharapani, 1889 m (H/C/CP).

Immer links des Marsyangdi auf Hangweg, vorbei am gegenüberliegenden Thonje, hinauf nach **Bagarchap**, 2150 m (C/H), etwa 5 h von Tal. Durch die Schlucht auf interessantem Weg nach Thangja (H/C), etwa 3 h, L. Unfehlbar durch bewaldete Gebiete nach Koto (H/C/CP) und zum Großdorf **Chame**, 2651 m (C/H), etwa 6 h von Bagarchap. Weiter auf dem rechten Ufer des Marsyangdi in 2 h nach Bratang (C/H). Auch hier wird ein neuer Weg eröffnet, der weitgehend rechtsufrig und durch Fels verläuft. Oberhalb von Hunbato steiler Anstieg durch geschändeten Wald nach **Pisang**, 3353 m (C /H), 6 ½ h von Chame. Nach einem kleinen Paß im Wald betritt man die Ebene von Ongre (C/H/CP/AP) und überquert den Marsyangdi vor Braga (C/H) ein letztes Mal. Vorbei an Chörten und Manimauern (bitte links gehen...) wird **Manang**, 3505 m (C/H) sichtbar, 5 – 6 h von Pisang. Hier lohnt sich ein Akklimatisationsruhetag mit Ausflug nach Braga (Gompa) oder nach Khangsar. Nach Manang steigt man zunächst nach Gunsang und über Weiden zur Sommersiedlung Ledar (H/C), 3 h. Wieder über Weiden und über die schöne Holzbrücke, an steilen Flanken entlang (Achtung! Bei Schneefall hier Lawinengefahr!) nach **Thorong Phedi**, ca. 4200 m (C/H), 5–7 h von Manang. Die folgende Überschreitung des Thorong La, 5416 m, darf nur bei guten Verhältnissen und bei genügender Akklimatisation gewagt werden! Den ersten Steilhang über Thorong Phedi sehr langsam angehen. Der Weg ist gut, aber steil. Gehen Sie einen gemächlichen, stetigen Rhythmus. Später öffnet sich die Landschaft und mit herrlichen

Schneebergen im Blick überwindet man verschiedene Moränenrücken. Unvermittelt kommt die ausladende, aber einladende Paßhöhe des Thorong La, 5416 m, zum Vorschein, 3 – 6 h von Thorong Phedi, Verpflegung aus Rucksack! Auf offensichtlichem Weg hinunter, zunächst wenig steil, dann markanter abfallend nach Muktinath Phedi, 4100 m (C/H), ca. 2 h vom Paß, je nach Verhältnissen. Von hier erreicht man **Muktinath,** 3800 m (C/H/CP), auch Ranipauwa genannt, in weiteren 1 ½ h. Abstieg nach Jharkot und auf aridem Hangweg zum Thak Khola. Bei Wegverzweigung entweder rechts hinunter zum interessanten Baragaunle-Dorf Kagbeni, 2810 m (C/H/CP) oder, zunächst wenig an Höhe verlierend, links und hinunter zum Fluß, der bei Aekle Bhati erreicht wird. In der Schwemmebene rechts des Flusses nach Jomosom, 2743 m (L/H/C/CP/AP), etwa 3 ½ h von Muktinath. In weiteren 2 h gelangt man ins windgeschützte Panchgaunle-Dorf **Marpha,** 2667 m (H/C). Auf dem großen Karawanenweg in ca. 5 h über Tukuche, Khobang, Larjung (überall H/C) nach Kalopani (C/H) und hinunter nach **Lete,** 2438 m (C/H/CP). Steil hinunter zur langen Hängebrücke über Seitenbach. Man gelangt nach Ghasa, 2012 m (C/H). Durch malerische Landschaft und interessante Siedlungen nach Dana, 1448 m (C/H) und weiter nach **Tatopani,** 1189 m (C/H/CP), etwa 6 h von Lete. Über die zwei Hängebrücken und steiler Aufstieg nach Sikha, 2012 m (C/H). Hier L nach 3 h. Weniger anstrengend über Erosionstrichter, dann dichter werdenden Wald zum **Ghorapani Deorali,** 2835 m (C/H), 2 – 3 h von Sikha. Abstieg durch Wald

Schwester und Bruder, schon früh eine Schicksalsgemeinschaft (Manang, 3505 m).

nach Ulleri, 2037 m (C/H) und steil über Treppen nach Tirkhedhunge, 1439 m (L/H/C), etwa 3 h vom Paß. Dem Bhurungdi Khola entlang in weiteren 2 ° 3 h nach **Birethanti,** 1037 m (C/H). Bademöglichkeit oberhalb des Dorfes. Über den Modi Khola und in 2 h hinauf nach Chandrakot, 1563 m (H/C). Schöne Aussicht. Dem großen Weg folgend nach Lumle (H/C) und Khare, 1646 m (C/H) und über einen kleinen Paß. Danach Abstieg nach **Naudanda,** 1458 m (C/H/CP). Von hier entweder links hinunter nach Suikhet und über Hyengja nach Pokhara, 3 h oder geradeaus in 3 h nach Sarangkot, 1676 m (H/C) und steiler Abstieg nach **Baidam,** 915 m (C/H) am Phewa-Tal, etwa 4 ½ h von Naudanda.

Mögliche Fortsetzung

- mit Bus oder Flugzeug nach Kathmandu zurück
- einige Ruhetage am See tun auch gut.

Reisfelder (Bahundanda, 1310 m).

Nr. 72 (rot) Annapurna – Lamjung

Charakter	Bergsteiger-Trekking von 19 – 21 Tagen. Von Pokhara ins Thak Khola, über Thorong La und Namun Bhanjyang in die Südflanke des Lamjung Himal. Zielort: Begnas Tal, ca. 1000 m tiefster Punkt: Rudi Dhoban, ca. 800 m höchster Punkt: Thorong La, 5416 m Hauptschwierigkeiten: – Höhe zwischen Muktinath und Bhero Kharka – Schnee auf den Pässen – Weg am Namun Bhanjyang schwierig zu finden
Ausrüstung	Zwischen Chame und Ghanpokhara unbewohntes Gebiet. Zelte, Matratzen, Kocher und Eßwaren mitführen. Gute Bergschuhe oder Doppelschuh, 2 x 50-m-Seil Verpflegung aus Kathmandu oder Pokhara, Basisnahrung in den bewohnten Zonen erhältlich Bewilligung: Annapurna Circuit (auch in Pokhara zu haben) Karte: MM Pokhara, Jomosom, Manang
Beste Zeit	April – Mai, Oktober – November
Sehenswert	– Dasain- und Tiharfest der Hindus im Oktober – Gompa in Muktinath, Marpha, Braga, Pisang – Rhododendronblüte am Namun (April – Juni) – ethnische Vielfalt und Klimastufen
Weg zum Startpunkt	Mit Flugzeug oder Bus ab Kathmandu nach Pokhara Träger aus Pokhara (Tibetan Camp)

Wegbeschreibung

Von **Pokhara**, 915 m (H/C/AP), dem Seti Khola entlang nach Hyengja (Tibetercamp), 1 h und durch Reisfelder nach Suikhet, 1113 m (L/H/C), 2 ½ h von Pokhara. Bis hier kann auch ein Jeep benützt werden. Steiler Aufstieg von ca. 1 h hinauf nach **Naudanda**, 1458 m (C/H/CP). Dem Rücken folgend zu einem kleinen Paß und nach Khare, 1646 m (C/H), 2 h von Naudanda. Dem breiten Weg nach, etwas hinunter, vorbei an einer Versuchsfarm und nach Lumle, 1555 m (H/C/L), 1 h von Khare. Bald darauf folgt Chandrakot mit prächtiger Sicht auf Annapurna und Machhapuchhare (Fisch-Schwanz). Steiler Abstieg zum Modi Khola, den man bei **Birethanti**, 1037 m (C/H) überquert. Bademöglichkeit im Bhurungdi Khola. Diesem Tal folgend nach Lamduali (TH), Übernachtungsort der Karawanen. Dahinter wird Tirkhedhunge, 1439 m (H) sichtbar. Hier über zwei Brücken und steil hinauf nach Ulleri, 2037 m (C/H), ca. 4–5 h von Birethanti. Hier ideal für L. Weniger steil und überwiegend durch Wald nach **Ghorapani Deorali**, 2835 m (in neueren Karten auch mit 2634 m eingezeichnet, vermutlich stimmt aber die Höhenangabe 2835 m) (C/H), ca. 3 h von Ulleri. Abstieg durch Wald nach Chitre (TH), dann teilweise Ödland und Erosionstrichter bis Sikha, 2012 m (C/H).

Nochmals durch erodierte Hänge, dann steil hinunter nach Tatopani, 1189 m (H/C/L), 4 – 5 h vom Paß. Auf der „Hauptstraße" links des Kali Gandaki (weiter oben Thak Khola genannt) hinauf, durch einen Felsentunnel und bis **Dana**, 1448 m (C/H), 7 – 8 h von Ghorapani Deorali. Auf schönem Weg bis zu einem prächtigen Wasserfall und Holzbrücke, wo man über die Schlucht das Ufer wechselt. Nun rechts des Flusses zwischen Steinblöcken hindurch, später nahe des Wassers und in Felsen zu einer weiteren Brücke vor Ghasa, 2012 m (L/H/C), 4 h von Dana. Herrlicher Weg durch zunehmende Nadelholzbestände nach Lete, 2438 m (H/C/CP), kurz vorher steiler, kurzer Anstieg nach Überquerung einer langen Hängebrücke über einen Seitenbach. Wenig steigend nach **Kalopani**, 2560 m (C/H), 7 h von Dana. Bald nach dem Ort über den Kali Gandaki. Je nach Wasserstand kann man auch den Pferdespuren in der Geröllebene folgen. Sonst wieder über den Thak Khola (Hängebrücke) und in 2 h nach Larjung, 2560 m (C/H). In weiterer 1 ½ h nach Tukuche, 2587 m (L/H/C). Sehenswerte Karawansereien. Fast flach in 1 ½ h nach Marpha, 2667 m (C/H) und immer links des Flusses nach **Jomosom**, 2743 m (H/C/CP/AP), 7 – 8 h von Kalopani. Auf dem linken Ufer bleibend durch Geröllebene bis zu einem markanten Felsen mit Blick nach Norden. Etwas weiter flußaufwärts über eine einfache Brücke und nach Aekle Bhati (TH). Zunächst steil, dann leicht steigend auf Hangweg nach Khinghar, 3322 m (L/H), auch Khyenghar geschrieben, 3 – 4 h von Jomosom. Gemütlich durch Felder nach Jharkot, interessantes Dorf, und **Ranipauwa**, 3580 m (C/H/CP), 4 – 5 h von Jomosom. Eine Viertelstunde oberhalb befindet sich der Schrein von Muktinath, 3637 m, Hindutempel und buddhistische Gompa. Ein Ruhetag lohnt sich hier. Sehr aride Gegend. Nun in Richtung Thorong La in 2½ h zu den neuen Teehäusern von **Phedi**, ca. 4100 m (C/H). Auf dem erst steilen, dann zunehmend angenehmeren Weg zum Thorong La, 5416 m, 3 – 5 h. Abstieg in 2 – 3 h über Moränen und Seitentäler nach **Thorong Phedi**, ca. 4200 m (C/H). Talauswärts zu einer gedeckten Holzbrücke (Achtung Kopf!) und auf die linke Seite des Baches. Bald kommt das Teehaus von Ledar in Sicht, etwa 2 h von Thorong Phedi. Über Weiden und durch Wacholderbüsche ins Marsyangdital, prähistorisches Bergsturzgebiet oberhalb Gunsang, 3840 m (H) und **Manang**, 3505 m (C/H), 5 – 6 h von Thorong Phedi. Auf breitem Weg nach Braga, 3510 m (H/C), schönes Kloster, etwas später auf das rechte Ufer. Nach etwa 3 h erreicht man das Flugfeld von Ongre (L/H/C/CP/AP). Hier befindet sich auch ein kleines Spital und die Bergsteigerschule der Nepal Mountaineering Association (NMA). Durch Waldreste hinunter nach **Pisang**, 3353 m (C/H). Weiter durch Wald zu einer einsamen Schutzhütte und steil hinunter nach Hunbato. Über dem Fluß liegt Bratang, 2950 m (H/C/L), 3 h von Pisang. In 1½ h durch Wald hinunter nach Chame, 2651 m (H/C) und auf dem rechten Ufer des Marsyangdi nach Koto (H/C/CP) am Eingang des verbotenen Nar Khola (Nar-Phu). Nun durch Waldtrümmer und Erosionstrichter nach **Thangja** (H/C), 4 – 5 h von Bratang. Hier früh weg auf

Zwei Unentwegte suchen vergeblich den Weg zum Namunpaß (Lamjung Himal, 4950 m, April '85).

Waldweg rechts vor dem Dorf abzweigend in 1½ h zur Tibetersiedlung Temang (böse Hunde!). Von der Hütte auf Waldweg zu einem Bach, der auf kleiner Brücke überquert wird (¼ h). Nun nach rechts auf kaum erkennbarem Pfad durch Wald hinauf. Nach 3 – 4 h von Thangja erreicht man eine Felshöhle, ca. 3300 m. Nun ist der Weg klarer erkennbar. Auf steilem, moosigem Steinweg kommt man nach einer weiteren Stunde zu einem markanten Felsen, ca. 3550 m. Eine halbe Stunde

darüber Felshöhle mit Rhododendron (L), ca. 5 h von Thangja. Mehr oder weniger gerade hinauf, bei einer Steinhütte ½ h vom Lunchplatz nach rechts durch Alpenrosen und im Frühjahr Schneerunsen zur Danphe Danda, ca. 4300 m, alte Seitenmoräne. In 10 Min. zur großen Fläche hinunter: **Danphe Kharka**, ca. 4220 m, (C) 7–8 h von Thangja. Auf Wegspuren in südlicher Richtung zu einer großen Felshöhle, 1½ h, von rechts Eisschlaggefahr. Hinter dem Felsen immer südlich zum Paß rechts (westlich) des „Nashorns" (charakteristische Bergspitze). Vor dem Paß nach rechts (Westen) in einen Kessel mit steilen Schneeflanken. Am rechten Ende sind diese mit Felsbrocken durchsetzt. Dort gerade hinauf zu einem breiten Rücken. Seil für Träger einhängen. Dahinter liegt der Namun Bhanjyang, ca. 4890 m (die Höhenquote 5784 oder 5764 m gilt für den Gipfel westlich des Passes!), 2 h von der Felshöhle. Abstieg in das Tal nordöstlich des Passes, dann nach rechts (westl.) in steilen Flanken, Wegspuren. Hier nur bei absolut sicheren Verhältnissen durchgehen, Lawinengefahr! Bald erreicht man Geröllfelder und einen Bach, den Miyangdi Khola. Auf der anderen Seite wartet ein breiter Weg und ein großer Rastplatz (*chautāro*)! Man hält nach links (ostwärts) und steht bald auf einer riesigen Schafweide mit Felshöhlen und einem See: **Behro Kharka**, ca. 4060 m (C), 6 – 8 h von Danphe Kharka. Man folgt den Wegspuren am rechten (westlichen) Berghang und erreicht einen Paß mit vielen Steinmännern, ca. 4350 m. Dahinter liegt ein zweiter Paß, etwas weniger hoch. Steiler Abstieg von da in eine Ebene mit *chautāro*, ca. 4020 m. Abstieg über steile Halden in ein Quertal. Unten angekommen nach links (ostwärts) bis zu einer schönen Felshöhle mit kleiner Schafweide, etwa 3570 m (L), etwa 3 h von Behro Kharka. In weiteren 4 h gelangt man zu einer größeren Sommerweide mit Häusern, indem man den guten Weg, vorbei an verschiedenen Weiden und Wäldern, benutzt. Am Schluß kurzer Aufstieg nach **Telbrung**, etwa 3340 m (C), Wasser unterhalb im Wald. Von hier mehr oder weniger dem großen Gratrücken folgend,

vorbei an verschiedenen Sommersiedlungen bis ca. 3100 m. Dort verläßt man den Rücken nach links (ostwärts), um ihn weiter unten wieder zu betreten. Von dort in etwa 3 h nach **Ghanpokhara**, 2240 m (H/C), 6 – 7 h von Telbrung. Nach rechts (westwärts) absteigen zum Midam Khola, vorbei an Gurungdörfern (viele Wege; fragen!) und über kleine Brücke zu Teehaus. Hinauf durch Felder zu einer alten Mühle mit Wasser (L), 4 h. Über den Rücken und vorwiegend flach

Hinüber und steil hinauf zu einem kleinen Paß mit TH, 1 h. Fast flach durch Wald zu einer zweiten Anhöhe mit *chautāro*. Links halten zum dritten Paß und zu einem Dorf auf der vierten Kette, 2 h von Rudi Dhoban (L/H/C). Steiler Abstieg ins Flußtal, dann ebenso steil hinauf nach Begnas (H/C). Halbhoch links haltend auf einen Rücken mit wunderbarer Aussicht auf Rupa Tal und Begnas Tal (*tāl* = See). Bald erreicht man den Begnas Tal an seinem Ende, kleine Ortschaft

Im Schatten eines Pipal blicken wir zurück nach Beni, 850 m (Oktober '85).

weiter, dann steil hinunter durch Wald zum Rudi Khola. Links bleiben bis zum Gehtnichtmehr und durch den Bach ans andere (rechte) Ufer waten. Ein weiterer Engpaß wird auf Felsenweg rechtsufrig umgangen. Nach 8 – 9 h empfängt einen das Fischerdorf **Rudi Dhoban**, ca. 800 m (H/C) am Madi Khola. Flußaufwärts dem Madi Khola folgend zu einer langen Brücke.

mit Bazar: **Begnas Tal**, 889 m (C/H), 5 – 6 h von Rudi Dhoban.

Mögliche Fortsetzungen
– eine Bootsfahrt in die Mitte des Sees, Kopfsprung und erfrischendes Bad
– Bus nach Kathmandu oder Pokhara für Kathmandu an der Hauptstraße umsteigen).

Kurze Treks um Pokhara / Modi Khola

Die subtropische Zelle um Pokhara offeriert nebst beschaulichen Wellenspielen auf den umliegenden Seen und dem unvergeßlichen Bergpanorama auch eine Reihe von kürzeren Wanderungen, auf deren detaillierte Beschreibungen ich verzichte, da sie entweder schon in den längeren Touren enthalten sind, oder aber dermaßen leicht zu finden sind, daß sich auch Nepal-Neulinge ohne weiteres an sie heranwagen dürfen, sei dies mit oder ohne Träger und Sherpa. Ganz allein in diese Gefilde vorzudringen, kann ich jedoch nicht empfehlen, sind doch die Berge für Einzelgänger nicht das ideale Betätigungsfeld. Nebst den üblichen Gefahren herrscht um Pokhara leider auch ein gewisses Diebstahlrisiko, dem man im Kollektiv besser begegnen kann. Hier also einige Vorschläge. Wie üblich bilden die fettgedruckten Ortschaften ideale Übernachtungsplätze:

diese kurzen Treks geben einen guten Einstieg in das Wanderleben in Nepal und reflektieren, wenn auch in kleinem Rahmen, die große Vielfalt des Landes. Die nötigen Trekking Permits können beim Immigration Office in Pokhara direkt gelöst werden. Man wird dort in der Regel sehr schnell bedient und kann im Gegensatz zu Kathmandu auf sein Papier warten. Träger sind in Pokhara selbst oder in den umliegenden Tibetercamps zu finden. Da jedoch mit leichtem Rucksack abmarschiert werden kann, sind solche meist nicht nötig. Vergessen Sie den Schlafsack nicht und etwas warme Kleidung für die kühlen Abende.

Das Tourist Information Center in Pokhara kann Ihnen ebenfalls weiterhelfen, sollten auf Platz noch zusätzliche Fragen auftauchen. Die Unterkunft in Pokhara stellt auch keine Probleme. Die Hotels und Lodges befinden sich beim Flughafen und beim See in Baidam. Die täglichen Busse nach Kathmandu sammeln ihre Gäste dort ein und Tickets können an den dortigen Kiosken bezogen werden.

Pokhara ist eigentlich eine Newar-Stadt, erfuhr aber eine starke Durchmischung mit Vertretern der umliegenden Bergvölker. So begegnet man auf den Gassen auch Bahun, Chhetri, Magar, Gurung, Tamang, Thakali und Bhotia, nebst vielen Tibetern, die in insgesamt drei Flüchtlingslagern hier eine Bleibe gefunden haben.

Tour Nr.	Schwierigkeit	Route	Zeitbedarf in Tagen
7001	grün	**Baidam** – rund um den Phewa Tal – **Baidam**	1
7002	grün	**Baidam** – Sarangkot – **Baidam**	1
7003	grün	**Pokhara** – Hyengja – Suikhet – **Naudanda** – Kaskikot – Sarangkot – **Baidam**	2
7004	grün	**Pokhara** – Suikhet – Dhampus – **Pathana** – Landrung – **Chandrakot** – Naudanda – Suikhet – **Pokhara**	3
7005	grün	**Naudanda/Syangja** – **Karkineta** – Kusma – **Dobila** – Pangdur – Naudanda – Sarangkot – **Baidam**	4
7006	grün	**Pokhara** – Hyengja – Suikhet – **Naudanda** – Khare – Lumle – Chandrakot – **Birethanti** – **Ghandrung** – Landrung – **Dhampus** – Suikhet – **Pokhara**	5
7007	grün	**Baidam** – Sarangkot – **Naudanda** – Khare – Lumle – Chandrakot – **Birethanti** – Tirkhedhunge – Ulleri – **Ghorapani Deorali** – **Ghandrung** – Landrung – **Dhampus** – Suikhet – **Pokhara**	6
7008	grün	**Naudanda/Syangja** – **Karkineta** – Kusma – Beni – **Tatopani** – **Ghorapani Deorali** – **Birethanti** – Chandrakot – **Naudanda** – Sarangkot – **Baidam**	8
73	gelb	**Pokhara** – Suikhet – **Dhampus** – Landrung – **Chhomro** – **Kuldi** – **Hinko** – **Annapurna B.C.** – Annapurna Deuthali – **Ghandrung** – Birethanti – **Chandrakot** – Naudanda – Suikhet – **Pokhara**	11

Alle diese Wanderungen können ohne Zelt und Verpflegung zwischen Oktober und Mai ausgeführt werden, mit Ausnahme des Treks zum Annapurna Deuthali (Nr. 73), wo in den Wintermonaten mit Schnee, Lawinen und Kälte gerechnet werden muß. Unterwegs finden sich zahlreiche Lodges und Teehäuser, wo Unterkunft und Verpflegung offeriert werden. Alle

8. Gurkha Himal

Die Stadt Gurkha liegt beinahe im Zentrum des Königreichs. Äußerlich vergleichbar mit anderen Hügelstädten, z. B. Tansen, Chautara oder Ilam, geht von ihr aber eine eigenartige Ausstrahlung aus. Die „Gurkhas", jene nepalesischen Söldner, die in Indien und in der britischen Armee immer noch zahlreich Dienst leisten, erhielten ihren Namen von dieser Stadt. Die Landessprache Gurkhali, die Pauschalbezeichnung „Gurkha" für die Bevölkerung Nepals, wie sie in Pakistan, Indien und Bangladesh nebst „Bahadur" gebraucht wird, verleugnen ihre Wiege auch nicht. Der Grund ist historisch. Bis ins ausgehende 18. Jahrhundert war Gurkha ein kleines Königreich, das vom Zerfall der Malla-Dynastien im Kathmandutal profitierte und unter seinem damaligen König Prithvi Narayan Shah die heutige Hauptstadt eroberte und damit den Grundstein des modernen Nepal legte. Der heutige König, Birendra Bir Bikram Shah Dev, ist ein Nachkomme dieser mächtigen Thakurifamilie, welche das Land seit mehr als 200 Jahren regiert. Die absolute Machtfülle wurde jedoch während rund 100 Jahren durch die noch mächtigeren Rana-Premiers geschmälert. Zudem spielt Gurkha im religiösen Leben nicht zuletzt der politischen Situation wegen eine gewichtige Rolle. Während des großen Dasain-Festes im Herbst werden im Gurkha Durbar, dem alten Schloß hoch über der Siedlung, etwa 3000 Tiere geopfert, davon vermutlich mehr als 1000 Wasserbüffel. Auch zum Frühjahrsdasain pilgern viele Brahmanen (bāhun) zum Schloß der Shah, um ihre Opfer zu bringen, eine farbenprächtige Gesellschaft, die angesichts des Gurkha Himal zum Fest erscheint. Für Gurkha gilt, was für viele andere typisch hinduistische Städte und Stätten gilt: man sollte während des Dasain da sein.

Die Gebiete nördlich der majestätischen Berge jedoch sind stark tibetisch-buddhistisch geprägt. Ein arides Hochlandklima, ähnlich Muktinath oder Manang, bietet gerade genug, um die dortigen Bhotia zu ernähren. Das obere Buri Gandaki und der Larkya La, die Verbindung zum Marsyangdi, bleiben dem Fremden aber noch fest verschlossen. Dazwischen liegen mächtige Rücken und fruchtbare Täler, die in der Hauptsache von Gurung, Chhetri und Bahun bevölkert sind. Besonders eindrücklich sind die zwei sehr großen Gurung-Siedlungen Barbak und Laprak. Viele Gurkhasoldaten stammen von hier.

Der Buri Gandaki bildet eine der schroffsten und bedrückendsten Schluchten in ganz Nepal. Zwischen Ngyak und Labu Bensi frißt sich dieser Fluß einen immensen Graben ins harte Gestein. Auf der einen Seite steht der Ganesh Himal, auf der anderen die hohen Ausläufer des Gurkha Himal. Bei einer Wanderung durch die Talsohle sieht man jene Berge aber nie, bewegt man sich doch weit unter 1800 m und die steilen Talflanken verwehren den Blick auf die stattlichen Siebentausender. Die Aussicht von der Höhe von Khorlak stromaufwärts läßt den Graben in vollem Umfang erahnen.

Die Krone des Gurkha Himal bildet der Manaslu, 8156 m, der Schicksalsberg der Japaner. Mehrere Jahre lang bemühten sich Bergsteiger aus dem Land der aufgehenden Sonne um den Gipfel, den sie schließlich mit vielen Opfern und unter größten Entbehrungen als erste erreichten. Der Leiter der damaligen erfolgreichen Expedition war der Altmeister des japanischen Bergsports, Yuko Maki, der auch in den Alpen kein Unbekannter war.

Wanderungen im Gurkha Himal bieten Ursprünglichkeit. Während sich im Annapurnagebiet oder am Fuße des Everest die Bewohner stark auf den Tourismus eingestellt haben, teilweise auch notgedrungen, wurden sie doch durch die Grenzschließung im Norden ihrer traditionellen Handelsgeschäfte abrupt beraubt, geht hier die Bevölkerung ihren gewohnten Beschäftigungen nach, ganz wie noch vor mehreren hundert Jahren. Die

Kleinbauern betreiben Ackerbau und ein wenig Viehwirtschaft, in den Tälern wird gefischt. Die Zeit scheint still zu stehen, obwohl in Straßennähe mehr und mehr Wellblechdächer die schmucken Häuser verunzieren. Aufgrund seines subtropischen Klimas eignet sich das Gebiet zwischen Buri Gandaki und Marsyangdi durchaus für den Winterurlaub, im Gegenteil, ich bevorzuge Dezember und Januar eindeutig, entgeht man doch der großen Hitze, die im Frühjahr und Herbst die tiefen Täler füllt.

Der Rupina La befindet sich zwar in einem Sperrgürtel, dennoch wird seine Überschreitung möglich, wenn man beim Checkposten in Jagat ein gutes Wort und etwas „Nepali music" einlegt. Der Paß ist nur darum gesperrt, weil hinter Jagat kein weiterer Checkposten liegt und man über den Rupina La an Jagat „vorbei" ins sagenhafte Hochtal von Sama gelangen könnte. Deshalb werden in Kathmandu oder Pokhara dafür auch keine Bewilligungen ausgefertigt.

Besonders schön und wuchtig präsentiert sich der Anmarsch zu diesem Paß von Norden. Im Chhuling Khola kann ein farbenprächtiger Mischwald bewundert werden, dahinter die Kulissen des Ngadi Chuli (vormals Peak 29) und des Himalchuli, zwei wuchtige Siebentausender. Hier wachsen auch Zwerglärchen, die sonst nur noch nördlich des Manaslu vorkommen. Auch der Vogelreichtum wäre einen Abstecher in dieses Tal wert. Speziell die farbenprächtigen Monal-Fasane *(dänphe)* fallen auf, deren Ruf immer und immer wieder zu hören ist. Im Sommer bilden die seltenen Alpwiesen einen idealen Weidegrund für die Ziegen und Schafe.

Immer fröhlich und sehr widerstandsfähig. Bhotia aus Sama.

Die Gurung

An den Südhängen des Annapurna- und Gurkha Himal sowie in den engen Schluchten des Marsyangdi und Buri Gandaki lebt ein interessantes Volk in den montanen Regionen zwischen 1000 und 2500 m ü. M., die Gurung. Ursprünglich von Norden her eingewandert, prägen sie noch heute eine ganze Region, ja die gesamte Gandaki-Zone, wo sich ihr Stammgebiet befindet. Wie andere Gruppen, haben sie sich auch nach Osten ausgebreitet. Sogar im Aruntal sind Gurung ansässig, wo sie allerdings ihre kulturelle Eigenart unter dem Einfluß der hinduistischen Bahun weitgehend verloren haben. Hier im Westen jedoch kann man ihr facettenreiches Dasein noch sehr gut studieren. Es handelt sich um ein tibeto-mongolisches Volk von mittlerem Wuchs, wobei ihnen ein Hang zu etwas größerer Körperfülle, im Gegensatz zu den meisten anderen ethnischen Gruppen Nepals,

nicht abzusprechen ist. Ihre Ernährung unterscheidet sich wenig von den Nachbarn, hauptsächlich Chhetri, Bahun, Thakali, Magar, Bhotia und Tamang. Angebaut werden zur Hauptsache Mais, Hirse, Buchweizen und Kartoffeln auf terrassiertem Gelände. Daneben spielt die Viehzucht eine große Rolle. Viele junge Gurung melden sich in den Camps um Pokhara bei der indischen und britischen Armee als Gurkhasoldaten. Die Dienstzeit beträgt 25 Jahre, die in Indien, Hongkong, Singapur, Zypern oder neuerdings auch auf den Falklandinseln verbracht wird. Die Armeerenten der „Ex-Servicemen" bilden einen beträchtlichen Teil des Volkseinkommens. An den Wegen, die von Touristen begangen werden, errichten immer mehr Gurung und Gurungni ihre eigenen Häuser und eröffnen Lodges, Teestuben und Krämerläden. Viele robuste und kräftige Gurungbauern werden von nepalesischen Händlern und Fremden als Träger beschäftigt, eine willkommene Nebenbeschäftigung der Selbstversorger. Der Gurung liebt die große Dorfgemeinschaft, deshalb sind regelrechte Großdörfer typisch für diese Region. Während Ghandrung und Landrung weitreichende Streusiedlungen darstellen, können in Siklis, Tangting, Ghanpokhara, Barbak und Laprak eindrückliche Haufendörfer beobachtet werden. Die Bauweise der Häuser ist nicht einheitlich, sondern individuell den örtlichen klimatischen Verhältnissen und Baumaterialien angepaßt. Zwischen Ghorapani und dem Modi Khola herrschen massive Steinhäuser

Laprak, 2100 m, ein ursprüngliches Haufendorf der Gurung (April '85).

Gurungni (Ghanpokhara).

vor, östlich davon Lehmhütten mit Strohdächern. Verputzte Steingebäude mit Schindeldächern finden sich in Siklis, Tangting und Ghanpokhara, also südlich des Lamjung Himal, wobei die Häuser viereckig oder rund sein können. Die Gurung der Täler und im Gurkha Himal bevorzugen dieselbe Baustruktur, jedoch verzichtet man auf runde Häuser und die Dächer werden – wie in gewissen Alpentälern – mit Steinen beschwert. Besonders eindrucksvoll in dieser Beziehung wirkt Laprak, eines der größten Dörfer von ganz Nepal.

Auch die Kleidung der Gurung ändert sich von Gebiet zu Gebiet. Die eher wohlhabenden „Steinhaus-Gurung" am Ghorapanipaß scheinen weniger traditionsbewußt als ihre Vettern und Basen weiter östlich. Die Männer, Parallelen finden sich beinahe auf der ganzen Welt, tragen westliche Kleider oder gar alte Uniformen, woran man die alten Gurkhasoldaten erkennen kann, die Frauen weinrote, mit Rhododendronblüten bestickte Samtstoffbahnen, die um den Körper geschlungen werden. Im Gurkha Himal tragen die Männer oft noch eine Tracht aus

Vor dem Essen um zehn Uhr noch ein Schwatz auf der Gasse (Setibas, 1500 m).

beigem Baumwollstoff mit zweckmäßigem, taschenförmigen Überwurf, in den allerlei kleine Geräte verstaut werden. Ein Kapuzenmantel aus Ziegenwolle kommt bei unwirtlichem Wetter zum Einsatz. Die Frauen schmücken schlichte schwarze Röcke und Blusen, die mit roten, bunt gemusterten Tüchern zusammengehalten werden. Wie bei allen tibetischstämmigen Völkern sind Korallen und Türkise als Schmuck sehr beliebt, nebst Münzen und Tierzähnen.

Wie alle Nepali sind die Gurung mit der Religion sehr verbunden. Aber mit welcher? In Ostnepal stellt sich diese Frage nicht. Unter dem Einfluß der Brahmanen wurden sie zum Hinduismus geführt. Hier im Westen jedoch sind keine klaren Fronten erkennbar. Zwischen dem orthodoxen Hindutum der Chhetri und Bahun im Süden und dem reinen tantrischen Lamaismus der Bhotia im Norden leuchtet im Siedlungsgebiet der Gurung ein regelrechter Regenbogen von

verschiedenen religiösen Abstufungen. Im Prinzip muß man die Gurung als Buddhisten bezeichnen, jedoch bestehen sehr starke hinduistische Einflüsse. Manche Dorfgemeinschaft hat ihren Brahmanenpriester zur Hand und innerhalb der Gruppe existiert ein komplettes Kastensystem. Je weiter nördlich man kommt, desto stärker wird der buddhistische Einfluß. Die meisten Gurung dieser Region sprechen noch ihren tibeto-birmanischen Dialekt, während die Gurungsprache in Ostnepal ausgestorben scheint. Dort wird Nepali gesprochen. Auch hier variieren die Dialekte der einzelnen Talschaften zum Teil beträchtlich.

Ein bunter Strauß verschiedenster typischer Feste und Tänze gehört zum Lebensrhythmus der Gurung. Sie böten alleine Stoff für ein Buch. Eine besondere Stellung nimmt darunter natürlich die Hochzeit ein. Nicht das Fest ist besonders originell, sondern vielmehr, wie es dazu kommt.

Schon bei den Magar konnten wir beobachten, daß dort die Liebesheirat gang und gäbe ist. Sonst pflegen in Nepal seit alters her nur noch die Gurung diesen „westlichen" Brauch. Zu diesem Zweck erfanden die Gurung eine ganz spezielle Einrichtung, die in Nepal einzigartig ist, *rodi* oder *rodi ghar* genannt. Eigentlich handelt es sich um eine Art Verein, dem die unverheirateten Mädchen und Burschen eines Dorfes angehören. Besonders zur Erntezeit werden regelmäßige Treffen durchgeführt, die sich über einen Abend, aber auch mehrere Wochen erstrecken können. Im *rodi*, oft ein spezielles Haus etwas abseits des Dorfes, wird diskutiert, gesungen, getanzt, gespielt und auch gearbeitet, alles unter der Leitung einer verheirateten Frau aus der gleichen Siedlung. Bei den Gesängen sitzen sich Mädchen und Burschen gegenüber und improvisieren laufend den Text des Liedes, wobei man sich gegenseitig neckt und noch hochnimmt. In dieser lockeren Atmosphäre kommen sich die jungen Leute schnell näher und die meisten ehelichen Verbindungen haben ihre Wurzeln im *rodi*. Die Verheirateten verlassen dann in der Regel diese Gemeinschaft. Oft werden die Mitglieder des *rodi* auf regelrechte Fronarbeit gesandt, um den lokalen Bauern bei der Ernte zu helfen. Einige *rodi* bebauen sogar eigene Felder für den Eigenbedarf. Es kommt auch vor, daß sich die *rodi* verschiedener Dörfer gegenseitig regelmäßig besuchen, wobei längere Wegstrecken zurückgelegt werden müssen. Entschließt sich ein Paar zur Heirat, vermittelt ein Freund oder ein naher Verwandter zwischen den Eltern, um die Festlichkeiten zu organisieren.

Nr. 81 (gelb)   Gurkha – Rupina La – Marsyangdi

Charakter	15-tägige Bergwanderung am Ost- und Südfuß des Gurkha Himal (Manaslu, Ngadi Chuli, Himalchuli, Baudha)
	Start in Gurkha, Ende in Phalesangu
	tiefster Punkt: Phalesangu, 632 m
	höchster Punkt: Dudh Pokhri, ca. 4590 m
	Hauptschwierigkeiten:
	Schnee am Rupina La, 4570 m und Dudh Pokhri, 4590 m
Ausrüstung	Die Route führt überwiegend durch Regionen ohne touristische Infrastruktur, z.T. in unbewohnten Gebieten (zwischen Pangsing im Buri Gandaki und Tonje im Dordi Khola). Eßwaren und Zelte mitführen, ebenso Kerosin- oder Gaskocher.
	Bewilligung: Annapurna
	Extension: Gurkha – Jagat (der Rupina La liegt im Prinzip in der gesperrten Zone, die Beamten in Jagat lassen jedoch mit sich reden)
	Karte: MM Kathmandu to Pokhara
Beste Zeit	April – Mai, Oktober – November
Sehenswert	Gurkha Durbar, Gurung Großdörfer, Flora und Fauna im Chhuling Khola, Hindufeste im Herbst (Dasain und Tihar)
Weg zum Startpunkt	per Bus von Kathmandu via Mugling – Khaireni Träger aus Gurkha, später aus Laprak

Wegbeschreibung

Vom Buspark in **Gurkha**, 1143 m (H) ansteigend über Treppen zum alten Shah-Schloß **Gurkha Durbar**, Hindutempel mit Sicht auf Berge. Auf dessen Nordseite Camp nach insgesamt etwa 2 h. Immer leicht absteigend zu einer Schule. Rechts davon hinunter in ein kleines Tal und weiter hinunter zum Darondi Khola (L) bei Ulte. Weiter dem linken Flußufer folgend nach **Arkhol**, ca. 810 m (C/TH), Bademöglichkeit. Links des Darondi Khola durch Wald und Reisfelder. (L) nach 2 ½ h am Fluß. Später erreicht man Milim (TH), Brücke, und geht auf dem rechten (östlichen) Ufer durch Felsen und Felder weiter. Nach 5 ½ h kommt **Ralung**, 890 m (C/TH). Im Wald hinauf zu einem kleinen Dorf. Durch Felder steigt man zum großen

Gurungdorf Barbak (L/TH), 3 h. Dem Grat auf Steintreppen steil folgen. Allmählich weniger steil zu einem Paß: **Gupche Danda**, 2730 m (C). 5 Min. nördlich davon herrliche Sicht auf Manaslu-Gruppe (Gurkha Himal), 15 Min. unterhalb der Paßhöhe; 6 h von Ralung schöner Zeltplatz mit Sicht auf Ganesh Himal (bei schönem Wetter...). Auf Steintreppen hinunter zur nächsten „Stadt", Laprak, ca. 2100 m (TH), und Abstieg zum Machha Khola. Etwas steigend auf Höhenweg bis Khorlak. (L) unterwegs. Dann steil absteigend zum Buri Gandaki: **Khorlak Bensi**, 890 m (C/TH), 8 h vom Paß. Zunächst auf der linken Seite des Buri Gandaki. Nach 1 h wechselt man aufs rechte (östliche) Ufer und von der Gandaki-in die Bagmati-Zone. Es folgen verschiedene kleine Dörfer. Später erkennt man einen Felsriegel. Nach dessen Überwindung tut sich eine von steilen Felsflanken umgebene Ebene auf. Weiter bis zu einer Brücke, wo man wieder auf die linke (westliche) Seite wechselt. Von dort direkt nach **Jagat**, 1250 m (H/C/CP), 7 h von Khorlak Bensi. Nun dem Buri Gandaki entlang, der trotz zweier massiver Brücken nicht überquert wird. Nach 1 h folgt Setibas. Nach Pangsing, welches man oberhalb des Dorfes umgehen kann, steigt der Weg an verschiedenen Chörten vorbei dem Hang entlang. Tief unten, z. T. unsichtbar, rauscht der Buri Gandaki. Weiter oben teilen sich die Wege bei einem kleinen Chörten. Der untere führt nach Ngyak und weiter nach Sama, dem verbotenen Tal nördlich des Manaslu, der obere Pfad geht zum Rupina La. Diesem folgend zu einer Anhöhe von ca. 2170 m und leicht absteigend durch Felder und Wald: **Chhuling Khola**, ca. 2050 m (C), im Wald, 7 h von Jagat. Im dichten Wald auf gut sichtbarer Wegspur etwas oberhalb des Flusses auf dessen linker Seite bleibend bis zu einem flachen Platz unterhalb einer Felswand mit kleinem Wasserfall, **Dhungopani**, ca. 2950 m (C), 7 h vom Chhuling Camp. Weiter durch märchenhaften Wald mit vielen Rhododendronarten und Orchideen (im Frühjahr). Das Tal biegt nach Süden ab. Entlang der Randmoräne gelangt man über Riede, Wiesen und Wald zu einem großen Platz. Er befindet sich gerade vor dem letzten Hang zum Paß: **Rupina Base Camp**, ca. 3750 m (C), 6 h von Dhungopani. Vom Camp steuert man eine charakteristische Moräne an, steigt aber links davon höher. Nach etwa 2 h öffnet sich der Blick

nach links zum Paß, der über Schneefelder leicht erklommen wird, 3 ½ h. Die Südseite ist steil und oft schneefrei. Hinunter zum Talboden (Wegspuren). Abstieg talauswärts bis zu den ersten Hemlocktannen (C) „Hemlock", ca. 3220 m, 6 h vom Rupina B.C.
Vom Wald rechts (westwärts) auf eine

Weihnachtssterne erfreuen die Bewohner der tiefen Lagen im Winter.

Wegspur, die zum Bach hinunter führt. Nach der Brücke links durch Wald zu einem *ghot* (Sommerhaus). Von dort Weg durch Mischwald, etwas steigend. Hinunter auf Grashalden und Fels (heikel) zu einem zweiten Bach. Nach Übergang steil am linken Talhang hinauf (nach Brücke rechts gehen), später flach in ein drittes Seitental. Auf Grashalden möglichst hoch auf der rechten Seite des Bachs haltend zu einer Brücke (nicht überqueren). Auf Wegspur zu einer Art Ebene mit *ghot*, **Pokhri Danda** (C), ca. 3920 m, 6 ½ h vom Hemlock Camp. Von hier erreicht man in ca. 3 h über verschiedene Talstufen den Dudh Pokhri Bhanjyang, ca. 4590 m, Weg ersichtlich, Steinmännern folgen. Auf

der anderen Seite steigt man einem Weglein folgend über zwei Talstufen hinunter. Dann zieht der Weg leicht nach links hoch, durch Alpenrosen und Rhododendron. Schöner Platz bei Weide mit kleinem See: **Chyadi Danda**, ca. 3810 m (C), 7 h von Pokhri Danda. Auf steilem Weg hinunter zu einem *ghot*, z. T. über Wiesen und wieder durch Wald zu einem Bach (L), ca. 2900 m, 3 h von Chyadi Danda. Wieder etwas ansteigend, dann vorbei an einer *chautāro* und steiler Abstieg durch dichten Wald auf gutem Weg zu den ersten Feldern und nach **Tonje**, ca. 1550 m (C), bei Schulhaus, 7 ½ h von Chyadi Danda. Zum Fluß absteigen (Dordi Khola) und längere Zeit auf der rechten Seite bleibend bis zu einer kleinen Brücke. Nach deren Überquerung durch Felder zum Lunchplatz, 3 h. Wieder zu einer Hängebrücke, man wechselt nach rechts. Durch Felder bis zu einem markanten Aufstieg. In ein Seitental, auf den Bergrücken, der sich darin auftürmt. Auf dem Kulminationspunkt befindet sich **Chiti**, 1100 m (H/C) mit viereckigem Wasserbüffelsee, etwa 8 h von Tonje. Abstieg nach **Phalesangu**, 632 m (H/C), an der Straße Dumre – Bensisahar, 2 h von Chiti.

Mögliche Fortsetzungen
– Trekking via Bensisahar – Khudi – Ghanpokhara nach Begnas Tal (siehe Schlußteil von Nr. 72 Annapurna – Lamjung), ca. 4 Tage
– mit LKW, Jeep oder Bus nach Dumre und mit Bus nach Kathmandu oder Pokhara.

9. Ganesh Himal

Bei den Tamang

Neben den berühmten Sherpa aus dem Khumbu sind vielleicht die Tamang jene Leute, mit welchen man auf einer Wanderung in den Bergen Nepals am meisten zu tun hat. Viele der unermüdlichen Träger stammen aus ihren Reihen und auch mancher Koch und Sirdar. Doch woher kommen sie, diese Tamang?

Es handelt sich um ein tibeto-mongolisches Volk, das vor einigen Jahrhunderten von Tibet in den südlichen Himalaja abgestiegen ist. Ob es die Nachfahren der tibetischen Kavalleristen sind, die ihr Land vor fremder Übermacht verließen, oder schlicht ein Reitervolk, kann nicht mit Bestimmtheit beantwortet werden. Mit Pferden hatten sie allerdings zu tun, daher auch der Name. Tibetisch *ta* heißt Pferd. Heute finden wir die Tamang verstreut zwischen Pokhara im Westen und dem Arunfluß im Osten. Ihre Hauptsiedlungsgebiete liegen jedoch in den montanen Zonen rund um das Kathmandutal (Helambu, Sindhupalchowk, Mahabharat Lekh) und vor allem südlich des Ganesh Himal, wo die ursprünglichste Form ihrer Kultur noch weiterlebt. Sie sprechen eine tibeto-birmanische Sprache, dem Sherpa klanglich ähnlich, und praktizieren den Lamaismus. Chörten, Manimauern und Gompa zieren ihre Wege und Dörfer. Es gibt Klöster mit reinen Tamang-Lamas, derweil die Konvente im Khumbu meist von tibetischen Mönchen besucht werden. Interessant ist die Tatsache, daß sich die Dialekte der Tamangsprache mitunter stark unterscheiden. So arbeite ich mit einem Tamang-Sirdar aus dem Bhojpur-Distrikt (Ostnepal) zusammen, der mit meinem ständigen Koch Ram, der aus Pharkhel (südlich von Kathmandu) stammt, nur in Nepali parliert, da ihre Dialekte zu große Abweichungen aufweisen.

Wie kaum ein anderes Volk in Nepal pflegen die Tamang einen alten, beeindruckenden Schamanenkult. Wird jemand krank, ruft man einen Medizinmann, der sich mit Trommeln, Glöckchen und wilden Gesten in Trance versetzt und versucht, den bösen Geist aus dem Körper des Kranken zu vertreiben. Diese Sitzungen dauern manchmal mehrere Tage und werden oft wiederholt, bis die Krankheit geheilt ist. Unterwegs kann ein solcher Schamane auch Erste Hilfe leisten. Einmal hatte einer meiner guten Tamangträger einen plötzlichen Anfall. Er wälzte sich am Boden, stöhnte und sein Blick war voller Angst. Ich maß den Puls: 160! Unser Hilfskoch war ein Schamane. Er hockte sich neben den Patienten, sprach unablässig Formeln. Mit einem Küchenmesser zerkleinerte er indisches Steinsalz in seiner Hand und streute etwas auf die Lippen des Leidenden, sprach wieder Formeln und zerstreute den Rest des Salzes über den ganzen Körper. Mit dem Messer kreiste er über jene Stelle des Bauchs, wo sich der Träger hielt. Sofort beruhigte sich dieser und nach etwa fünf Minuten war sein Puls auf 60 gefallen.

Im Ganesh Himal können Schamanenzeremonien für den Touristen erschreckende Ausmaße annehmen. Bei Vollmond findet z. B. im Dorf Barang ein großes Fest statt. Nach Einbruch

bratbandh (Pharkhel).

der Dunkelheit kleidet sich die halbe Bevölkerung in farbige Kostüme und viele tragen Masken oder reiten auf Steckenpferden. Eine Art Hexentanz findet statt, während der Mond fahl durch die Rauchschwaden der in Brand gesetzten Grashalden scheint. Pauken und dumpfe Trommeln hüllen alles in einen akustischen Abgrund, der seinesgleichen sucht.

Eine andere, typische Zeremonie ist das sogenannte *bratbandh*. Erreicht ein Junge das Alter von elf oder zwölf Jahren, wird er offiziell in die Gemeinschaft der Tamang-Männer aufgenommen. Je nach Vermögen der Eltern des Buben findet ein großes oder kleines Fest statt. Dem Jungen werden die Kopfhaare abrasiert und er wird ganz in Weiß gekleidet. *Kata* (Schärpen) und Blumenkränze schmücken seinen Hals, ein weißer Turban sein Haupt. Während Schamanen im Hause der Familie Geisterbeschwörungen vollführen, findet auf einem Feld eine Feier statt, wo viel *chang* fließt und reichlich gegessen wird. Eine Musikantengruppe spielt und singt Lieder. Was im Dorf und in der näheren Umgebung Rang und Namen hat, ist anwesend. Männer und Frauen sitzen in langen Reihen auf Bastmatten, die Männer innen, eng um einen Altar geschart, die Frauen außen.

Obwohl Buddhisten, kennen die Tamang ein Kastensystem, zudem ist ihre Gesellschaft durch die strikte Einteilung in Familienclans nicht sehr übersichtlich gestaltet. Nur reine Tamangkinder werden innerhalb des Volkes abzeptiert, Nachkommen von Mischehen sind ausgestoßen, ebenso deren Kinder. So hart sind hier die Sitten, noch härter als bei den hochkastigen Hindu.

Der Sirdar

Wie schon erwähnt, stehen dem Wanderer in Nepal grundsätzlich zwei verschiedene Möglichkeiten offen, seinen Trek zu gestalten: Der individuelle „von-Hütte-zu-Hütte-Trek" ohne große Ausrüstung und Eßwaren und der organisierte „Karawanen-Trek" mit eigener Küche, Zelten und entsprechender Belegschaft und Trägern.

Beim individuellen Trek trägt der Wanderer meist alles selbst und verpflegt sich unterwegs in den Lodges, wo er auch preiswert übernachten kann. Der Vorteil besteht sicher in einer gewissen Unabhängigkeit und einer etwas individuelleren Gestaltungsweise. Der Nachteil liegt darin, daß man sich auf touristisch erschlossene Gebiete beschränken muß. Bei der organisierten Form steigen die Tageskosten aufgrund des zusätzlichen Einsatzes von Sirdar, Sherpa, Koch und Träger und des Materialaufwandes, müssen doch die gesamte Infrastruktur und die Eßvorräte für alle – Wanderer und Begleiter – mitgetragen werden. Die Hauptarbeit bei dieser Trekkingform liegt in der Vorbereitung. Auf dem Trek selbst liegt die Hauptverantwortung auf den Schultern des Sirdars.

Der organisierte Trek eignet sich besonders für Gruppen ab vier bis sechs Personen in allen Gebieten sowie für Einzelreisende und Kleingruppen in den sehr entlegenen und unerschlossenen Zonen des nepalesischen Berglandes.

Die zentrale Figur bei der organisierten Form ist der Sirdar oder Sardar (von np *sardār* = Anführer), der die Begleitequipe zusammenstellt, Träger anheuert, die Einkäufe besorgt und den Transport zum Ausgangsort sicherstellt. Sollten Sie eine Wanderreise von daheim aus buchen, oder sich an Ort und Stelle mit einer Trekkingagentur in Verbindung setzen, wird Ihnen ein geeigneter Sirdar vermittelt.

Sirdar Ang Temba Sherpa, Buchhalter.

Haben Sie etwas mehr Zeit, lohnt es sich mitunter, in Kathmandu mit einem „free lance" Sirdar in Kontakt zu treten, der Ihnen empfohlen wurde. Es handelt sich dabei um Leute, die früher bei bekannten Organisationen wirkten und heute auf eigene Rechnung arbeiten. Der gute Sirdar besitzt meist mehrere Zeugnisse von Gästen, für die er schon gearbeitet hat. Lassen Sie sich diese zeigen.

Die meisten Sirdar stammen aus den Reihen des Sherpavolkes, mitunter begegnet man auch Vertretern anderer Volksgruppen, die dieses Amt mit Erfolg versehen, so Tamang, aber auch Bhotia, Gurung, Rai und Magar.

Seine Aufgabe ist nicht leicht und es gehört eine Menge Erfahrung und Durchsetzungsvermögen dazu, sie souverän zu lösen. Zunächst formiert der Sirdar die Belegschaft, wobei er auf die richtige ethnische Zusammensetzung achtet. Mit dem Koch erarbeitet er eine Einkaufsliste für die Eßwaren und sämtliches Zubehör. Er kauft ein und mietet an. Er führt Buch über alle Auslagen, rechnet mit den Trägern und den übrigen Sherpa sowie mit der Trekkingagentur oder direkt mit den Gästen ab. Unterwegs wahrt er die Interessen der gesamten Gruppe, erteilt willig jegliche Auskunft, schlichtet Streit zwischen Trägern oder Sherpa, überwacht alle Arbeiten und legt oft selbst in vorbildlicher Manier dort Hand an, wo es ihm als notwendig erscheint. Er vermittelt zwischen Gästen und der Belegschaft, kauft unterwegs ein, engagiert andere Träger oder Tragtiere oder entläßt diese, je nach Bedarf. Mit dem Gruppenleiter bespricht er regelmäßig die Marschroute und bestimmt zusammen mit dem Koch den Mittagsrastplatz und den Ort des Nachtlagers. Oft geht er ganz am Schluß mit den letzten Trägern, während der Koch die Gruppe anführt und den Rastplatz herrichtet.

Auf meinen eigenen Fahrten beschäftige ich zwar meist immer den gleichen Koch, Ram Bahadur Thing Tamang, aber auch – je nach Schwierigkeitsgrad des Treks – den einen oder anderen meiner zwei treuen Sirdar.

Ang Temba Sherpa aus Cheplung im Pharag kommt zum Zuge, wenn es eine Gruppe in leichtem Gelände zu betreuen gilt. 1963 geboren, wuchs er eine halbe Wegstunde vom Flugfeld in Luglha auf und kam schon als kleiner Bube mit Trekkern aus der Fremde in Kontakt. Zwar besuchte er die Hillary-Schule in Chaunrikharka lediglich während zweier Jahre, wo er dem Lehrer aufgrund seiner starken Streiche zumindest etwas unangenehm auffiel. Ang Temba genoß nie Englischunterricht, aber er spricht diese Sprache so schnell wie ein Maschinengewehr. Großgewachsen und mit natürlicher Autorität ausgestattet, stellt er die ideale Sirdar-Figur dar. Er liebt den einfachen Wandertrek, wo er sein Talent als Unterhaltungskünstler voll zur Geltung bringen kann. Obwohl in den Bergen aufgewachsen, kann man ihn nicht als Bergsteiger bezeichnen. Der Betrieb der großen Karawanenstraßen ist ihm lieber als Schnee, Eis und Fels, Wind und Kälte. Zwischendurch legt er eine erstaunliche Lernbegier und -fähigkeit zutage. Sein Sprachtalent ist phänomenal. Autodidaktisch erlernte er Nepali, Hindi, Tibetisch und Ladakhi, die er alle – nebst Englisch – fast wie seine Muttersprache Sherpa spricht. Auch ein paar Brocken Japanisch finden in seinem Sprachschatz Platz. Außerdem vermag er lautmäßig verschiedene Sprachen nachzuäffen, so Deutsch, Spanisch, Italienisch und Französisch. Er weiß auch über seine engere Heimat, das Solukhumbu, und sein Volk viel zu erzählen. Seine Gewissenhaftigkeit, sein Einsatz und seine Treue kennen keine Grenzen. Ich habe ihn deshalb auch zwei Sommer lang nach Kaschmir, Zanskar und Ladakh „entführt", wo er sich ebenso zu Hause fühlte, sich ebenso durchsetzte, wie in den heimischen Tälern. Er gedenkt, später einmal zu heiraten. Als jüngstem Sohn steht ihm das Erbe des elterlichen Betriebes zu. Sein Vater handelt mit Pferden, seine Mutter betreibt eine kleine Lodge und bepflanzt einige Felder mit Kartoffeln für den Eigenbedarf.

Die Hängebrücke, ein Markenzeichen Nepals (Betrawati, 560 m, Dezember '80).

Subas Singh Lama begleitet mich immer dann, wenn die Tour alpinistische Schwierigkeiten verspricht. Seine große Expeditionserfahrung kann er dann voll ausspielen. Er stammt aus Ostnepal. Als Tamang mit einer Sherpani verheiratet, wohnt er in Kathmandu. Seine vier Kinder gehen zum Teil schon in die Schule. Mit seinen Gentleman-Allüren, seinem feinen Humor und seinem überlegten Handeln steuert er einen Trek mit unglaublich sicherer und unsichtbarer Hand, ohne große Kommandos und Hektik über die schwierigsten Klippen. Bei den Sherpa und Trägern genießt er hohe Wertschätzung, wenn nicht sogar Verehrung, denn oft kam es vor, daß ihm Träger zum Abschied *kata* (Glücksschleifen) umhängten oder seine Füße mit der Stirn berührten. Seine Kenntnisse über die Traditionen und das Erbe seines Landes sind sehr groß und vielseitig. Er lebt grundseriös und seine Verwurzelung mit dem Lamaismus ist offensichtlich. Menschlich ist er jedoch viel zu gut und zu wenig egoistisch, um auch ein guter Geschäftsmann zu sein. So geht es ihm trotz seines Könnens, seiner Erfahrung und seiner Position relativ schlecht, rein materiell gesehen. Er wohnt mit seiner Familie in einem engen Raum am Stadtrand der Hauptstadt. Mir scheint, er lebe nur für andere und vielleicht noch für seine Angehörigen. Er selbst stellt sich stark in den Hintergrund, hat keine Ansprüche und Leidenschaften. Man könnte sich keinen konsequenteren Buddhisten vorstellen. Derzeit überlegt er sich, ob er mit den Seinen ins Terai ziehen soll, wo er mit seinem Bruder zusammen Land erwerben konnte. Dort wären zwar die Lebenskosten wesent-

lich niedriger, aber er wäre „weg vom Fenster". Das Trekkinggeschäft wird praktisch ausschließlich in Kathmandu abgeschlossen. Ich verstehe mich ausgezeichnet mit ihm. Er ist eine jener Persönlichkeiten, mit denen man sich ohne zu sprechen unterhalten kann.

Bei beiden Sirdar bewundere ich immer wieder den grenzenlosen Enthusiasmus, mit dem sie immer wieder neue Treks vorbereiten und durchführen. Beiden gefällt dieses Leben, denn das Reisen liegt ihnen im Blut, wie den meisten ihrer Mitbürger. Sie haben beide durch ihre Arbeit und Kontakte mehr Kenntnisse erworben, als mancher Zeitgenosse in der Schule. Interessant und erwähnenswert finde ich die Antworten der beiden auf meine Frage: „Was fragen Euch denn die westlichen Touristen immer wieder?" – sowohl Ang Temba wie Subas entgegneten mir unabhängig voneinander, daß die Westler oft Fragen stellen, bei der die Antwort eine Zahl sein muß! Also: „Wie viele Stunden geht es noch bis Manang?", oder „Wieviele Tage braucht man von hier bis Jiri?", oder „Wieviele Leute wohnen in diesem Dorf?" – „Wie alt ist dieser Mann dort?" – „Wie hoch liegt Salpa Phedi?" – „Wieviele Liter gibt eine Kuh?" etc. etc. etc. Eine Grundwelle einseitigen Denkens schwappt hier an die Oberfläche und macht offenbar auch bei naturliebenden und -verbundenen Vertretern des Okzidents nicht Halt. Dies hat die beiden verwundert. Mich auch.

Dagegen hat z. B. Ang Temba zu Zahlen ein etwas differenzierteres Verhältnis. Einmal erklärte er mir, daß bei einem Fußballspiel im Stadion von Kathmandu 25 Millionen Zuschauer anwesend waren. Auf meinen Ein-

wand, Nepal habe ja „nur" 18 Millionen Einwohner, wollte er zunächst nicht eingehen. Nun kennen die Sherpa in ihrer eigenen Sprache lediglich die Zahlen 1 – 20. Ab 21 wird tibetisch oder nepalesisch weitergezählt. In Indien und Nepal werden zudem die uns unbekannten Größen *läkh* (100.000) und *karor* (100 *läkh* oder 10 Mio.) miteinbezogen. *Ek karor pachhattar läkh chautis hajar äth say chhayännabbe* sind also ein *karor* fünfundsiebzig *läkh* vierunddreißig Tausend acht Hundert sechsundneunzig, oder – übersichtlicher – 17.534.896, was der Bevölkerungszahl Nepals am 22. Mai 1984 um 07.00 h morgens entsprach. Diese Zahl wurde vom Regierungsorgan „Rising Nepal" publiziert. Fragen Sie mich nicht, wie das errechnet wurde! Also – um zum Fußballspiel zurückzukehren – die Ermittlung der Zuschauerzahl im Stadion war Gegenstand nobelpreiswürdiger Kalkulationen und einer längeren Unterhaltung. Schließlich einigten wir uns auf 25.000, oder waren es gar nur 2.500? Aber Zahlen sind ja nicht wichtig!

Nr. 91 (gelb) Trisuli – Gurkha

Charakter	Bergwanderung von 12 – 14 Tagen am Südfuß des Ganesh Himal, durch das Kernland des Tamangvolkes.
	tiefster Punkt: Trisuli, 540 m
	höchster Punkt: Tiru Danda, 4070 m
	Hauptschwierigkeiten:
	evtl. etwas Schnee auf der Tiru Danda in den Wintermonaten, Weg teilweise schwierig zu finden
Ausrüstung	diese Route weist kaum Infrastruktur für die Verpflegung und das Übernachten auf. Man ist auf sich selbst angewiesen. Zelte und Lebensmittel mitnehmen. Einige Basisnahrungsmittel können in Barang, Laprak und Barbak eingekauft werden. Kocher und genügend Brennstoff sind unerläßlich.
	Bewilligung: Langtang Himal
	Extension: Barang – Jagat – Barbak – Gurkha
	Karte: MM Kathmandu to Pokhara
Beste Zeit	Oktober bis Mai, im Winter sehr empfehlenswert, im Frühling z. T. sehr heiß, aber viele Blumen
Sehenswert	– Vollmondfest in Barang
	– Gurungdörfer westlich des Buri Gandaki (Gurkha Himal)
	– Rhododendronblüte April – Juni
	– Hindufeste im Herbst (Dasain und Tihar)
	– Gurkha Durbar (Schloß und Hindutempel)
Weg zum Startpunkt	per Bus von Kathmandu; Träger aus Kathmandu oder Trisuli

Wegbeschreibung

Von **Trisuli**, 540 m (H/C) gemütlich am alten Kraftwerk vorbei nach Betrawati (H/C), 1 h. Die neue Straße nach Dhunche geht nach rechts zum Hang. Wir bleiben am Trisulifluß unten und erreichen eine Hängebrücke, wo wir auf die linke (westliche) Seite des Trisuli wechseln. Einem heißen Hang entlang steigt der Weg in staubigen Kehren in die Höhe. Lunch unterwegs bei einem der Weiler. Am Nachmittag zu einem kleinen Paß, von dort noch höher hinauf zum Streudorf **Taji**, ca. 1900 m (C), 6–7 h von Trisuli. Bald folgt ein Übergang und ein Wald bis Bhalche, früher Lunch nach 2–3 h. Dann durch Buschland in eine Schlucht. Nahe des Baches bleiben, wo nach insgesamt 5–6 h ein Zeltplatz gefunden wird: **Kharka**, ca. 2700 m (C). Nach feuchter Nacht durch dichten Wald, dann über eine Lichtung zu einem Paß. Nun links (nordwärts) durch Wald zu den ersten Rhododendren, (L) im Wald bei Wasserstelle nach 3 ½ h. Etwas steiler ansteigend zum Bergrücken, herrliche Sicht. Auf dem Kamm bleibend, vorbei an Sommerweiden zum höchsten Punkt der **Tiru Danda**, 4070 m (C), kurzer Abstieg nach Westen zum Camp, 3820 m, etwa 7 ½ h vom Lager am Fluß. Absteigend gegen Westen auf einem Kamm durch großen Rhododendronwald zum eindrücklichen Tamangdorf von **Barang**, ca. 1600 m (C/TH). Weg nicht immer offensichtlich, da viele Alpweiden, etwa 7 h. Barang kann auch von Dhunche über Syabrubensi, Gatlang, Pangsing Bhanjyang, Tibling, Sathi von Nordosten erreicht werden, Weg besser, auch 5 Tage. Abstieg durch Felder zur Brücke am Ankhu Khola, ca. 1290 m. Kurz zur zweiten Brücke und hinauf nach Laba, 1850 m (L) ca. 3 h. Nun durch das Hauptdorf und hinauf über steilen, von weit sichtbaren Hang. Später zweigt der Weg fast unsichtbar vom scheinbaren Hauptpfad ab, der in die Wildnis führt. Man frage vorher. Nach ca. 2 ½ h erreicht man das Rasthaus **Pauwa**, 2550 m (C), 5 ½ h ab Barang. Steiler Aufstieg durch Wald zu einem ersten Paß, ca. 2800 m, der in ein herrliches Zwischental führt. Abstieg zu Sommerweiden mit alten Steinhäusern. Durch sehr schönen Wald hinauf zu einem größeren Rasthaus auf Gratrücken und später auf eine große Weide unterhalb des Hauptpasses (L) 3–4 h. In 10 Min. zum 3190 m hohen Paß mit Steinhaufen im Wald. Abstieg durch Waldtrümmer, dann steil auf holprigem Pfad bis **Dhunchet**, 2100 m, ca. 4 h vom Paß. Nun weiterer, langer Abstieg zum Buri Gandaki, der bei **Labu Bensi**, 750 m (TH/C), 4 h von Dhunchet erreicht wird. Hier besteht normalerweise eine Notbrücke. Camp auf der W-Seite des Flusses auf Terrassen. Falls keine Brücke: ab Dhunchet über **Keronja** nach Khorlak Bensi, sehr wilde Gegend – oder via Arughat, das von Dhunchet in ca. 5 h erreicht wird. Ab Labu Bensi wenden wir uns nach Norden und wandern z. T. auf holprigem Weg (Erdrutsche) zur Mündung des Machha Khola (L), ca. 3 h. Nach dem Seitenbach etwas links und steiler 1000-m-Aufstieg zur Sonnenterrasse von **Khorlak**, 1800 m (C), 3 h, Sicht

Beim *bratbandh* wird ein Essen für das ganze Dorf offeriert. Der Reis wird aus Blättertellern gegessen (Pharkhel).

auf Ganesh Himal. Nun wenden wir uns ins Machha-Khola-Tal und erreichen auf einem schönen Höhenweg die Brücke unterhalb von Laprak und wenig später dieses große Gurungdorf. Aufstieg zur **Gupche Danda**, 2730 m (C), Paß mit hervorragender Rundsicht, 6 ½ h von Khorlak. Abstieg über Weiden und Steintreppen nach Barbak (L/TH), ca. 2 h. Durch Felder, später Wald hinunter zum Darondi Khola, den man bei Ralung rauschen

sieht. Linksufrig bis **Milim**, ca. 850 m (C/TH). Zeltplätze nach Uferwechsel. Dem Fluß rechtsufrig folgend, vorbei an verschiedenen Kleinsiedlungen nach Arkhol, ca. 810 m (L) und (C) bei **Mohadar**, ca. 700 m, 6 – 7 h von Milim. Man setzt über den Darondi Khola und steigt gemächlich zum Gurkha Durbar auf (L) und Abstieg nach **Gurkha**, 1143 m (H/C).
Ein sehr schöner Zeltplatz befindet sich vor dem Durbar.

Mögliche Fortsetzungen
- Trek via Luitel, Phalungtar, Tarkughat, Kunchha, Sisaghat, Rupakot nach Pokhara, ca. 6 Tage
- mit Bus nach Kathmandu oder Pokhara
- Trek via Taple, Khanchok, Arughat Bazar, Katunje Bazar, Kalabari zurück nach Trisuli, 5 – 6 Tage (diese Route kann auch schon von Labu Bensi südwärts in Arughat Bazar erreicht werden).

84

10. Langtang — Helambu — Jugal

Im Langtang-Nationalpark

Die ersten Tiere, denen man im Langtang-Nationalpark begegnet, sind die unzähligen herrenlosen Hunde in Dhunche, die den ankommenden Wanderer freudig begrüßen und ihn später in den Schlaf zu bellen versuchen. Es finden sich zwar in vielen Dörfern Nepals solche Hundehorden, deren Aufgabe nur darin besteht, tagsüber faul herumzuliegen und nachts Laut zu geben – oft stundenlang und

ohne Grund. Aber Dhunche scheint in dieser Beziehung einen gewissen Bekanntheitsgrad erreicht zu haben, in dem Maße sogar, daß es auch *kukur gāun* (Hundedorf) genannt wird. Ansonsten dürfte ein Gespräch mit den Wildhütern des Nationalparks von Nutzen sein, die in etwa sagen können, wo und zu welcher Tageszeit Tiere zu beobachten sind.

Der Wildbestand im Langtang (von tib. *lang* = Yak, *tang* = suchen) hat seit Bestehen des Parks erfreulich zugenommen und bietet eine Fülle von Beobachtungsmöglichkeiten. Ähnlich wie im Sagarmatha-Nationalpark sind die Interessen der Tiere und Pflanzen mit jenen der im Park ansässigen Menschen nicht immer zu vereinen. Da das Langtang-Tal jedoch weniger dicht besiedelt ist als das Khumbu, halten sich die Probleme in Grenzen. In Syabru, jenem wunderbaren Reihendorf auf einem großen Hügelkamm, beklagen sich die Einwohner über die Wildschweine und Bellhirsche, die mit sturer Regelmäßigkeit ganze Felder umpflügen. Ein guter Zaun ist zwar nicht das Schönste auf der Welt, aber doch noch besser als abgefressene Maisstauden und vorzeitig ausgegrabene Kartoffeln. Ebenfalls in Syabru lohnt es sich, die herrlichen Holzschnitzereien genauer anzuschauen, welche die netten Häuser schmücken.

Diese schöne Tradition lebt glücklicherweise weiter. Hebt man den Blick von den verzierten Fenstern, so erkennt man die stattliche Kulisse des Ganesh Himal und eine waghalsige Straße, die sich von Dhunche her an den steilsten Hängen dieses Massivs versucht. Es handelt sich um die Minenstraße, die mit großem Aufwand von der nepalesischen Armee gebaut wurde.

Der schöne, große Wald hinter Syabru, der sich bis Ghora Tabela aus-

Sinnbild der Genügsamkeit: der Yak.

Tamangni (Buriang Bhanjyang).

Das Dorf auf dem Bergkamm: Syabru, 2330 m (Mai '85).

ein *mirga*, einen Bellhirsch, der für die Produkte menschlicher Anbaukunst eine verständliche Zuneigung zeigt.

Vögel und Insekten bereichern den Park in ungeahnten Mengen. Besonders den Schmetterlingen scheint das Klima gut zu bekommen, was sich in ihren überdurchschnittlichen Größen ausdrückt. Oberhalb von Ghora Tabela wandelt sich das V- in ein U-Tal, die prächtigen Eichen und Hemlocktannen weichen Buschwerk und Berberitzen. Auch die Fauna wechselt dramatisch. In den Manimauern tummeln sich Lemminge, der schrille Warnpfiff eines Murmeltieres unterbricht für eine Sekunde das Murmeln der Bäche, und den Steinhäusern des Bhotiadorfes Langtang nähern sich die stolzen Tahr (indische Halbziege) so nahe, als ob sie Stalldrang hätten. In Kyangjin weiden halbwilde Yak, auf den gewaltigen Moränen darüber tibetische Wildschafe (lat. *ovis ammon*). Wo Schafe sind, ist der Schneeleopard nicht weit. Dieses scheue Tier zu erblicken, käme jedoch einem einmaligen Zufall gleich.

Der Langtang-Nationalpark bietet eine große Anzahl von interessanten Beobachtungsobjekten in verschiedensten klimatischen Zonen, von subtropisch bis alpin. Er ist von Kathmandu her sehr schnell erreichbar und eignet sich deshalb auch für eher kurze Ausflüge.

Die Hügel des Helambu

Schon der Name „Helambu", oder „Helmu", wie es auch genannt wird, charakterisiert diese Region ausgezeichnet. Die weichen Laute dieser Worte widerspiegeln die sanften For-

dehnt, offeriert dem stillen, aufmerksamen Betrachter eine Fülle von Eindrücken. Bricht man sehr früh von Syabru auf, ist sogar eine gewisse Vorsicht am Platze, denn sowohl die *banel* (Wildschweine) wie auch der *kālo bhālu* (schwarzer Himalajabär) können aggressiv werden, sollte man sich ihnen zu lautlos nähern. Weniger gefährlich sind die zahlreichen Affen. Im unteren Teil des Waldes sind es Rhesus, die durch Zank und Gebalge vor allem akustisch auffallen. Weiter

oben zieren die fast aristokratischen Langure die Bäume. Seltener sind die Begegnungen mit dem roten Panda *(rāto bhālu)*, einem drolligen Burschen, der den Tag auf einem Baum verschläft und während der Dämmerung und nachts seine Lieblingsspeise, Bambussprossen und Blätter knabbert. Sollte Sie speziell in der Nähe von Feldern ein urweltliches Gebell aufschrecken, so handelt es sich nicht etwa um einen der Hunde von Dhunche, der Ihnen gefolgt ist, sondern um men des Melamchitales und der angrenzenden Hügelzüge, die fröhlichen Helambu-Sherpa und deren gediegene Wohnkultur, das milde Klima und den Weitblick, den man von den zahlreichen Sommerweiden aus genießt: eine bevorzugte Gegend. Zudem handelt es sich um jenes Wandergebiet, das von der Hauptstadt am schnellsten zu erreichen ist. Ohne von unsicheren Flügen abhängig zu sein, gelangt man innerhalb Stundenfrist zu den beliebten Ausgangspunkten: Sundarijal, Nagarkot oder auch Panchkhal.

In den tiefen Lagen des Indrawati und Melamchi, die ihre Wasser via Sun Kosi in den Sapt Kosi führen, lebten Newar und Chhetri. Darüber sind größere Tamangsiedlungen zu beobachten und im Herzen des Gebietes, zwischen Shermathang, Tarke Ghyang und Melamchigaun sind die Helambu-Sherpa zu finden, die Basen und Vettern der Khumbu-Sherpa. In einer milden, im Sommer feuchtnassen Gegend zuhause, haben sie ihre Wohnkultur zu gediegenen Höhen entwickelt. Zwar werden die malerischen Schindeldächer mehr und mehr von Wellblech abgelöst, eine Tendenz, die in straßennahen Regionen leider unaufhaltsam an fraglicher Beliebtheit gewinnt, tritt man jedoch in die von außen eher unscheinbaren Gebäude, wird man eine positive Überraschung erleben, die sonst in Häusern anderer Volksgruppen eher ausbleibt. Ehrfurchtsvoll zieht man die Schuhe aus und tritt auf prächtige Fliesen, die im Dunkel des Raums wie schwarze Spiegel wirken. Die Wände sind voller fein verzierter Holzgestelle, auf deren lackierten Regalen Kupfergefäße und wohlgeordneter Hausrat glänzen. Die offene Feuerstelle bildet das Zentrum

Der Ganesh Himal (Aussichtspunkt, ca. 4560 m, bei Gosainkund).

des oft L-förmigen Raumes. Auf schmucken Decken oder Teppichen hantieren fleißige Sherpani an Pfannen und Deckeln. Der hier aus Hirse gebraute *raksi*, gewärmt und mit einer Messerspitze Butter angereichert, bringt an kalten Tagen eine wohltuende innere Wärme und die Unterhaltung auf Hochtouren. Ins Auge fallen auch die vielen, meist quadratischen Klöster, die – auffällig plaziert – so etwas wie Dorfzentren darstellen. Manimauern, Chörten, Gebetsfahnen

und -mühlen weisen auf die tiefe Verbundenheit der Bevölkerung mit dem Buddhismus hin. Die Klöster kennzeichnen sich durch bunte Wandmalereien, meist neueren Datums.

Das Helambu eignet sich vor allem für eher kürzere Wanderungen, oder als Verbindungsglied zwischen den Tälern von Kathmandu und Langtang. Dabei sollte man einem Grundsatz folgen, der übrigens in anderen Regionen des Landes auch anwendbar ist: Oft ist es klüger, auf dem Kamm zu bleiben, als ins Tal abzusteigen! Obwohl auf dem trockenen Rücken des Helambu das Wasser nicht in rauhen Mengen fließt, sind doch dort eindeutig die besseren Wege zu finden als in den Dschungeln des Talgrundes. Auf dem Weg vom oder ins Langtang wird man nahe der Pässe von März bis Juni eine sehr farbige Welt antreffen. Es blühen die Rhododendren in vielen Schattierungen, einzelne Blumen, ganze Büsche, einzelne Bäume, ganze Hänge. Während das Helambu außerhalb des Monsuns praktisch das ganze Jahr hindurch besucht werden kann, bildet der Winter für die Übergänge Laurebina La und Ganja La ein Hindernis. Diese sind oft von Dezember bis Februar eingeschneit. Den Ganja La sollte man auf jeden Fall immer nur dann versuchen, wenn man über genügend Erfahrung und eine komplette Bergsteigerausrüstung verfügt und eine gute Akklimatisation sichergestellt ist. Auch die Träger und Sherpa müssen ausgerüstet werden. Ohne diese essentiellen Voraussetzungen liegt dieser Übergang nicht im Bereich des Möglichen.

Unbekannter Jugal Himal

Wer von Kathmandu aus die Himalajakette beobachtet, dem fällt die Reihe imposanter Sechstausender im Nordosten sicher sehr stark auf. Nebst dem Ganesh Himal dominieren Gipfel wie Ganchempo, 6397 m, Lönpo Gang, 6979 m, Dorje Lakpa, 6980 m, Bhairab Takura, 6799 m, und Phurbi Chyachu, 6722 m, die Runde: der Jugal Himal, kaum bekannt, kaum besucht. Ein Ausflug in dieses kleine und hochinteressante Gebiet kann mit einer Wanderung im Helambu leicht verbunden

werden. Der beste Zugang zu den Bergen des Jugal befindet sich auf der Panch Pokhari Lekh, ein breiter Rücken, gespickt mit vielen Sommerdörfern, wo die Tamang aus dem Indrawati- und Balephi-Tal ihre Tiere zur Monsunzeit hinführen. Ähnlich den Gosainkund-Seen hat auch Panch Pokhari (pānch = fünf, pokhari = Seelein, Tümpel) große religiöse Bedeutung. Der dortige Hindutempel und die großen Haufen hinterlassener Dreizacke erinnern an die vielen Pilger, die jeweils während des Augustvollmondes herkommen. Die lokale Bevölkerung besteht aber hauptsächlich aus buddhistischen Tamang, Ackerbauern, Viehzüchtern und Sammlern:

„Da entdecke ich fünf Waghalsige, die mit Seil und halsbrecherischen Strickleitern den Bienenwaben in steiler Felswand an den Leib rücken. Einer der Wildimker entfacht am Fuß des Überhangs ein rauchgeladenes Feuer. Der Hauptdarsteller klettert mit Seil von oben gesichert die Leiter hinab bis auf die Höhe der Waben. Ein Bündel rauchendes Laub vertreibt die aufgebrachten Bienen. Mit einem gereichten Seil schickt er die Wachswaben nach oben, jene halbmondförmige Platte, die bei der Herstellung von Formen aller Art verwendet wird. Den Honig sticht er mit einem Spachtel geschickt an, hält mit der Stange einen abgeseilten Korb an die Wand, in den die süßen Stücke fallen. Mit dem Fernglas kann ich beobachten, daß er während seines schnellen Tuns von einem immensen Schwarm Bienen umflogen wird. Der Mann ist aber entsprechend angezogen und wird vom weißen Rauch des weit darunter glimmenden Feuers geschützt."

Weiter südwärts gelangt man zum großen Dorf Chautara, wo nebst Bahun und Chhetri viele Newar zu Hause sind. In Chautara befindet sich das vielleicht erfolgreichste Aufforstungsprojekt Nepals. Unter australischer Leitung wird dort große Arbeit geleistet. Die Einwohner der Gegend stehen dank entsprechender Vorbereitung voll hinter dem Projekt und der Erfolg darf sich sehen lassen. Indra Man Shrestha, Jahrgang 1925, ein lokaler Newarhändler, berichtete mir: „Es war ganz schön hier, vorher, vor 50 Jahren, viel Wald, viel Holz. Überall gab es Holz, genug. Dann nahm die Bevölkerung zu, es gab mehr Kinder. Wir brauchten mehr Holz, um Häuser zu bauen und um unsere Mahlzeiten zu kochen, immer mehr Holz. Und die Leute gingen in den Wald und schlugen Holz, viel Holz. Die Wälder wurden kleiner und kleiner. Dann gab es Waldbrände. Plötzlich gab es nicht mehr genug Holz, wir mußten es in Dolalghat kaufen, aber das war zu teuer. Die Bahun müssen ihre Toten verbrennen, aber sie hatten kein Holz mehr, so brauchten sie Kuhdung und Stroh. Wir legten unsere Verschiedenen in den Fluß, da wir uns kein Holz leisten konnten. Es war schlimm. Viele wurden krank. Und Holz gab es keines mehr. Wir verheizten die Maisstauden und den Bambus, alles, was brannte, um unser Essen zu kochen. Die Regierung in Kathmandu wurde auf unsere Not aufmerksam, dann kam das neue Programm. Wir sind dankbar dafür und helfen den Leuten, wo es geht."

Sollte dieses Projekt in anderen Gegenden Schule machen, dann wäre dies ein Silberstreifen am Zukunftshorizont des Landes.

Nr. 101 (rot)   Langtang – Ganja La – Jugal

Charakter	16–18-tägiger Bergsteigertrek von Dhunche in den Langtang National-park, Besteigung des Yala Peak, ca. 5420 m, und über den 5050 m hohen Ganja La via Helambu in den Jugal Himal zu den heiligen Seen von Panch Pokhari, Abstieg nach Chautara tiefster Punkt: Bagum, 1500 m höchster Punkt: Ganja La (Schulter), 5130 m oder Yala Peak, 5420 m Hauptschwierigkeiten: – Höhe – Überquerung des Ganja La (Geröll, Schnee und Eis)
Ausrüstung	Lodges bis Kyangjin Gompa, einzelne lokale Teehäuser zwischen Lagan und Yarsa und kurz vor Chautara, dazwischen unbewohntes Gebiet. Hochgebirgsausrüstung (auch für Sherpa und Träger), 2 x 70 m Fixseile für Ganja La, Partieseile für Yala Peak, einige Eisschrauben und Felsha-ken, Karabiner, Kerosin- oder Gaskocher mit genügend Brennstoff. Zelte. Verpflegung aus Kathmandu oder Trisuli mitnehmen. Basisnahrung kann in Yarsa gekauft werden. Bewilligung: Langtang Karten: MM Helambu/Gosainkund/Langtang/Ganja La (eine SK ist in Vorbereitung)
Beste Zeit	April – Mai, Oktober – November
Sehenswert	Gompa in Syabru, Langtang, Kyangjin Hindutempel in Panch Pokhari Wildbeobachtungen Rhododendronblüte im Mai – Juni Aufforstungsprojekt um Chautara
Weg zum Startpunkt	mit Bus von Kathmandu via Trisuli nach Dhunche (6 – 9 h). Träger aus Kathmandu, Trisuli oder Dhunche

Wegbeschreibung

Von **Dhunche**, 1966 m (H/C) hinunter zum Fluß, über Hängebrücke in steileres Gelände. Im Wald hinauf zu einem Aussichtspunkt auf etwa gleicher Höhe wie das Dorf. Weiter ohne nennenswerte Steigung entlang eines recht steilen Hanges nach Munga (L/TH), 3 h. Auf Hangweg durch Mischwald und über sonnige Halden nach **Syabru**, ca. 2330 m (C/H), das nach einer längeren Waldstrecke unvermittelt auftaucht, 2 ½–3 h von Munga. Camp auf Wiese hinter der Gompa zuoberst im Dorf. Hinunter zum Seitenbach, über Betonbrücke zum Gegenhang. Um die Ecke und mitunter steil hinunter zum rauschenden Langtang Khola. Nach Erreichen der Talsohle (ca. 1550 m) durch schönen Wald auf dem rechten Flußufer zu einer stabilen Brücke (L/TH), 3 h. Nun auf der linken Seite hinauf, vorwiegend durch Wald zum **Lama Hotel**, 2440 m (C/H), 3 h vom Lunch. Immer auf der linken Seite bleibend durch Wald zur Riverside Lodge (C/H), ca. 1 h vom Lama Hotel. Nach weiteren 1 ½ h erreicht man das Ende des großen Waldes und Ghora Tabela,

3050 m (L/H/CP). Nun über weite Weiden und vorbei an Feldern zum gut getarnten Dorf Langtang, 3307 m (C/H), 5 h vom Lama Hotel. Ein wunderbarer, beinahe flacher Weg führt in 2 ½ h vorbei an Manimauern nach **Kyangjin Gompa**, 3749 m (C/H/AP), Käserei. Ein Akklimatisationsruhetag ist hier angezeigt. Aufstieg an den Hängen des Tsergo Ri, dann Hangweg über steile Weiden zu ein paar Alphütten (L), 2 – 3 h. Weiter auf gleicher Höhe und nochmals steiler Anstieg zu den Hütten von **Yala**, ca. 4700 m, etwa 5 h von Kyangjin Gompa. (C) oder Biwak in Hütte. Schöne Bergsicht. Früher Aufbruch über Matten, nicht sehr steil und gemütlich hinauf zu einer großen Hochebene. Eine längere Geröllstrecke folgt bis an den Gletschereinstieg. Teilweise im Büßereis über die treppenartigen Abstufungen des Gletschers zu einem Spaltenlabyrinth. Jetzt wird der Firn flacher. Nochmals über eine kurze Steilstufe zum Gipfel des Yala Peak, ca. 5420 m, etwa 5 h von Yala. Sicht auf Langtang- und Jugal Himal sowie Shisha Pangma, 8013 m. Abstieg über gleiche Route zum Gletscherende, dann links (SE) haltend zu einem Paß hinunter. Auf Wegspuren zu einer Alp in einem Hochtal (vom Gipfel schon sichtbar) und vorbei an Gebetsfahnen hinunter zum Langtang Khola, kleine Alp: **Nubama Dhang**, ca. 4000 m (C), 4 h vom Gipfel. Sherpa und Träger können nach hier direkt von Yala (heikel) oder via Kyangjin absteigen. Wieder talaus zurück, vorbei an den Sommerhäusern von Changlu und Marku nach Kyangjin Gompa, 3749 m (L/C/H/AP), Käse, Yoghurt.... 2 ½ h von Nubama Dhang. Von hier sollte bei schlechtem Wetter oder nach starkem Schneefall auf den Ganja La verzichtet werden (Alternative: Abstieg nach Syabru und über Gosainkund, Laurebina ins Helambu). Jetzt folgt der Weg zum Paß. Unterhalb Kyangjin über die Brücke und auf eine Weide mit Steinhäusern und kleinen Seen. Nun etwas links auf schmalem Waldweg hinauf nach Brangechen Kharka, 1 ½ h von Kyangjin. Dort links (ostwärts) auf gutem Weg zu einem kleinen Paß. Nach rechts auf Weide mit großen Steinblöcken: **Ganja La Base Camp**, 4280 m (C), 3 h von Kyangjin. Früh weg. In ⁵⁄₄ h zum großen, gut

Die Häuser der Langtang-Bhotia gleichen jenen der Sherpa (Singdum, ca. 3500 m, Oktober '79).

sichtbaren Steinmann. Dann etwas rechts (westwärts) in ein geröllgefülltes Tal. Man erklimmt die linke Moräne, welche nach etwa 2 h vom B.C. in eine größere, nicht gangbare übergeht. Ca. 20 m Abstieg nach rechts zum Gletscherboden (Geröll). In leichtem Bogen nach rechts auf eine kleine Mittelmoräne. Den Lawinenhängen links weicht man nach rechts in eine große Moräne aus (nicht zu früh, da Steinschlaggefahr!) und quert unter einer soliden Felswand auf die direkte Route zurück. Wegspuren führen an den Fuß des nun sichtbaren Passes. Auf dem tiefsten Punkt (5050 m) wehen Fahnen. Der Weg dorthin ist durch einen neuen Steinschlagtrichter versperrt. Man erklimmt rechts des Passes ein Geröllfeld und steigt noch mehr nach rechts auf zu einer Schulter, ca.

5130 m, 4 h vom B.C. Nun wendet man sich nach Süden. Hart an der Felswand rechts leichter Abstieg in Schnee und Geröll, dann schwierigere Steilstufe, hier 2 x 70 m Fixseile für Träger einhängen. Unten gelangt man auf die linke Seitenmoräne des Naya Kanga Gletschers. Dieser folgt man 100 m und betritt nach rechts den fast flachen Firn, auf dem man viel schneller absteigen kann. Die linke Moräne wird weiter unten wieder betreten (Steinmänner) und man wandert durch trostlose Geröllfelder etwas hinaus, dann links (große Steinmänner). Steil hinunter über große Moräne zum **Base Camp South**, ca. 4530 m (C), 3 h vom Paß (bei guten Verhältnissen). Totale Paßüberschreitung bei guten Verhältnissen ca. 7 h. In die Ebene hinunter und über den manchmal vereisten

Bach (schöne Zeltplätze mit Windschutz!), ca. 1 h. Nun ja nicht ins weglose Tal absteigen. Leicht nach rechts und über verschiedene kleine Pässe, Weg von weitem ersichtlich, von Weide zu Weide. Viel auf und ab, Weg ruppig. Kurz vor Erreichen des südwärts verlaufenden Hauptkammes größere Weide mit Wasserstelle, **Dupku**, ca. 4200 m (C), etwa 6 h vom Base Camp South. Packlunch und Tee von dort mitführen, da unterwegs selten Wasser zu finden ist. Dem Kamm folgend bis zum Fuß der Erhebung, die von einem mächtigen, von weit sichtbaren Chörten gekrönt ist, 1 ½ h von Dupku. Weiter geradeaus, dann oberen Weg, der untere (links) führt nach Tarke Ghyang. Steil hinauf, schöner Aussichtspunkt, dann steil hinunter zu einer *kharka* (Sommersiedlung) mit

91

Dramatischer Kontrast: Aus einem herrlichen Urwald blickt man unvermittelt auf den Eisklotz des Langtang Lirung, 7246 m. Der Wind spielt um seine Grate, im Tal scheint es zu kochen (Lama Hotel, 2440 m).

E/W verlaufendem Paß, 4 – 5 h von Dupku. Nach E durch Wald absteigen zu einer Weide, dort links halten und in ½ h zum Kloster **Lagan Ghyang**, ca. 2700 m (C). Steiler Abstieg nach Gankharka (liegt auf der orographisch rechten Seite des Yangri Khola). Dort L, 2 ½ h von Lagan. Nochmals steiler Abstieg zum Yangri Khola. Rechts des Flusses zu einem Weiler mit Brücke. Dort wechselt man das Ufer. Die Brücke vor Yangri rechts liegenlassen und über Felsenweg zum verlassenen Herrschaftssitz von **Bagum**, 1500 m (C), fantastischer Platz mit uralten Bäumen, zwischen Yangri Khola und Larke Khola, etwa 5 h von Lagan Ghyang. Über den Larke Khola und steil hinauf, vorbei an einem Chörten und einer schönen *chautāro* nach Yarsa, großes Tamangdorf, 2 h von

Bagum. Auf herrlichem Höhenweg in ein Seitental des Panch Pokhari Khola (L) 1 h von Yarsa. Wieder steil auf großem Weg zu verschiedenen Weiden, einer Wasserstelle und einem weiteren Bach. Von dort kurz steil zu einer großen Sommerweide: **Chitre**, ca. 2700 m (C) 6–7 h von Bagum. Durch Wald, eine Weide und wieder Wald wendet man sich in ein wildes Seitental, etwa 2 h von Chitre. Letzter guter Lunchplatz. Steil hinauf über schön angelegten Weg durch Urwald, später Rhododendron zum Hauptkamm, Sommer-

siedlung zuoberst, Steinhaus mit Zeltplätzen: **Nosempati**, 3660 m (C), 6–7 h von Chitre. Wasser in 50 m vom Haus. Auf schönem, etwas steinigem Hangweg in 2 ½ h gemütlich nach Panch Pokhari, 4020 m (C), Hindu-

tempel, Dreizackhaufen, Wildenten, herrliche Rundsicht. Von hier führt ein Weg über Tin Pokhari zum Tilman's Col, der die Südseite des Jugal mit dem Langtang-Tal verbindet. Sehr schwierige Tour. Von Panch Pokhari in 2 h zurück nach **Nosempati**, 3660 m (C). Ein alter Weg führt links (ostwärts) dem Hügel entlang (Quelle). Ein zweiter geht steil hinauf zu einer Weide und zum Aussichtsberg Chang Samarphu, 4255 m. Der dritte geht etwas hinauf und rechts vom Aussichtsberg nach Chautara. Der vierte führt hinunter zum Panch Pokhari Khola. Auf den wackelnden Platten des dritten Wegs geht es hinauf und hinunter zu einer *kharka*, dahinter über dem Weg ein Felsen, der wie ein Krokodil aussieht, 2 h. Über eine Senke, dann links hinauf zur nächsten Weide (evtl. L, sofern Wasser vorhanden). Abwechselnd offenes Land und dichter Wald. Vorletzte Alp auf Kamm: **Hatarmar**, 3020 m (C), Wasser! Etwa 7 h von Nosempati. Über Schafweiden hinunter auf einem breiten Rücken zum Dorf Yarsa (L) 3 h, nicht zu verwechseln mit dem Yarsa vom Indrawati-Tal. Weiter gemütlich durch die neuen Wälder nach **Chautara**, ca. 2000 m (H/C), Straße nach Dolalghat, 5 ½ h von Hatarmar.

Mögliche Fortsetzungen
– mit Bus via Dolalghat nach Kathmandu zurück.

Nr. 102 (blau)   Helambu – Gosainkund – Langtang

Charakter	11 – 13-tägige Bergwanderung von Sundarijal zu den heiligen Seen von Gosainkund, ins Langtang und zurück nach Dhunche. tiefster Punkt: Sundarijal, 1400 m höchster Punkt: Laurebina La, ca. 4500 m Hauptschwierigkeiten: Schnee am Laurebina La nach Schlechtwettereinbruch
Ausrüstung	Unterkünfte auf dem ganzen Weg, außer zwischen Kutumsang und Gosainkund, wo eine Nacht unter einem Felsen verbracht wird (Ghopte). Gruppen ab 4 Personen mit Zelten, Kerosin- oder Gaskocher, genügend Brennstoff (obligatorisch für Nationalpark), eigene Verpflegung gute Trekking- oder Bergschuhe, Matratze, Schlafsack, etwas Eßwaren für Ghopte aus Kathmandu mitnehmen Bewilligung: Langtang Karte: MM Helambu/Gosainkund/Langtang (eine neue SK in Vorbereitung)
Beste Zeit	März – Juni, Oktober – Dezember
Sehenswert	Gompa in Sing, Syabru, Kyangjin Käsereien in Sing und Kyangjin Wildbeobachtungen im Langtangtal
Weg zum Startpunkt	mit Taxi/Bus von Kathmandu nach Sundarijal (1 – 2 h) Träger aus Kathmandu oder Sundarijal

Nach Überschreitung des Ganja La rasten wir auf der Alp Dupku, 4200 m.

Wegbeschreibung

Gleich nach der frühen Anfahrt von Kathmandu nach **Sundarijal**, 1400 m (TH/C) Aufstieg am alten Kraftwerk vorbei zu dessen originellem Stausee. L nach 1 ½ h in Mulkharka (TH). Weiter bergwärts durch Wald zu einem kleinen Paß (Buriang Bhanjyang, 2438 m) und auf großem Weg hinunter nach **Pati Bhanjyang**, 1768 m (C/H/CP), 6–7 h von Sundarijal. Jetzt folgt man dem Hauptkamm etwas auf und ab nach Gul Bhanjyang, 2125 m (L/H/C), 2–3 h. Auf ausgewaschenem Pfad weiter durch Wald und Wiesen bis **Kutumsang**, 2468 m (C/H), 2–3 h von Gul Bhanjyang. Erkundigen Sie sich hier, ob in Thare Pati oder Ghopte Verpflegung zu haben ist. Schöner Blick auf Hügel und Berge. Nun durch zunehmenden Wald in unbewohntes Gebiet, vorbei an den Weiden von Mangegoth, 3285 m, und Bada Karka zum Sommerdorf Thare Pati, 3597 m (L), etwa 3 ½ h. Leicht absteigend nach NW und schließlich wieder leicht hinauf zu den Höhlen von **Ghopte**, 3566 m (C), 3 h von Thare Pati. Dem Hangweg entlang zu einem Bach. Dann zunächst steil zu einigen Steinhäusern (L) nach etwa 3 ½ h. Weniger steil über Weiden und zunehmendes Geröll (Steinmänner) zum Laurebina La, ca. 4500 m. Dahinter befindet sich der erste heilige See (Bhairab Kund). Rechts davon leicht absteigend zum zweiten See. Links zum **Gosainkund**, 4312 m (H/C), der wieder rechts umgangen wird. Etwa 7 h von Ghopte. Vom See auf Hangweg zu schönem Aussichtspunkt, ½ h. Annapurna-, Gurkha-, Ganesh-, Kyirong-, Langtang Himal und meist blauer Himmel… Hinunter auf gutem Weg zu einem

Teehaus, das oft geschlossen ist. Dann entweder rechts hinunter nach Syabru, 6 h von Gosainkund, oder links nach Sing Gompa, 3254 m (L), Kloster, Käserei, 4 h von Gosainkund, und durch Wald ebenfalls nach **Syabru**, 2330 m (C/H), 3 h von Sing Gompa. Abstieg zum Seitenbach, über Betonbrücke zum Gegenhang. Um die Ecke und mitunter steil hinunter zum Langtang Khola. Nach der Talsohle (ca. 1550 m) durch schönen Wald auf dem rechten Ufer zu einer stabilen Brücke (L/TH), 3 h. Nun auf der linken Seite hinauf, hauptsächlich durch Wald zum **Lama Hotel**, 2440 m (C/H), 3 h vom Lunch. Immer auf der linken Seite durch Wald zur Riverside Lodge (C/H), etwa 1 h vom Lama Hotel. Nach weiteren 1 ½ h verläßt man den großen Wald und betritt ein trockenes Hochtal: Ghora Tabela, 3050 m (L/H/CP). Über weite Weiden zum Hauptort des Tales: **Langtang,** 3307 m (C/H), 5 h vom Lama Hotel. Herrlicher, fast flacher Weg in großartiger Berglandschaft in 2 ½ h nach **Kyangjin Gompa**, 3749 m (C/H/AP), Käserei. Hier zweimal übernachten. Ausflüge zum Tsergo Ri oder ins hintere Langtang-Tal. Rückweg auf gleichem Weg in einem Tag nach **Ghora Tabela**, 3050 m (L/H/CP), altes Militärcamp mit Pferdezucht. Einen weiteren Tag benötigt man, um auf bekannten Pfaden nach **Syabru** zu gelangen. Von dort über Hangweg hinunter nach Munga (L/TH), 3 h und in weiteren 2–3 h nach **Dhunche**, 1966 m (H/C).

Mögliche Fortsetzung

– Mit Bus nach Kathmandu
– Mit Bus nach Trisuli und mit Schlauchboot ins Terai (Rafting)

Nr. 103 (grün)   Kurzer Helambu-Trek

Charakter	leichte Bergwanderung von 7 Tagen durch die Hügel des Helambu, in geringen Höhen, startend von Nagarkot, endend in Sundarijal.
	tiefster Punkt: Indrawati, ca. 760 m
	höchster Punkt: Odang Danda, ca. 2600 m
	keine nennenswerten Schwierigkeiten
Ausrüstung	Unterkünfte auf der ganzen Strecke, Gruppen ab 4 Personen besser mit Zelten, Kocher, eigener Verpflegung
	Bewilligung: Langtang – Helambu
	Karte: MM Helambu/Gosainkund/Langtang/Ganja La (eine neue SK ist in Vorbereitung)
Beste Zeit	Oktober bis Mai durchgehend, ideal in den Wintermonaten
Sehenswert	Gompa in Shermathang, Tarke Ghyang, Melamchigaun
Weg zum Startpunkt	mit Taxi (1 h) oder Bus (2 – 3 h) nach Nagarkot, 1985 m Träger aus Kathmandu

Wegbeschreibung

Nach Genuß des Sonnenunter- und -aufganges in **Nagarkot**, 1985 m (H/C) Abstieg über Kattike Danda, an verschiedenen Dörfern vorbei nach Lamsal, ca. 1000 m (TH/L), 2–3 h. Nun wendet man sich nach N und folgt dem Indrawati. Durch Reisterrassen am linken Flußufer bis **Bahunepati**, 811 m (H/C), 2 h von Lamsal. Weiter flußaufwärts nach Malemchi Pul Bazar, 846 m (H/TH/C), 2 h. In weiterhin heißer Umgebung dem Melamchi Khola folgend nach **Talamarang**, 960 m (C/H), auch scherzhaft Garamtamang („heißer Tamang") genannt. Man überquert den Fluß und nimmt den linken, unteren Weg zu einer Gruppe Pipalbäume. Von dort sehr steil (und heiß!) hinauf durch trockenen Wald nach Palchok (TH), 2 ½ h. Hier L. Nun zum höchsten Punkt des Hügels und diesem nach N folgend. 4 h später steht man vor der schönen Gompa in **Shermathang**, 2621 m (C/H). Durch Wald auf und ab ins Herz des Helambu, **Tarke Ghyang**, 2560 m (C/H), nur 4 h. Bevölkerung: Sherpa. Steil hinunter zur Brücke über den Melamchi Khola, dann ebenso steil aufwärts nach Melamchigaun, 2560 m (L/H/C), 3–4 h von Tarke Ghyang. Vom Dorf weg in ein Seitental mit guter Hängebrücke. Nun im Wald ansteigend, rechter, steiler Weg führt nach Thare Pati, also links in Südrichtung auf den Rücken, Odang Danda, und auf dem Kamm nach **Kutumsang**, 2468 m (H/C), etwa 3 ½ h vom Lunchplatz. Auf lehmigen Pfaden etwas bergan auf den Kamm, dann hinunter nach Gul Bhanjyang, 2125 m (H/C/L). Nochmals Aufstieg über einen Rücken und steil hinunter nach **Pati Bhanjyang**, 1768 m (C/H/CP), etwa 5 h von Kutumsang. Wiederum Aufstieg von ca. 2 h zum Buriang Bhanjyang, 2438 m, und hinunter nach **Sundarijal**, ca. 1400 m (C/H), etwa 5 h, L unterwegs in einem der vielen TH.

Mögliche Fortsetzung

mit Bus oder Taxi nach Kathmandu (30 Min. bis 1 h).

11.
Rolwaling — Erinnerungen an ein verbotenes Tal

Lange Zeit galt das Rolwaling als klassisches Trekkinggebiet. Das rauhe Sherpatal und der schwierige Trashi Labtsa ins Khumbu boten einen wilden, nicht ungefährlichen Trek durch eine großartige Gebirgslandschaft. Der 5755 Meter hohe Übergang hatte überdies den Nimbus, der „schwierigste Paß Nepals" zu sein. Kürzlich konnte man nur noch mit einer Besteigungsgenehmigung für einen der Trekkinggipfel eine Wanderbewilligung für das Tal erhalten. Heute handelt es sich um „restricted area", ein verbotenes Gebiet. Den wahren Grund der Schließung hier mit Sicherheit zu bestimmen, wäre etwas vermessen — ich kenne ihn nicht und ich bin dabei in guter Gesellschaft. Seien es die Unfälle, die sich auf dem Trakarding-Gletscher infolge Steinschlags von den Moränen ereignet haben, sei es der unschwierige Manlung La, der einen relativ problemlosen Zugang nach Tibet verspricht, sei es das ungünstige zahlenmäßige Verhältnis von Lokalbevölkerung und fremden Besuchern oder die zunehmende Geschäftstüchtigkeit der Rolwaling-Sherpa — das Tal ist zu, wegen „zu" geschlossen. Trotzdem möchte ich darüber schreiben, ist doch eine Lockerung der Bestimmungen in naher Zukunft nicht auszuschließen.

Schon von Kathmandu aus kann der Betrachter erahnen, wo das Rolwaling liegt: am Fuße des mächtigen Doppelgipfels des Gaurisankar. Dieses 7146 Meter hohe Massiv erscheint rein optisch als die höchste Erhebung in der Himalajakette und wurde lange Zeit sogar für den höchsten Berg der Welt gehalten.

Steigt man vom bevölkerungsreichen Tal des Tamba Kosi hinauf ins Rolwaling, so betritt man ein fast menschenleeres, herbes Hochtal. Die abweisenden Flanken des Gaurisankar lassen ein Gefühl der Enge und der Bedrücktheit aufkommen. Der Weg ist wild. An manchen Stellen liegen kunstvolle Holzsteige an steiler Felsenwand und laden zu akrobatischen Einlagen. Mischwald und Rhododendren hüllen alles in grüne Ruhe, die da und dort durch das Tosen der Gletscherbäche unterbrochen wird. Schon habe ich das Gefühl, da komme gar kein Dorf mehr, immer wilder und enger wird es. In den schroffen Fels-

Aus dem Schnittpunkt der Linien scheint Rauch aufzusteigen (Tsho Rolpa, 4534 m).

Chhetrini (Biguti, 950 m).

wänden ziehen die Nebel gespenstisch hinauf. Spielleiter größerer Wagner-Opern könnten sich hier Ideen für passende Bühnenbilder holen.

Dann – Beding, das einzige ganzjährig bewohnte Dorf. Es liegt an einem engen, aber sonnigen Platz. Die gewaltige Wandflucht des fast doppelt so hohen heiligen Berges lassen den Betrachter klein erscheinen, so klein beinahe, daß seine Probleme und Gedanken wie Schnee an der Sonne zu schmelzen beginnen. Die Sherpa von Beding leben von Viehzucht, Ackerbau, Tauschhandel und vom Tourismus, wenn auch weniger als auch schon. Jeweils im Sommer überqueren sie den Manlung La, um in den tibetischen Tälern dahinter Yak einzukaufen. Ebenso wird nach Na ausgeströmt, wo auf 4200 Metern noch Kartoffeln geerntet werden. Auch bieten die fruchtbaren Moränenböden entlang der zahlreichen Gletscherzüge willkommene Weideplätze für die stämmigen Grunzochsen.

Hinter Na münden noch zwei eher wilde Zugangswege ins Haupttal des Rolwaling. Es sind dies der Yalung La, 5310 m, von Suri Dhoban am Tamba Kosi erreichbar, und der Bigphera La, 5496 m, ein schwieriger und schwierig zu findender Paß, zu dem man vom Likhu Khola oder von Junbesi her aufbricht. Über diese zwei Pässe gelangt man direkt in die großartige Gletscherlandschaft des oberen Rolwaling, wo sich die geröllbeladenen Eismassen des Ripimo Shar und des Trakarding am Fuße des Tsoboje die Hand reichen. Nach den lieblichen Feldern und Weiden von Na und den wohlduftenden *sunpāti* (sun = Gold, *pāti* = Blatt; eine Zwergrhododendronart) folgt mit dem graugrünen Tsho Rolpa, ein eindrucksvoll großer Gletschersee, der abrupte Übergang in eine Einöde, die nur vom weißen Umriß des Likhuchuli (vormals Bigphera-Go) erhellt wird.

Lama Trashi, ein Rimpoche des Klosters Thame, von dem der Name des Hauptpasses am Talende abgeleitet wurde, hat die herunterfallenden Steine auf dem Weg dorthin gebannt. Während wir schon vor Sonnenaufgang unter der schwerbeladenen Moräne über das Geröll wackeln, warten unsere Träger aus Beding auf die Sonne und damit den Steinschlag. Ihnen kann offenbar nichts geschehen, die Geschosse sind gebannt.

Gletscherpässe, wie der Trashi Labtsa, können ihr Gesicht mitunter schlagartig verändern. Einmal Trittschnee, einmal Blankeis, einmal Spalten, einmal kompakter Firn. Der Einstieg in den Drolambao stellt manchmal größere Probleme, manchmal gibt er sich gütig. Heute haben wir Glück. Zwar schneite es vor ein paar Tagen beachtliche Mengen und die Spurarbeit ist mühsam, die Schwierigkeiten halten sich jedoch in Grenzen. Aufgrund unserer dreitägigen Akklimatisationsphase meistern wir die Höhe auch ohne Zwischenfälle. Eine Anpassungspause lohnt sich bei solchen Unternehmungen immer. Das Angenehme kann dabei mit dem Nützlichen verbunden werden. Während man die Talschaft erkundet, Gipfel besteigt oder Wild beobachtet, gewöhnt sich der Körper allmählich an die dünne Luft, der Aufstieg zum Paß kann müheloser bewältigt werden und die Gefahr einer Höhenkrankheit ist zwar nicht gebannt, jedoch weniger akut.

Langsam gewinnen wir an Höhe. Am Himmel ziehen dünne Wolkenschichten vorüber und schützen uns etwas gegen die stechende Sonne. Die Paßmulde wird sichtbar — wenig später blicken wir in das Gipfelmeer des Khumbu, ein einmaliger Augenblick, der sogar den kalten Wind einen Moment lang vergessen läßt. Unser Picknick essen wir jedoch etwas unterhalb in einer Felshöhle, die als Basislager für den Parcharmo dient. Der Abstieg erfordert noch einige Aufmerksamkeit, sind doch unter der Schneedecke einige glatte Felsplatten versteckt. Ein Seil verschafft die nötige Sicherheit für die unermüdlichen Träger und Trägerinnen. Trotzdem kollert ein *doko* einige Meter den Hang hinunter und die Metallkiste mit den Medikamenten bahnt sich wie ein verlorener Bob einen eigenen Weg ins Khumbu.

Bald löst das Geröll die weiße Pracht wieder ab und bei einer Felshöhle, oberhalb der geheimnisvollen Seen, finden wir eine Bleibe. Ram setzt den Gaskocher in Gang, Nyima Dorjee, Ngawang Cheme und Sirdar Ang Temba stellen die Zelte auf, Dorjee, der *nāike* (Trägerchef) aus Beding, stellt seine Last auf einen Stein und murmelt Gebete. Alle sind da.

Nr. 111 (rot) Rolwaling – Trashi Labtsa

Charakter	schwieriges Bergsteigertrekking von 16 – 18 Tagen, von Charikot (Straße Kathmandu – Jiri) durch das Rolwaling und über den 5755 Meter hohen Gletscherpaß Trashi Labtsa ins Khumbu, mit Besteigung des Parcharmo, 6273 m, Abstieg nach Luglha (Khumbu)
	tiefster Punkt: Tamba Kosi, 880 m
	höchster Punkt: Trashi Labtsa, 5755 m, oder Parcharmo, 6273 m
	Hauptschwierigkeiten: – Erhalt der Bewilligung! – Steinschlag in den Moränen des Trakarding Gletschers – Höhe – Auf- und Abstieg am Paß, je nach Verhältnissen
Ausrüstung	Lodges und Teehäuser bis Beding vorhanden, dann bis Thame unbewohntes Gebiet. Verpflegung aus Kathmandu. Hochgebirgsausrüstung, Pickel, Eishammer, Eisschrauben, Karabiner, Partieseile und 2 x 50 m Fixseil, Kerosin- oder Gaskocher mit Brennstoff
	Bewilligung: Besteigungsgenehmigung für Parcharmo und Ramdang Trekking Permit Khumbu
	Extension: Charikot, Beding
	Karten: SK Blätter Lapchi Kang, Rolwaling Himal, Khumbu Himal, Shorong/Hinku
Beste Zeit	Oktober – November, April – Mai
Sehenswert	Gompa in Beding, Thame, Nauche, Phakdingma Mani Rimdu in Thame im Mai
Weg zum Startpunkt	mit Bus von Kathmandu nach Charikot. Träger bis Beding dort. In Beding Hochgebirgsträger (Sherpa) bis Thame, dann Tragtiere oder Träger bis Luglha

Wegbeschreibung

Von **Charikot**, 1998 m (H/C/CP), in weitem Bogen absteigen nach Dolakha (TH). Steil hinunter zum Tamba Kosi, ca. 880 m. Durch subtropische Vegetation nach Malephu und **Biguti**, 950 m (C/H), 5–6 h. Dem Fluß nach durch Felder und Wald. Der Weg ist weder auf der SK noch der MM zu finden. (L) nach Überschreitung des Sangawa Khola. Der Tamba Kosi wechselt seinen Namen. Von hier bis zur Nordgrenze heißt er Bhote Kosi (bhot = Tibet). Bei Tenkhu über die Brücke und auf dem rechten (östlichen) Ufer nach Suri Dhoban, 1024 m (TH/C).

Leicht ansteigend bis **Manthale**, 1120 m (TH/C), 7–8 h von Biguti. Man wechselt wieder auf die linke (westliche) Seite des Bhote Kosi und erreicht in ca. 3 h Gongar, 1240 m (L/H/C). Das Tal wird enger. Nach Chetchet über die Brücke, danach rechts und sehr steil zum Sherpadorf **Simigaon** (sh: Dakchö), 2019 m (H/C), 7–8 h von Manthale. Durch dichter werdenden Wald zur Alp Shakpa, ca. 2600 m (TH), schöne Rundsicht. Von hier kann auch der Weg über den Daldung La, 3976 m, in Richtung Beding gewählt werden. Schwierig zu finden, aber grandiose

Bergsicht. Nach Shakpa weiter durch Rhododendren ins Rolwaling-Tal. Sicht auf Gaurisankar (tib: Jomo Tseringma), 7146 m. Romantischer Weg zu kleineren Rodungen bis **Gyalche**, ca. 3000 m (C), 6 h von Simigaon. Dem Hang entlang zur Brücke, ca. 1 h, dann auf der linken (nördlichen) Seite des Rolwaling Chhu (tib/sh: chhu = Wasser, Bach) durch dichten Wald und unter Felsen zu einigen Sommersiedlungen und nach **Beding**, 3693 m (H/C), 4 h von der Brücke. Auf herrlichem Pfad mit schönen Ausblicken zum Sommerdorf von **Na**, 4183 m (C) 4 h. Hier zwei bis drei Ruhetage, Ausflüge zur Berggompa, zum Ripimo Gletscher und zur Yalung Alp mit evtl. Besteigung von Yalung Ri, 5630 m, und/oder Ramdang Go, 5930 m (mit entsprechender Bewilligung). Bei Na über die kleine Brücke und hinauf nach Sangma, 4310 m. Nach diesen Steinhäusern auf der rechten (südlichen) Seite des Trakarding Gletschers zu den Weiden von Kabug, später **Kyidug Kongma**, ca. 4800 m (C), 3–4 h von Na. Die wegkundigen Sherpa oder Träger aus Beding werden den Durchschlupf auf den Trakarding Gletscher finden. Danach quert man in mühsamer Arbeit auf die linke (nördliche) Seite des geröllbeladenen Firns. Der Weg führt nicht mehr, wie auf der SK vermerkt, über die Felsen von Hacha Dubgog, sondern folgt dem Trakarding bis zum Ausfluß des Drolambao Gletschers. Dort befindet sich auf einer erkletterbaren Felskanzel ein flacher Platz: **Drolambao Camp**, ca. 5000 m (C). Von dieser Kanzel nach rechts hinauf durch ein meist vereistes Couloir (40-m-Fixseil). Darüber folgt der eigentliche Gletscherbruch, manchmal

Der „Weg" zum Trashi Labtsa ist steinig, kalt und lang (Trakarding, ca. 4800 m).

ohne Seil und Stufen möglich, manchmal jedoch Gegenstand größerer Arbeiten, um die Route speziell für die Träger gut zu sichern. Auf etwa 5200 m gewinnt man den weitern Drolambao-Gletscher. In einer arktischen Landschaft bis Khabuk, ca. 5420 m. Rechterhand (östlich) folgt eine weitere, weniger schwierige Gletscherstufe mit vielen Spalten. Nahe den Felsen des Kang Tegi Rau (auf SK: Tengi Ragi Tau) findet sich ein Durchgang. Dann wieder einfacher über Firnfelder zum **Trashi Labtsa**, 5755 m (C) Felshöhle auf der Khumbu-Seite, 7–9 h von Drolambao Camp. Von der Paßhöhe

auf steilen Firn- und Eisflanken bis 6273 Meter hohen Gipfel des Parchamo. Versteckte Spalten und Schneebretter bilden die Hauptgefahren. Schöne Aussicht nach W und E. Vom Paß ca. 6 h, je nach Verhältnissen und Höhenform. Abstieg und Camp beim Paß. Nach der Felshöhle über zwei steile Firn- oder Felsstufen auf eine Moräne, Fixseile für Träger, max. 80 m. Auf Geröll und einzelnen Felsplatten hinunter. Bald sieht man einige kleine Seen, davon einer auffallend weiß und ein anderer schwarz. Auf zunehmend grasbewachsenen Schuttfeldern hinaus zur Sommerweide

Thengpo, 4320 m, 5–7 h vom Paß. In herrlicher Umgebung auf gutem Weg nach Thame. Es lohnt sich, den Nachmittag für die Besichtigung des Klosters (Thame Gonda) aufzuwenden. Dann Abstieg zum Dorf: **Thame Og**, 3800 m (H/C/CP). Hinunter zum Nangpo Tsangpo und über die Brücke ans linke Ufer. Auf herrlichem Höhenweg mit jungen Mischwaldbeständen nach **Nauche** (np: Namche Bazar, tib: Naboche), 3440 m (H/C/CP/AP in Syampoche), 3 ½ h von Thame Og. Abstieg zum Imja Drangka, Brücke, 2850 m, dann hinauf auf neuem Weg (der alte auf der linken Seite des Dudh Kosi wurde im August 1985 weggeschwemmt) nach Monjo, 2845 m (H/C), Büro des Sagarmatha-Nationalparks. Jorsale (SK + sh: Thumbug) läßt man rechts liegen. Nun alter Weg bis Bemkar, auf Notbrücke über den Fluß und auf dessen linker (westlicher) Seite bis Phakdingma. Neuer Weg von Chumo (H) rechtsufrig (östlich) mit großen Höhendifferenzen nach Phakdingma, 2640 m (H/L/C), 4–5 h von Nauche. In weiteren 3 h über Ghat, Cheplung (sh: Lomdza) (H/C) nach Chaunrikharka (sh: Dungde), 2674 m (H), von dort auf linkem (oberen) Weg nach **Luglha**, 2834 m (H/C/AP).

Mögliche Fortsetzungen

– Flug nach Kathmandu

– Trek nach Tumlingtar und Flug nach Kathmandu (siehe Nr. 123)

– vor Abstieg nach Luglha von Nauche zum Kala Pattar und nach Luglha zurück

– Trek nach Phaphlu und Flug nach Kathmandu

– Trek nach Jiri und mit Bus nach Kathmandu (siehe Nr. 121).

12. Wege ins Khumbu

Von Jiri nach Luglha – stetiges Auf und Ab

Der anstrengendste und gefährlichste Moment dieser Route ist sicher die Busfahrt von Kathmandu nach Jiri. Bis Lamosangu werden noch nicht viele Ansprüche an Geduld und Durchhaltevermögen gestellt und die dortigen kleinen Teehäuser servieren beachtliche Mengen *dāl bhāt* mit Blick auf den fischreichen Bhote Kosi. Aber nach der Stärkung wird es spektakulärer. Zunächst keucht die Maschine die unzähligen Kehren oberhalb der massiven Stahlbrücke hinauf und später biegt die Straße notgedrungen auf fast gleicher Höhe bleibend in jedes Seitental ein, wobei die an den linken Fenstern sitzenden Fahrgäste kurze Ausblicke auf die Schneeberge im Norden genießen können. Nach Charikot, wo sich der Blick zum Gaurisankar öffnet, ist vermutlich das Sitzleder durchgeritten und die Aufnahmefähigkeit der meisten Touristen am Ende. Auf dem Gang zum Checkposten werden Sie vielleicht von Moskitos belästigt, die mit der Straße hier Einzug gehalten haben. Den Rest der Fahrt erlebt die Mehrzahl der Wanderhungrigen im Halbschlaf, wobei die kühne Talfahrt zum Tamba Kosi und der Wiederaufstieg nach Mainapokha-

ri verpaßt werden. Dort befindet man sich inmitten eines immensen Hügelgebietes und leicht kann der Nimmermüde Newar-, Chhetri-, Gurung- und Sunwarhäuser übereinander erkennen, sofern die Nacht nicht schon alles verdeckt. In Jiri jedenfalls sinkt man nicht grundlos müde in den Schlafsack.

Den Weg nach Luglha als „vergessen" zu bezeichnen, wäre etwas übertrieben. In straßen- und flugzeugloseren Zeiten starteten die Expeditionen von Bhaktapur oder später von Lamosangu in die Gefilde der Sherpa, heute bevorzugen die zeitknappen Touristen den Flug nach Luglha. Nun bringt die Schweizer Straße nach Jiri wieder eine Belebung und die Attraktivität des Anmarschs stieg in gleichem Maße, wie er durch die Straße verkürzt wurde. Auch sieht man wieder mehr Einheimische auf der Route östlich von Jiri. Die Wanderung von Lamosangu nach Jiri kann zwar noch gemacht werden, jedoch gibt es Gescheiteres zu tun, als einer Straße entlang zu wandern. Allen jenen, die sich im oberen Khumbu in den Seitentälern auf 4000 und 5000 Metern tummeln möchten, sei dieser interessante Weg ab Jiri schon der Akklimatisation wegen dringend empfohlen.

Die ersten Schritte einer längeren Wanderung sind immer etwas Besonderes. Das Gefühl, von Jiri zu den

höchsten Erhebungen dieses Erdballs aufzubrechen, ist jedoch einmalig. Ist einmal alles gepackt und die Schuhe gebunden, kommt der Moment in Blitzesschnelle: die ersten zaghaften Schritte, die Suche nach einem gleichmäßigen Rhythmus – und die Gedanken haben freien Lauf. „Endlich unterwegs!" mögen die einen ausrufen. Die Kenner genießen den Übergang zur Beschaulichkeit. Diese ist schon in den jungen Wäldern zu finden, die oberhalb von Jiri den Pfad säumen. Die Weiten der umliegenden Hügel tragen ebenfalls zur Beruhigung bei und ein Halt in einem *chiyā pasal*, einem Teehaus, läßt die Zeit vergessen. Schritt für Schritt entfernt man sich von Lärm und Zivilisation und scheint selbst ein Stück Natur zu werden.

Auf und Ab beherrschen diese Region, welche von Nord-Süd verlaufenden Tälern und Hügeln geprägt wird, während der Weg von West nach Ost führt. Der erste Abstieg schwingt sich in ein kleines, felsiges Tal hinunter, wo die ersten Felder und Terrassen auffallen. Der Weg dient in der Vormonsunzeit teilweise als Wasserleitung, darum sein manchmal ausgewaschenes Gesicht. Man benutzt mit Vorteil den Hauptweg und nicht die Seitenarme und Abkürzungen, um nicht unnötig der Erosion Vorschub zu leisten. Shivalaya winkt am Talende, ein liebliches Dorf, von Gurung und den ersten Sherpa bewohnt. Die Gurunghäuser sind etwa so gebaut, als ob die Bewohner nur einen Meter zwanzig groß wären. Das aufmerksame Beobachten von Türrahmen und Balken verhindert dumpfes Aufschlagen des Kopfes. Setzen Sie sich einmal während einer Viertelstunde und folgen Sie dem Treiben auf den Gassen. Sie werden Dinge bemerken, die Sie beim bloßen Abschreiten der Dorfstraße nicht unbedingt sehen würden. Der Geruch würziger Kochkunst schleicht vielleicht um die Ecke und lenkt vom Gegacker der unzähligen Hühner ab. Ein alter Mann raucht eine Zigarette und reicht sie später halbfertig seiner Tochter weiter, die das Rauchopfer beendet, während sie ihr Kleines säugt und an einer Pfanne hantiert. Der kleine Ofen ist sehr nett mit Lehm angestrichen und Holz dient als Energielieferant. Einzelne Sherpatrachten kündigen schon hier jenen Volksstamm an, der von nun an die Szene beherrscht. Ein anderer Weg führt übrigens von Jiri südwärts durch pittoreske Landschaft und Wälder über Kattike ins schmucke Dorf Those, wo Newarhäuser und wenige Handwerker bei der Arbeit bewundert werden können. Von Those folgt man dem Khimti Khola hinauf nach Shivalaya. Lehmige Pfade und Wald stechen beim Aufstieg zum Deorali ins Auge, hier tummeln sich während des Monsuns viele Blutegel und mancher hat hier beim Abstieg auf schmieriger Unterlage einen Intensivkurs im Skifahren durchgemacht. Der Auftakt des Passes ist steil, weiter oben kommen gemütlichere Gefilde. Der Weg ist breit genug. Wird es zu steil, kann man seine Kehren ausdehnen. Auf der Paßhöhe gehen Sie richtigerweise links an der gewaltigen Manianlage vorbei. Dort ist auch

eine Auswahl Teestuben und Einkehren zu finden, wo sich manchmal die Nepali in stundenlangen „Tiger- und Schaf"- Partien ergeben. Dieses Spiel müssen Sie erlernen! Unterwegs werden Sie mit Ihren einheimischen Begleitern manche interessante Stunde verbringen. Die meisten Nepali sind in der Lage, *bāgh chhal* zu erklären.

Das nächste Dorf heißt Bhandar. Es kündigt sich durch mehrere Manimauern und zwei große Chörten an. Die Ebene von Bhandar ist sehr fruchtbar, Reisfelder und beachtliche Kuhherden können angetroffen werden. Für jene, die zelten, ist unterhalb

des Dorfes Platz genug. Von nun an sind wir definitiv im Sherpagebiet und nur mit wenigen Ausnahmen sind nun alle Dörfer von diesem Stamm bewohnt. Die erste finden wir gleich unterhalb von Bhandar, wo am Ende des kleinen Tales Wasser im Überfluß Mühlen über Mühlen antreibt. Es lohnt sich, das komplizierte Kanalsystem der Chhetri von Tharo Khola zu studieren. Weiter unten rauscht der Likhu Khola, ein beachtlicher Fluß, der seine Wasser dem Sapt Kosi zuleitet. Mit 1520 Metern erreicht man auch den tiefsten Punkt der Wanderung. Wir wechseln das Ufer und

Die Distriktshauptorte gleichen sich alle ein wenig (Okhaldhunga, 1800 m).

101

Schafe grasen auf den kargen Hängen des Solu (zwischen Junbesi und Solung, 2800 m).

unterbrechen, von wo abends ein Blick zurück zum Deorali und zur Terrasse von Bhandar das Gefühl vermittelt, heute gute Arbeit geleistet zu haben. Oberhalb von Sete weist der Weg überraschend wenige *chautāro* (np. für Rastplätze) auf, jene Steinmauern also, auf denen die Träger während der Pausen ihre Lasten abstellen. Es überrascht deshalb, weil der Weg sehr lang und anstrengend ist und zudem sehr stark frequentiert wird. Vielleicht sehen Sie einige Jiriel, die Nudeln nach Nauche bringen oder Tibeter, die überdimensionale Jutesäcke, gefüllt mit Wolle, nach Chalsa tragen, wo die Flüchtlinge daraus Teppiche knüpfen. Probieren Sie einmal, einen solchen Wollensack anzuheben, der Träger wird Ihnen dann sagen, wieviele *dhārni* (ca. 2 ½ kg) er wiegt. Sie werden auf alle Fälle mit Ihrem Rucksack sehr zufrieden sein und viel leichtfüßiger zum Paß eilen! In Dakchö öffnet sich zwischen Hemlocktannen ein Blick nach Norden, wo die weißen Wände von Numbur und Khatang sich vom Grün der Nadeln abheben. Der Numbur, 6959 m, wird von den Sherpa auch Shorong Yul Lha genannt, Schutzgott des Shorong oder Solu – ähnlich dem Khumbui Yul Lha oberhalb von Nauche, dem Schutzgott des Khumbu. Wir befinden uns nun im Solu, östlich des Tragsindo La folgt das Pharag und nördlich von Nauche sprechen wir vom Khumbu. Das Ganze ist politisch im Distrikt Solukhumbu mit Hauptort Salleri zusammengefaßt. Während die Khumbu-Sherpa durch die härteren Lebensbedingungen in großer Höhe eine rauhere Erscheinung vermitteln, beherrschen eher feinere Züge die Gesichter der Solu-Bewohner. Trifft man aber einen

gleichzeitig die politische Zone, von Janakpur nach Sagarmatha.

Kenja ist eine jener bezaubernden Mischsiedlungen, wo die einzelnen ethnischen Gruppen ihre Eigenart und ihren Baustil konservieren. Am Dorfeingang finden sich die tiefen arischen Hindukasten der Kami (Eisenschmiede), Sarki (Schuhmacher), Damai (Schneider) und Sunar (Goldschmiede). Dann folgen die Häuser der hochkastigen Chhetri (Krieger) und einige hinduistische Newar. Dar-

unter mischen sich mongolischstämmige Gurung und einzelne Sherpa, alles auf kleinstem Raum.

Rund 2000 Meter Anstieg warten auf den Wanderer, bis er auf dem windigen Lamjurapaß steht, aber es wartet auch der punkto Flora und Fauna reichhaltigste Teil des Treks. Zwischen Kenja und Sete habe ich schon im Januar rote Rhododendren gesichtet, und im März und April mehrt sich die Pracht bei zunehmender Höhe. Es ist klug, den langen Aufstieg in Sete zu enorm schnell sprechenden Sherpa, den man nicht richtig einzuteilen vermag, so stammt dieser mit an Sicherheit grenzender Wahrscheinlichkeit aus dem Pharag.

Der Lamjura ist einer der wenigen Pässe, auf dessen Paß-Höhe man schließlich absteigt. Vor dem Kulminationspunkt aber begegnet man noch einigen Sommerhäusern, wo während des Monsuns einige Sherpafamilien hausen. Zu dieser Zeit wird dort herrliche *chhāuri*-Milch und *dahi* (Yoghurt) ausgeschenkt. Was *chhāuri* sind, lesen Sie weiter hinten. Im Winter kann der Lamjura wegen Schneefall sehr unangenehm werden. Eine gute Ausrüstung ist deshalb zwischen Dezember und Februar angezeigt.

Eindrücklich präsentiert sich der feuchte Wald auf der Ostseite des Pas-

Chörten in Sete, 2575 m.

ses. In dieser Region fallen nahezu vier Meter Niederschlag im Jahr, davon rund zwei Drittel während Juli und August. Moose und Flechten bedecken die mächtigen Tannen, Farne geben dem Unterholz einen urweltlichen Charakter. Vielleicht fällt Ihnen am linken Wegrand unterwegs ein Stein auf, der von einer grotesken Rille durchzogen ist. Ein Dreizack, Blumenreste und rote Farbe verraten, daß es sich um einen Hinduschrein handelt.

Wandern besteht ja nicht nur aus Gehen, auch Stehen oder Sitzen gehören dazu. Letzteres tut man mit Vorteil in der Himalayan Trekkers Lodge, dem ersten Rasthaus nach dem Paß. Wenn es einen Guide Michelin für Nepal gäbe, so verdiente diese einfache Bleibe einen Stern. Kisten und andere Überreste früherer Expeditionen, die auch hier durchgezogen sind, oder an denen der Inhaber teilgenommen hatte, vermitteln das prickelnde Gefühl, daß man sich dem höchsten Gipfel dieser Erde nähert. Der Mount Everest wird heute in Nepal nur noch mit Sagarmatha (Mutter der Meere) bezeichnet, wie Everest auch ein künstlicher Name, aber nepalesischer. Beide sind zwar schöner als die frühere Bezeichnung „Peak XV", ersetzen aber die unter Tibetern und Sherpa gebräuchliche „Chomo Longma" (Göttliche Mutter des Windes) nicht ganz. A propos Wind, in Tragdobuk können Sie beobachten, wie effizient die Sherpa ihre Gebete in den Äther senden. Auf dem großen Felsen am Weg dreht sich eine Gebetsmühle effektiv in Windeseile – sofern es windet. Junbesi erhielt seinen Namen von seiner Form und Lage, wie ein Halbmond liegt es am Fluß. Nepali *jun*

heißt Mond, *bensi* oder *besi* (Tiefland) wird oft an die Namen jener Orte angefügt, die in der Talsohle am Ufer eines Flusses liegen (vgl. Syabru Bensi, Khorlak Bensi, Bensisahar etc.). Eingerahmt von Koniferenwäldern bilden die alten Sherpahäuser am oberen Dorfrand fast ein lebendes Museum. Weiter unten erinnern die Gebäude im

Rhododendron (Lamjura, 3530 m).

modernen Stil an zu hoch geschossene Salate. Eineinhalb Stunden nördlich von Junbesi befindet sich ein äußerst interessanter Ort: Thupten Chöling Gonda, auf der Schneiderkarte als Phukmoche markiert. Der Abt des Klosters, Tushi Rimpoche, gilt als die höchste Reinkarnation, die im Solukhumbu lebt. Er war es, der die Mani Rimdu Feste einführte, nachdem er Masken und Kostüme aus Rongphu, einem Ort nördlich des Everest, mitgebracht hatte.

Nachdem der Flugplatz von Phaphlu vergrößert wurde und er bald mit vermehrter Bedienung rechnen darf, lohnt sich auch ein Flug dorthin, um eine Khumbu-Trek von dort zu starten. Bis zum Dudh Kosi bleibt zwar noch ein Paß zu überqueren, aber ein Flug wird niemals die Verfassung ver-

103

mitteln, in der sich der Wanderer nach dem Anmarsch von Jiri befindet. Selbst, wenn Phaphlu angeflogen wird, bezahlt sich ein kleiner Umweg über Junbesi, obwohl ein direkter, breiter Weg vom Landeplatz in Richtung Tragsindo La führt. Von Junbesi steigt man durch einen wunderschönen Wald, der an seinem Ende eher willkürlich durchforstet wurde. Es folgen einige kleinere Bauerngüter, während der Pfad sanft ansteigt. Mehr und mehr wechseln sich steile Weiden und Waldreste ab. Nach dem letzten Waldstück sollten Sie den Atem anhalten. Bei klarer Sicht öffnet sich ein grandioses Panorama: Sagarmatha, Tramserku, Kang Taiga, Kusum Kangguru, Makalu, Mera und Naulekh reihen sich von links nach rechts über die lieblichen Hügel des Solu. In Solung, auf einer Sonnenterrasse gelegen, leben die Bewohner von Viehzucht und Ackerbau. Kartoffeln, Weizen und Gerste werden angebaut, unten in Ringmo zieren Apfelbäume die Felder, eine Kulturart, die erst vor wenigen Jahren hier angesiedelt wurde. Einen guten Tagesmarsch nördlich von Ringmo, durch dichte Wälder und Sommerwiesen, liegt der geheimnisvolle Dudh Kund am Fuße von Numbur, Khatang und Karyolung, eingebettet zwischen steilen Flanken und der Seitenmoräne des gleichnamigen Gletschers. Dieser See bildet für Hindu und auch Buddhisten ein Heiligtum. Während die Hindu aus Nepal und Indien herpilgern und ihre *trishul* (hi/np: Dreizack) zwischen die Blumen stecken, halten die Sherpa im Sommer jeweils eine pompöse *puja* (np: Gebetsritus) mit vielen *lama* (tib: Mönche) ab. Der Weg dorthin ist zwar lang, aber er führt in eine paradiesi-

sche Hochgebirgslandschaft. Bis Rowuche benutzte man übrigens früher diesen Weg, um über verschiedene kleinere Pässe ins Dudh Kosi zu gelangen. Die heutige Route erreicht man schließlich in Ghat.

Zurück in Ringmo fällt Ihnen vermutlich der originelle Wegweiser auf: RINGMO THIS VILLEGE, einer der wenigen in ganz Nepal. Im Dudh Kosi finden sich zum Teil an sichtbaren Stellen rote Schilder mit der zuversichtlichen Aufschrift „Way to Everest Base Camp". Der Tragsindo La (tib/sh:*la* = Paß) trägt von dieser Seite keine Probleme an Sie heran, außer vielleicht das verführerische Angebot der Käserei, die sich zehn Minuten unterhalb der Paßhöhe in einem herrlichen Mischwald versteckt hält. Man versichere sich aber vor Betreten des Geländes, ob die grimmigen Mastiffhunde auch wirklich angekettet sind. Im Winter oder an einem verregneten Monsuntag bietet das Kaminfeuer jene Behaglichkeit, die für den Genuß von Käse eben nötig ist. Den Rotwein muß man aber selbst mitbringen. Es handelt sich um ein Schweizer Projekt, welches inzwischen in die Hände geschulter Nepali gegeben wurde. Warum allerdings das, was sich um die Löcher herum befindet, kein „Yak-Käse" ist, erkläre ich erst im nächsten Kapitel.

Kaum haben Sie die Käserei verlassen und ist das Gebell der Hunde verhallt, wird die Sicht nach Osten, tief hinunter ins Dudh-Kosi-Tal Tatsache: 1500 Meter unter Ihnen rauscht der Fluß gen Süden, wo er sich mit dem Sun Kosi vereint. Nur 140 Meter unter Ihnen glänzt der quadratische Bau der Tragsindo Gonda in der Sonne, ein kleines Kloster, dessen Haupttempel

schuhlos besichtigt werden kann. Auf dem Weg durch den Wald nach Manedingma werden gegenüber die Häuser von Siteling und Kunduruk sichtbar. Dort wohnen Magar, Angehörige eines innerasiatischen Stammes, der vor den Sherpa nach Nepal eingewandert ist. Ein anderes ethnisches, aber auch klimatisches Archipel kann in Jubing bewundert werden. Dort wohnen Rai, mongolische Menschen mit ebenmäßigen Gesichtszügen. Sie bevölkern die tieferen Lagen Ostnepals und sprechen eine ulkig anmutende Sprache, etwa so, wie wenn man mit dem Senderwähler zügig das Kurzwellenband abfahren würde. Zusammen mit den noch weiter östlich ansässigen Limbu gehören die Rai zur urnepalesischen Rasse der Kiranti. Im Gegensatz zu den durchwegs buddhistischen Sherpa hängen die Rai der hinduistischen Lehre an, wobei auch gewisse Mischformen mit lokalem Götterglauben beobachtet werden können. In Jubing stehen wunderschöne, niedliche Steinhäuser inmitten von Mandarinenbäumen und Bananenstauden. Die mit Felsen eines Bergsturzes übersäten Felder tragen Reisgarben und im Dorf grunzen nicht etwa Yak, sondern schwarze Schweinchen, genannt *sungur*. Eine Stunde weiter oben scheint man auf einem anderen Planeten zu stehen, alles hat geändert! In Kharikhola leben wieder Sherpa in ihren typischen Häusern, die subtropische Dominanz ist verschwunden, Mais, Gerste und Kartoffeln gedeihen, Gebetsfahnen flackern an den Masten und Chörten bewachen den Weg. Sie sind im Pharag. Der neue Weg über Bupsa entschärft den neuerlichen Aufstieg etwas. Die Lodge in Kharte hat ihren Sitz nach Bupsa verlegt, andere sind weiter oben wie Pilze aus dem Boden geschossen.

Zwischen Bupsa und Surke durchquert man einen Wald, oder besser, was davon übrig geblieben ist. Im Frühling 1984 wurde er durch Brand kurzfristig in eine Holzkohlewüste verwandelt. Heute überwiegt wieder

Kupfertopf (Changba).

das Grün, aber die schwarzen Stämme geben stummes Zeugnis ab. Leider können wir nicht verstehen, warum mit dem Wald hier und in anderen Teilen des Landes so sorglos umgegangen wird. Unterhalb des Khari La wird der Blick frei nach Norden, wo der Khumbui Yul Lha, volkstümlich einfach Khumbila genannt, von Cho Oyu, 8153 m, und Gyachung Kang, 7922 m, eingerahmt scheint.

Versuchen Sie einmal eine Zwischenverpflegung mit *tsampa* (tib/sh: Mehl, meist Mehl gerösteter Gerste). Es gibt

zwei Zubereitungsarten: mit viel Tee und Butter zu einer porridgeähnlichen Paste angerichtet, heißt *chamdur*. Mit wenig Tee zu Klumpen geknetet, heißt *phak*. Es schmeckt besser und ist viel nahrhafter als Biscuits.

Der alte Weg wird noch von den nach Nauche strebenden Rai aus dem unteren Hunku benutzt. Er ist im Abschnitt „Hile/Tumlingtar-Luglha" beschrieben.

Jeden Morgen, bei Flugwetter, surren eine oder mehrere Twin Otter das Dudh Kosi hinauf und hinunter und man wundert sich, wo diese Maschinen denn ihr „Nest" haben, denn in den steilen Berghängen scheint kein Landeplatz gegeben. Vom Chutok La aber wird man eines grünen Streifens gewahr, der sich in den anschließenden Hotels zu verlieren scheint: Luglha Airport, das Ziel der letzten Tage. Nebst schlechtem Wetter behindern vornehmlich Wind, Schnee auf der Piste oder Bodennebel in Kathmandu den Fahrplan. Zwischen Ende Juni und Mitte September wird die Linie vollständig eingestellt. Tickets nach Kathmandu können zwar in Luglha gekauft werden, aber es werden keine Buchungen angenommen. Sie landen auf der berühmten Warteliste, ebenso jene Personen, die zwar ein OK-Ticket besitzen, aber deren Flug ausgefallen ist. Priorität haben alle, die ein OK-Ticket für den entsprechenden Flug auf sich tragen und diese werden nur in Kathmandu ausgegeben. Die Rückstaus in Luglha sind vermutlich weltbekannt und während der Hauptreisezeit, besonders Oktober/November, verheerender als ihr Ruf. Ich empfehle, auf einen Flug während dieser „Sturm-und-Drang-Periode" zu verzichten. Reißt das Wetter aber auf, rat-

Gebetsstein (Thamo).

tern die zweimotorigen Retter über das Feld und heben, vollbeladen mit überglücklichen *memsāheb* und *sāheb* (np: Damen und Herren) knapp vor Ende des Ackers in die Luft und der gähnende Schlund der Dudh-Kosi-Schlucht scheint zu flüstern: *o tempora, o mores* (lat: oh Zeiten, oh Sitten)!

Von den Tropen in die Gletscher

Kaum eine andere Wanderung in Nepal widerspiegelt die topographischen und klimatischen Unterschiede mehr als die Tour von Bantipur im flimmernden Tiefland des Terai nach Luglha im kühlen Khumbu. Es beginnt in den indisch anmutenden Ebenen auf einer Meereshöhe von kaum über 100 Meter und endet am Fuße jener Gletscherwelt, die durch den Sagarmatha, den höchsten Berg der

Welt, gekrönt wird. Dazwischen liegen die Siwalikhügel, die Mahabharat Lekh, eines der großen West-Ost-Täler des Landes, jenes des Sun Kosi und danach die Süd-Nord gerichteten Hügelzüge, an deren Rändern sich jene Flüsse südwärts wälzen, die den Gletschern weiter oben entspringen. Die Bevölkerung ist ebenso abwechslungsreich wie die Landschaft selbst. Beackern im Terai die Tharu ihre weiten Flächen mit Reis, Raps und Tabak, begegnet man oben den Solu- und Pharag-Sherpa, die sich mit Kartoffelanbau und Viehzucht beschäftigen. Daneben spielen die Einnahmen aus dem Tourismus je mehr eine Rolle, desto näher man sich zum Hochgebirge bewegt. Dazwischen sind Tamangdörfer und Mischsiedlungen mit Chhetri, Bahun, Kami, Magar, Rai und sogar ein Tibeterdorf zu finden, Chalsa, welches seit bald 25 Jahren

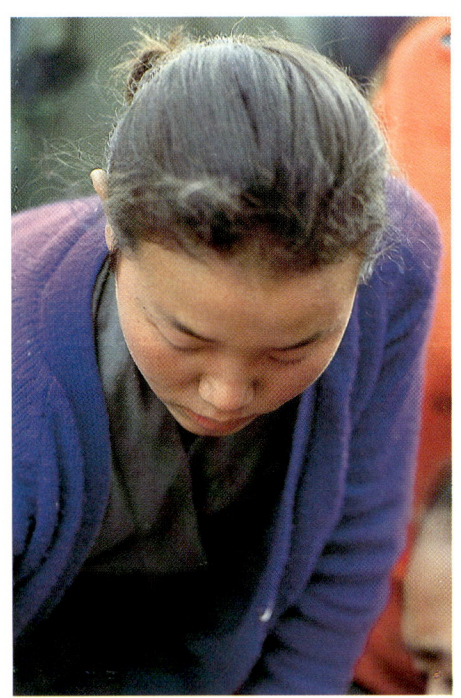

Sherpani (Salleri).

von Flüchtlingen bewohnt wird. Dort spielt die Verarbeitung von Wolle eine große Rolle. Ihre Teppiche finden den Weg teils auf den Markt von Salleri, teils bis nach Kathmandu.

Die Größe der Dörfer auf diesem Weg variiert. Drei Ortschaften fallen zunächst auf: Katari, ein ehemals bedeutender Marktflecken, und die Distriktshauptorte Okhaldhunga und Salleri. Der Stern Kataris sank mit dem Bau der Jiri-Straße, die das Khumbu näher nach Kathmandu brachte und den Weg dorthin wesentlich verkürzte. Dennoch finden in Katari und im benachbarten Maina Bazar im Winter größere Viehmärkte statt. Katari wurde übrigens kürzlich mit einer neuen Straße erschlossen, die von Mirchai in das Kamla-Tal führt. Bei Okhaldhunga handelt es sich um eine jener Hügelstädte, die sich durch ihre Größe weit von den umliegenden Dörfern und Weilern unterscheiden. Lebendige Gassen und ein geschäftiger Basar prägen den Ort, der sich weit ausladend auf einem Paß ausbreitet. Viele Beamte leben hier, die tagsüber die schläfrigen Kontore der Distriktsverwaltung bevölkern. Der Samstagsmarkt in Salleri steht an Farbigkeit und Völkergemisch jenem von Nauche nicht nach, im Gegenteil, er ist eher größer. Die anderen Dörfer und Siedlungen sind klein, aber in ihrer Art typischer als die großen Marktflecken. Während in Toxal Ghat am Sun Kosi leicht gebaute Häuser aufgrund des heißen Klimas nur einen Zweck zu erfüllen scheinen, jenen, Schatten zu spenden, müssen die Steinhäuser der Solu-Sherpa dem Winterschnee trotzen, der zwar nicht in rauhen Mengen, aber trotzdem regel-

mäßig zu fallen scheint. Welch ein Unterschied zwischen den überdimensionierten Feuerstellen der Sherpahäuser, wo sich an kalten Tagen die Familie darum herum schart, und den kleinen, zweckmäßigen *chulo* (Herd) der Chhetri, auf denen nur gekocht wird, die aber möglichst keine Hitze abgeben sollen, denn warm genug ist es ja. Geradlinig strebt man auf diesem Weg auf das Hochgebirge zu, das zum ersten Male in ganzer Pracht von der Paßhöhe des Chhayathan erscheint. Dominierend wirkt das Massiv des Shorong Himal. Shorong ist das Sherpawort für Solu. Den anderen Bergen weit vorgelagert, wirkt es wie eine geheimnisvolle Mauer, hinter die man gerne einen Blick werfen möchte. Tag für Tag wird diese Mauer höher und erschreckender, besonders die Südwand des Numbur oder Shorong Yul Lha, der Schutzgott des Solu, das sich zu seinen Füßen als weites, sanft hügeliges Tal ausbreitet.

Von Hile nach Luglha: Durch das Land der Rai

Vorgestern führte die Straße bis Dharan, gestern bis Dhankuta, heute bis Hile und morgen bis Khandbari? Distanzen werden auch in Nepal kleiner, die „wirklichen" Wanderparadiese leider auch. Kaum haben wir abends unseren Deluxe-Bus in Kathmandus staubigem Ratna Park geentert und den Sesselrücken auf Stufe *rāmro sutnus* (np für „Schlafen Sie gut!") geneigt – sofern die Mechanik nicht klemmt – holpern wir durch die sich senkende Nacht nach Westen. Seien Sie unbesorgt, der Fahrer weiß, wo Hile liegt: im Osten! Der Umweg über Mugling

Der Shorong Himal mit Numbur, 6959 m (Sanam, 2650 m).

ist leider unvermeidbar, aber ein voller Teller *dāl bhāt* mitten in der Nacht entschädigt bei weitem. Ein paar Stunden später überqueren wir auch schon den gewaltigen Sapt Kosi (von *sāt = 7, kosi* = Fluß, Flüsse). Seine Wasser entstammen den sieben Hauptflüssen Ostnepals: Sun Kosi, Bhote Kosi, Tamba Kosi, Dudh Kosi, Likhu Khola, Arun und Tamur. Tags darauf, nachdem wir in Dharan, eventuell sogar in Dhankuta die Busse wechseln mußten, bewundern wir den sauberen Umschlagsplatz von Hile, einem Dorf, das einerseits der Straße wegen, andererseits durch den Zuzug von Lhomi-Bhotia aus Walungchung beträchtlich gewachsen ist. Diese haben in Hile nette Häuser gebaut, die im Innern in traditioneller Weise eingerichtet sind. Nehmen wir noch eine Lunge voll der frischen Luft, bevor wir ins flimmernde Aruntal absteigen. Sie ist zwar dort auch frisch, aber sehr dick. Sollten Sie ein Trekking zwischen April und Oktober durch dieses Tal planen, dann trainieren Sie am besten zu Hause Dauerlauf mit Rucksack – in der Sauna.

Ein Flug auf die rote Piste von Tumlingtar erspart Ihnen diese Tortur auch nicht, denn schon vor der Landung werden Sie schwitzen, nicht nur des Fluges wegen. Dafür sind nirgends in Nepal die *suntalā* (Mandarinen) so billig wie hier. Im Herbst erhält der Käufer beinahe Geld dafür, daß er welche kauft. Natürlich sind diese süßen Früchte eine willkommene Abwechslung auf dem Speisezettel, ebenso wie *tongba* (tib = Hirsebier) die Getränkekarte des durstigen Wanderers be- und den Alkoholgehalt seines Blutes anreichert. Während zwischen Annapurna und Sagarmatha der *chang* in großen Mengen fließt, schlürfen die Ostnepali mittels eines Bambushalms ihre *tongba* aus dekorativen Holzfäßchen. Letzteres hat etwa einen Liter Inhalt und wird mit vergorener Hirse zu ¾ gefüllt. Heißes Wasser füllt das Gefäß vollends, dann läßt man die Hirse etwa fünf Minuten „arbeiten". Nun saugt man den leicht alkoholischen, warmen Saft in Richtung der ausgetrockneten Kehle. Nach dreimaligem Nachgießen muß die Hirse gewechselt werden, nach fünf *tongba* wechseln die Augen ihre zugedachten Blickrichtungen und der Betroffene so schnell wie möglich das Getränk, um weiteren Vernebelungen vorzubeugen.

Stichwort Nebel: Das untere Arun wird ab November bis Februar praktisch jeden Morgen von ihm aufgesucht. Menschen und Tiere, Bäume und Häuser werden zu blassen Silhouetten. Später am Vormittag ringt sich die Sonne wieder an den Boden und die schattenspendenden Pipal beginnen ihr Tageswerk.

Vor und nach Tumlingtar überqueren wir zwei lange, schwankende Hängebrücken, wo je ein kleiner Brückenzoll entrichtet werden muß, was in Nepal sonst nicht üblich ist. Da die Mini-Golden-Gates aber mangels Regierungsgeld weitgehend von der lokalen Bevölkerung finanziert wurden, ist die Maßnahme verständlich. Einmal beobachtete Ang Temba Sherpa, wie sich eine Gruppe schwerbeladener Träger einen Weg durch die nicht ungefährlichen Fluten des Arun bahnte.

Sie wollten den Brückenzoll von 25 Paisa (ca. 3 Rappen oder 3,5 Pfennig) umgehen. Es handelte sich um Rai. Nepal hat also auch seine Schotten. Wenig nördlich des Flugfeldes führt immer noch eine Fähre über den Fluß. Sie leitet den Weg nach Dingla ein, einer großen Ortschaft, welche die Hügel westlich des Aruntales krönt. Dort, abseits der Hauptverbindungswege, lebt eine bunte Mischung verschiedenster Volksstämme: Rai, Tamang, Gurung, Chhetri, Bahun und Limbu. Das Gebiet, landwirtschaftlich äußerst ertragreich, exportiert billige Grundnahrungsmittel in alle Richtungen. Ein großer Teil des *chāmal* (geschälter, ungekochter Reis), welcher in Nauche die Hand wechselt, stammt aus Dingla. Zwei meiner treusten Begleiter, die Träger Santa Singh Lama und Mangal Singh Tamang, stammen von dort. Unterwegs in anderen Regionen des Landes – besonders im Khumbu – wunderten sie sich

immer wieder, wie außerordentlich teuer das Leben außerhalb ihres Dorfes sein kann.

Einmal ins Phedi Khola eingebogen, nimmt die Hitze zwar nicht ab, aber der Anteil der Rai an der Bevölkerung zu. Wir bewegen uns ins Hauptsiedlungsgebiet dieses Stammes, dem wir schon in Jubing am Dudh Kosi begegnet sind. Die Rai, zwischen 1000 Meter und 2000 Meter Höhe anzutreffen, betreiben Ackerbau und Viehzucht. Im weiteren Sinne als Hindu zu bezeichnen, nennen sie eine komplizierte, wenig transparente Sozialstruktur ihr eigen, beeinflußt durch Sippen- und Kastensysteme. In den verschiedenen Talschaften werden auch verschiedene Rai-Mundarten gesprochen und nicht selten hört man Rai untereinander Nepali sprechen, da die eigenen Dialekte zu stark voneinander abweichen. Ihre Häuser sind oft mit Stroh bedeckt. Geschmackvolle Ornamente schmücken die weiß getünchten un-

Zwei Raini kochen am Weg (Nyungso, ca. 2400 m).

108

ebenen Mörtelwände. Maiskolben hängen unter den ausladenden Dachbalken und Schnitzereien zieren teilweise die engen Fensterrahmen. Im Innern liegen runde und rechteckige Strohmatten auf dem spartanischen Bodenverputz. Ein Herd aus Mörtel bildet das einzige „Möbel" im düsteren Raum, die wenigen Gerätschaften liegen daneben oder auf einfachen Regalen. Das wohltemperierte Klima ihres Siedlungsraumes und die Gewohnheit der Rai, alle Arbeiten im Freien zu verrichten, haben die Ausstattung des Innenraums mitgeprägt. Die Rai werden zusammen mit den weiter östlich lebenden Limbu als urnepalesische Rasse angesehen. Beide Stämme zusammen werden übrigens Kiranti genannt. Hier am Osthang des Salpa Bhanjyang sind die Dörfer der Rai von den kleineren Siedlungen der Chhetri am unteren Ende und der Sherpa am oberen Rand eingerahmt.

Phedi, gleichbedeutend mit „Berg" oder „Paßfuß", finden sich in Nepal Dutzende und Aberdutzende. Um Verwechslungen zu vermeiden, nennen die Nepali dieses Phedi auch Salpa Phedi. Eine lustige Siedlung aus Holz- und Mörtelhäusern tut sich dem leidlich schwitzenden Ankömmling auf, denn seit dem Arun wurden noch nicht viel Höhenmeter überwunden. Von hier weg haben zwei Dinge ihr Ende: das gemütliche Spazieren entlang frischer und fischreicher Bäche und die flimmernde Hitze! Sehr steil schwingt sich der Pfad durch knorrige Eichen in luftige Höhen. Chaubhari, ein kleines Sherpadorf, liegt bereits auf 2230 Meter. Knapp hundert Meter höher wird dem findigen Beobachter eine feine Linie quer zum Weg auffallen – der Beginn der Schneiderkar-

te... Im Winter kann die Etappe vom Damaidorf Nunkuwa nach Chaubhari extreme Temperaturschwankungen bescheren. Während man in kurzen Hosen und Leibchen vergeblich im über 30-grädigen Schatten der Pipal Schutz vor der feuchten Hitze sucht, sieht man einige Stunden später in warmen Hosen und Daunenjacke das Thermometer zum Gefrierpunkt absinken. Im Frühjahr dürfte es in den tiefen Lagen noch etwas wärmer sein, aber die Belohnung folgt weiter oben: Die Rhododendronblüte am Salpa Bhanjyang ist buchstäblich umwerfend.

Sherpa wohnen auf den milden Südhängen des nächsten Tales, das in der Ferne von Numbur und Karyolung optisch abgeschlossen wird. Der Share Drangka mündet aber ins Hunku ein und eben dort liegen sie, die großen Rai-Dörfer Gudel und Bung, umgeben von den fast ebenso bevölkerungsreichen Tsatsalung, Chhemsing, Chheskam, Phelmung, Chhekama und Sathe – eine Massierung großer Siedlungen auf engstem Raum. Gudel und Bung – eines der vielen Dorfpaare in Nepal – ähnlich den Gurungdörfern Ghandrung und Landrung, Barbak und Laprak oder den Magarsiedlungen Muna und Muri, Kibang und Sibang – ihnen allen ähnlich lächeln sich die beiden auf gegenüberliegenden Hängen freundlich zu. Während Gudel, geschützt in einer feinen Mulde gelegen, noch den Charakter eines Dorfes vermittelt, dehnt sich Bung vis-à-vis über beinahe 600 Höhenmeter aus, eine der größen Streusiedlungen dieses Landes. Dazwischen liegt jedoch – Kreuz des Berggängers – ein steiler Graben ... es soll nicht der letzte sein. Die terrassierten Felder

Chörten auf dem Salpa La, 3349 m.

tragen Mais, Weizen, Buchweizen und Hirse. Reis wiegt sich weiter talabwärts im Wind. Einst mit einer Naturreligion ihrer tibeto-mongolischen Vorfahren ausgestattet, haben die Rai den Hinduismus übernommen. Allerdings konnten sich ihre einstigen Dämonen im Pantheon der Hindugötter behaupten. Das Resultat besteht in einer Mischreligion, einer der vielen, die in den Bergtälern des Himalaja angetroffen werden kann. Im Gegensatz zu den übrigen Hindu und auch den Sherpa kennen die Rai die Erdbestattung. Ihre Gräber sind zudem von kleinen Steinplatten geziert.

Der berühmte Markt in Nauche zieht Samstag für Samstag lange Kolonnen von schwerbeladenen Rai an, die ihre Produkte dort verkaufen können. Viele der Verkäufer stammen aus diesem Teil des Hunku. Sie verlassen ihre Dörfer montags und dienstags, um teilweise am Mittwoch am Markt in Kharikhola präsent zu sein. Vereint

Der Nebel markiert das Aruntal, am Horizont die Mahabharat Lekh (Machuwa, 850 m).

mit der „Konkurrenz" aus Aiselukharka geht's aufwärts zu den Märkten von Luglha und Chaunrikharka (Donnerstag), Ghat, Phakdingma und Jorsale (Freitag), um schließlich am Samstag in Nauche den Reigen zu beenden. Auf dem Weg zum Surkie La traf ich Lal Bahadur Rai aus Bung. In seinem 50 kg schweren Korb trug er Reis, den er schon aus Dingla hierhergetragen hatte. Tags darauf überquerte er schon den Pangkongma La und schleppte seine Last bis Poyan. Trotz des beträchtlichen Gewichts legen diese ungemein starken Träger große Distanzen zurück. Zwar gehen sie langsam und schalten viele Pausen ein, aber sie brechen spätestens um sechs Uhr früh auf und marschieren bis sieben oder acht Uhr abends durch, unterbrochen nur durch den „Nepali-Brunch" gegen zehn Uhr vormittags.

Liebhaber großer Blumenpracht dürften sich im April an den Rhododendren des Surkie La erfreuen, weniger erfreulich jedoch ist der neuerliche Graben, der sich zum Hinku Drangka auftut – Trekkers Schicksal! Geheimnisvoll liegt rechterhand auf einer großen Terrasse das Sherpadorf Chereme. Von dort oder direkt von der Surkie Danda führt ein schlechter, schwer zu findender Pfad ins obere Hinkutal. Diese Route sollte man nur mit einem ortskundigen Führer in Angriff nehmen. Der nächste Paß, wiederum ein Blumenmeer im April, führt hinüber ins Pharag. Als erstes auf der Westseite fällt die kleine Gompa von Pangkongma ins Auge. Ist der Lama anwesend, wird er mit einem grotesken Schlüssel das originelle tibetische Schloß zum Versammlungsraum öffnen.

Nun steigen wir hinüber zur weitgehend verlassenen Siedlung von Kharte. Nach Eröffnung des neuen Wegs von Kharikhola über Bupsa nach Poyan ist an der verlassenen Khari-La-Route kein Geld mehr zu verdienen. Auch die geisterhafte Ruine des großen Teehauses auf dem Khari La selbst erinnert an bessere Zeiten, oder – etwas schwarzmalerisch – an die Zukunft, an den Bau einer Straße nach Nauche? Erfreuen wir uns noch der großartigen, natürlichen Umgebung, der weiten Sicht bis zur tibetischen Grenze hinauf, zum Cho Oyu und zum Gyachung Kang. Im Schattenloch Poyan treffen wir auf die Hauptroute, die uns sicher nach Luglha oder weiter hinauf führt. Die entgegenkommenden Touristen sind vielleicht die ersten, die Sie seit Tumlingtar erblicken.

Ein lohnender, aber anstrengender Abschnitt geht zu Ende, eine Route teilweise ohne ausgesprochene Infrastruktur für Indiviualreisende, aber mit viel Kontrasten und Abwechslung.

Nr. 121 (grün)   Jiri – Luglha/Phakdingma

Charakter	In 6 Tagen über drei Pässe von Jiri ins Dudh Kosi
	Interessanter, ausgezeichneter Weg mit akklimatisationsfördernden Höhendifferenzen und ethnisch-klimatischen Wechseln
	tiefster Punkt: Likhu Khola, 1520 m
	höchster Punkt: Lamjura, 3530 m
	keine technischen Probleme, im Winter muß mit Schnee auf den Pässen gerechnet werden
Ausrüstung	Lodges und Teehäuser überall, ab 4 Personen wird Unterkunft schwierig, deshalb Zelte, Eßwaren und eigene Küche (Kerosin oder Gas)
	Bewilligung: Khumbu Himal
	Karten: SK Blätter „Tamba Kosi/Likhu Khola" und „Shorong/Hinku" 1:50.000
Beste Zeit	Oktober bis Mai
Sehenswert	– Klöster in Thodung, Sela, Thupten Chöling, Chiwang und Tragsindo
	– Mani Rimdu in Chiwang im Oktober/November
	– Käsereien in Thodung und Tragsindo
	– Rhododendronblüte ab Februar bis Juni
	– Flora und Fauna am Lamjura
Weg zum Startpunkt	mit täglichen Bussen von Kathmandu über Lamosangu nach Jiri. Träger aus Kathmandu oder Jiri

Wegbeschreibung

Von **Jiri**, 1860 m (H/C/AP) durch jungen Wald und montane Weiden zum kleinen Paß von Patashe Danda, 2380 m, und auf z. T. stark erodiertem Weg ins felsige Yelung Khola. Nach 3 ½ h Lunch in Shivalaya, 1800 m (H/C) am Ausgang des Mohabir Khola. Nun steil über Sangbadanda (H) und Khosrubot (H/C) zum 2705-m-Paß **Deorali** (C/H), 3 h von Shivalaya. Abstieg 1 h nach Bhandar (sh: Changma), 2200 m (H/C). Weiter hinunter zu den Mühlen von Tharo Khola (TH) und am linken Ufer des Likhu Khola bis zu einer großen Hängebrücke, 1520 m. Nach Uferwechsel durch Reisterrassen und subtropische Vegetation nach Kenja, 1620 m (L/H/C), 2 ½ h von Bhandar. Aussicht auf Numburmassiv im N.

Steiler Anstieg durch Buschwerk und Felder, vorbei an Phugmoche (H/C) und einigen Teehäusern nach **Sete**, 2575 m (C/H), rund 3 h von Kenja. Nun nicht zum Chörten, sondern Mitte des Weilers links aufsteigend bis zum Gratrücken, den man bei Dakchö, 3000 m (H) erreicht. Kleiner See mit Aussicht auf Numbur. Durch prächtigen Wald mit vielen Vögeln nach Goyem, ca. 3200 m (L/H) 2 ½ h von Sete. Durch zunehmende Rhododendronbestände, vorbei an einigen TH bis zu einer alten, doppelten Manimauer. Hier den Grat nach links verlassen. Diese Abzweigung liegt höher, als auf der SK ersichtlich, nahe des P. 3645 m. Nach einigen Sommerweiden sinkt der Weg zur Paßhöhe hinunter: Lamjura, 3530 m, Manisteine, Gebetsfahnen, im Winter oft Schnee. Auf gutem Weg über Weiden und feuchten Wald zu einem TH und zum Sherpadorf Tragdobuk (auch sh: Trakor), 2860 m (H/C), 1 h vom Paß. Vorbei an markanten Felsen und über Steintreppen erkennt man links Sela Gonda und erreicht nach 1 h **Junbesi**, 2675 m (C/H), 6–7 h von Sete. Nach Brücke unterhalb der Stupa nimmt man den oberen (linken) Weg. Der untere führt nach Phaphlu und auch zur Chiwang Gonda. Durch Wald, dann Weiden auf den Kamm, ca. 3090 m, mit phantastischem Blick in Khumbu- und Khumbakarna Himal. Nun Höhenweg bis Salung, 2984 m (H) 2 h. Abstieg durch Wald zur Brücke, 2656 m, und leichter Anstieg nach Ringmo, 2800 m (L/H/C), 1 ½ h von Salung. Nach den letzten Häusern und Manimauern scharf nach rechts in den Wald. Auf breitem Weg zu einer Verzweigung. Rechts via Käserei zum Paß, links direkt an einem Chörten vorbei zum Tragsindo La, 3071 m, Chörten, TH und Hausruine, 1 h von Ringmo. Zehn Min. darunter lädt die Tragsindo Gonda (H/C) zum Besuch. Abstieg durch Wald zum Dorf mit den hohen Häusern: **Manedingma** (SK + np: Nuntala), ca. 2250 m (C/H), 2 h vom Paß, bei Schnee länger. Hinunter durch Felder und Wald in 1 ½ h zum Dudh Kosi, 1555 m, derzeit Notbrücke (1986) und leichter Anstieg zum Rai-Dorf Jubing, ca. 1650 m (auf SK ca. 1 km zu weit südlich eingetragen) (H/C). Der sandige Hauptweg führt im Bogen nördl. P. 2184 nach Kharikhola, 2100 m (L/H/C) 2 h vom Dudh Kosi. Dem steilen Hang folgend hinauf nach Bupsa, 2240 m (H/C) und im Wald links (westl.) des Khari La ins Tal von Poyan. Dieser neue Weg ist auf SK nicht vermerkt. Von Kharikhola bis

Poyan (SK + sh: Chutok) (C/H) 3–4 h, TH unterwegs. Auf der sonnigen Seite hinaus über den Pseudopaß Chutok La, 2945 m, steil abwärts nach Surke (sh: Buwa), 2293 m (H/C), etwa 2 h. Immer auf dem breiten Weg bleibend durch einen Felstrichter bis zur Weggabelung auf etwa 2550 Meter, 1 h nach Surke. Rechts die Treppen hinauf geht's nach **Luglha**, 2834 m (H/C/AP) 1 h, links führt der Hauptweg in Richtung Nauche. Dort folgt Chaunrikharka (sh: Dungde), 2674 m, und Cheplung (SK + sh: Lomdza) (L/H/C), von Surke gute 1 ½ h. In weiteren 2 h **Phakdingma**, 2600 m, (C/H).

Mögliche Fortsetzungen
– Flug von Luglha nach Kathmandu
– Trek ins Khumbu (Nr. 131/blau)
– Trek nach Tumlingtar/Hile (schon in Kharikhola abzweigen) (Nr. 123/ gelb)
– Trek ins Hinku/Hunku (Nr. 132/ rot).

Nr. 122 (gelb) Bantipur – Katari – Salleri – Luglha/Phakdingma

Charakter	Bergwanderung durch fast sämtliche topograpischen Landschaftstypen Nepals, große klimatische und ethnische Gegensätze. Start in Bantipur, am Kamla-Fluß gelegen (an der Mahendra Highway, östliches Terai), bis Luglha/Phakdingma ca. 12 Tage
	tiefster Punkt: Bantipur, 120 m
	höchster Punkt: Tragsindo La, 3071 m
	Hauptschwierigkeiten:
	– Flußüberquerungen zwischen dem Terai und dem Sun Kosi nach Regenfällen oft schwierig
	– im Winter Schnee auf Chhayathan und Tragsindo La
	– Hitze im Terai (Oktober, November, April, Mai)
Ausrüstung	weitgehend ohne touristische Einrichtungen bis Salleri, danach Lodges. Zelt, Verpflegung, Kocher von Kathmandu mitführen. In Okhaldhunga und Salleri können Basisnahrungsmittel eingekauft werden.
	Bewilligung: Khumbu
	Extension: Katari – Okhaldhunga – Salleri
	Karte: SK Blätter „Tamba Kosi/Likhu Khola", „Dudh Kosi" und „Shorong/Hinku"
	kein Kartenmaterial für die Strecke bis Okhaldhunga
Beste Zeit	Oktober bis Mai, im Winter sehr angenehm
Sehenswert	– Märkte (*hāt bajā*) in Katari, Okhaldhunga, Salleri (jeweils an Samstagen)
	– Gompa in Chalsa, Chiwang, Tragsindo
	– Mani Rimdu in Chiwang im Herbst (gleichzeitig mit Tengpoche)
Weg zum Startpunkt	per Bus von Kathmandu, via Mugling, Hetauda nach Bantipur (kurz vor Badhara, am Kamla-Fluß gelegen)
	Zeitaufwand: 8 – 12 h
	Träger aus Kathmandu oder rechtzeitig aus dem Solu bestellen. In Bantipur sind keine Träger zu haben.

Wegbeschreibung

Von der Straße bei **Bantipur**, 120 m (TH) nordwärts durch flache Felder zum Fluß. Bald kommt Chisapani, 143 m, in Sicht. Nach Haus im Wald durchwatet man den Kamla nahe einer Seilbahn. Lunch bei nachfolgender Häusergruppe, 3 h von Bantipur. Weiter im Haupttal zu einer Holzhandlung, ca. ½ h. Dann links in ein kleines Seitental und durch romantischen Wald zu einem Paß, ca. 380 m (Siwalik). Hinunter auf Wegspuren zu einer kleinen Siedlung: **Patlinge,** ca. 180 m

(C), 7 ½ h von Bantipur. Man hält nach rechts in eine weite Talebene und gelangt zu einem Tharu-Dorf. Nun zum Fluß, der durchwatet wird. Dort auch Lunch, 2 h. Immer auf weiten Feldern hinauf zu einer Gruppe Pipal in Sichtweite der weißen Regierungsgebäude von **Katari**, 195 m (TH/C), diverse Seitenbäche und der Fluß sind zu durchwaten, 5 h von Patlinge. In 1 ½ h nach Katari-Bazar, dann in ein liebliches Seitental, zunehmend von Hügeln umgeben. Viele Bäche sind zu überspringen oder zu durchwaten, je nach Wasserstand. 6 – 7 h bis **Bisauna Bazar**, 450 m (TH/C), Zeltplatz bei Schule. Weiter dem Tallauf folgend über x Bäche und vorbei an kleinen Siedlungen, z. T. mit (TH), (L) unterwegs am Bach. Steiler, kurzer Aufstieg zum Chauki Bhanjyang, ca. 1200 m (Mahabharat Lekh) und steil hinunter nach **Bhadaure**, 820 m (TH/C), 5 h. Weiter das Tal hinunter, x-mal muß der Bach überquert werden. Nach etwa 4 h erreicht man den Sun Kosi und ½ h später die massive Hängebrücke von Toxal Ghat, 420 m (TH/L). Nun verläßt man das Sun Kosi Tal nach links (Norden) und steigt stetig nach **Hilepani**, ca. 1420 m (TH/C), 7 ½ h von Bhadaure. Auf schönem Weg ansteigend durch Kiefernwald und später mehr oder weniger dem Kamm folgend nach Mane Bhanjyang (TH/L), 3 h. Auf dem Kamm bleibend nach **Gitukhe**, ca. 1850 m (TH/C), Bergsicht, ca. 6 h von Hilepani. Aufstieg in 1 h zu einem Paß mit *chautāro*. Steiler Abstieg mit Sicht auf Okhaldhunga, 1800 m (L/H/C), 3 ½ h. 3 h von hier befindet sich das Flugfeld von Rumjatar, 1382 m. Von Okhaldhunga wieder hinauf auf breitem Weg zu verschiedenen Häusergruppen und wieder zum Kamm, **Biplate**, ca. 2050 m (TH/C), 5 ½ h von Gitukhe. Weiter auf dem Rücken zu einem „versteckten" Dorf, Thade, 2850 m (TH/L/C), 3 h. In einer guten Stunde zum Paß, genannt Chhayathan oder Thade Danda (SK: Thale Danda), 3010 m. Abstieg zu kleinen Siedlungen und in Föhren und Feldern hinunter nach **Pekarnasa**, 2240 m (TH/C), 8 h von Biplate. Steiler Abstieg zum Solu Khola und gemächlich hinauf zum großen Distrikthauptort Salleri, 2320 m (H/L/C), Markt am Samstag,

Tsiring Nyima im Kartoffelfeld (Cheplung, 2700 m).

3 h. Anschließend zum Flugfeld von Phaphlu, 2364 m (H/C/AP) und dem steiler werdenden Hang entlang nach **Phera**, 2720 m (H/C), 8 h von Pekarnasa. In 1 ½ h auf großem Weg nach Ringmo, 2800 m (H/C) und weiter zum Tragsindo La , 3071 m (L/TH), Käserei 5 Min. vom Paß, 3 h von Phera. Abstieg durch Wald in 2 h nach **Manedingma** (SK + np: Nuntala), ca. 2250 m (C/H). Abstieg durch Felder und Wald in 1 ½ h zum Dudh Kosi, ca. 1555 m, momentan (1986) Notbrücke. Aufstieg nach Jubing ca. 1650 m (auf SK 1 km zu weit südlich) (L/H/C). Im Bogen um Pt. 2184 nach Kharikhola, 2100 m (H/C). Steiler Aufstieg nach **Bupsa**, 2240 m (C/H), 5 – 6 h von Manedingma. Auf dem neuen Weg durch Wald ansteigend in 2 – 3 h nach Poyan (SK + sh: Chutok), 2800 m (L/H/C). Über den 2945-m-Paß Chutok La steil hinunter nach Surke (sh:

Buwa), 2293 m (H/C). Steter Anstieg zur Wegverzweigung, 1 h von Surke. Rechts über Treppen nach **Luglha**, 2834 m (H/C/AP), links nach Chaunrikharka, 2674 m (H/C), Cheplung (SK + sh: Lomdza) (H/C) und schließlich **Phakdingma**, 2600 m (H/C). Von Bupsa nach Luglha ca. 6 h, nach Phakdingma ca. 8 h.

Mögliche Fortsetzungen

– Trek via Nauche ins obere Khumbu (siehe Nr. 131 blau)
– Trek von Luglha ins Hinku und Hunku (siehe Nr. 132 rot)
– Trek von Bupsa abzweigend über Pangkongma La, Surkie La und Salpa Bhanjyang nach Tumlingtar/ Hile (siehe Nr. 123 gelb)
– Flug von Luglha nach Kathmandu zurück (während Hauptsaison, d. h. Okt./Nov., zu vermeiden).

Nr. 123 (gelb) Hile/Tumlingtar – Salpa Bhanjyang – Luglha/Phakdingma

Charakter	anspruchsvolle Wanderung mit großen Höhendifferenzen, ständigen klimatischen und ethnischen Wechseln.
	guter Weg, viel von der Lokalbevölkerung benutzt
	von Hile 11 Tage, von Tumlingtar 9 Tage
	tiefster Punkt: Tumlingtar/Arun, 290 m
	höchster Punkt: Salpa Bhanjyang, 3349 m
	Hauptschwierigkeiten:
	im Winter etwas Schnee auf den Pässen, Route trotzdem praktisch immer offen
Ausrüstung	Lodges und Teehäuser im Arun- und Dudh Kosi-Tal, dazwischen jedoch nur spärliche Unterkunftsmöglichkeiten, z. T. in Privathäusern. Gruppen über 2 Personen mit Zelt, Kocher, Brennstoff und Eßwaren
	Bewilligung: Khumbu
	Extension: Hile – Tumlingtar – Gudel – Bung
	Karten: MM Kangchenjunga/Makalu/Everest
	SK Dudh Kosi und Shorong/Hinku
Beste Zeit	Oktober – Mai
	Wintermonate besonders empfehlenswert, da sonst im Aruntal extrem heiß, Wintertemperaturen sehr mild
Sehenswert	Dasain und Tihar im Oktober (zwischen Hile und Bung)
	Rhododendronblüte auf den Kämmen (März bis Juni)
Weg zum Startpunkt	Hile: tägliche Nachtbusse von Kathmandu über Dharan und Dhankuta.
	Tumlingtar: mehrere wöchentliche Flüge mit Twin Otter ab Kathmandu oder Biratnagar

Wegbeschreibung

Den schmucken Bazar von **Hile**, 1900 m (H/C) verläßt man nach links und gewinnt einen Rücken und ein verstreutes Dorf, Pakhribas (L/TH), nach ca. 3 h. Abstieg auf gutem Weg über Gorlekharka (TH) zum **Mahamaya Khola**, ca. 300 m (H/C), Camp dort oder 1 h höher bei Baumgruppe, total 6 – 7 h von Hile. Auf der rechten (östlichen) Seite des großen Arun gemächlich hinauf durch rote Erde und waldlose Hitze, verschiedene (TH) unterwegs. Nach etwa 6 h gelangt man zur großen Brücke von **Kokuwa**, 290 m (H/C). Man bleibt rechts des Arun. In 1 – 2 h zum Flugfeld von

Tumlingtar, 390 m (H/C/CP). Nach der Graspiste auf dem linken Weg über Felder und vorbei an originellen Gehöften hinunter zum Arun, wo nach ca. 1 h eine kleine Fähre sichtbar wird. Wir wollen aber nicht nach Dingla. Weiter auf dem rechten Ufer bis zu einer neueren, großen Hängebrücke (L/TH) 3 ½ h von Tumlingtar, Rs. — .25 Brückenzoll pro Person. Gleich darauf rechts über einen Bach im Wald, dann wenige Augenblicke später bei einer Gabelung im Wald nach links (oben). Auf der Terrasse von **Sano Machuwa**, 750 m (TH/C) findet man eine Bleibe, 3 h nach der Brücke. Nun lohnt sich ein früher Start. Hin-

auf nach Tulo Machuwa und hinunter zum Phedi Khola (L) auf der rechten (nördlichen) Seite nach einem geröllbeladenen Bachbett: Nunkuwa, 780 m (TH/C), etwa 3 h. Auf weniger gutem Weg in das immer enger werdende Tal, das sich nach 2 h gabelt. Es geht nach rechts. Später teilt es sich nochmals. Diesmal nach links. Vorbei an belebten Gehöften nach Phedi, ca. 1550 m (H/C), auch Salpa Phedi genannt, da es in Nepal so viele Phedi gibt, 4 – 5 h von Nunkuwa. Sehr steil folgt man dem aufsteigenden Grat zum Sherpadorf **Chaubhari**, 2230 m (TH/C), 2 h von Phedi, 9 ½ h von Sano Machuwa. Ein langer Tag, aber es lohnt sich, der Hitze ein Schnippchen zu schlagen. Genießen Sie die kühle Nacht hier oben! Weniger steil als vorher gewinnt man einen schönen, dichten Wald und auf herrlichem Weg in die Senke von Tamdse Dingma, 2920 m (L) 3 h. Von da verläßt man den Hauptkamm und erreicht nach 1 h die Paßhöhe des Salpa Bhanjyang, 3349 m (sh: Salpa La), Chörten, schöne Sicht. Schöner Aussichtshügel ¾ h oberhalb des Passes, kleiner See (C). Steiler Abstieg durch Tannen- und Rhododendronwald zum Share Drangka. Nach der Brücke auf der rechten Talseite leichtes Auf und Ab. In Orkobug nehme man den besseren oberen Weg. 3 h nach dem Paß gelangt man ins Sherpadorf **Sanam**, 2650 m (C/TH), Unterkunft in Privathaus möglich. Nun abwechslungsreicher Höhenweg nach Gudel, ca. 2000 m (L/H), 3 h. Oberhalb, bei Manimauer, Aussicht auf Numbur und Chamlang. Hinunter zur Brücke (1316 m!) über den Honku Khola und fast ebenso steil den ganzen Gegenhang hinauf, der von unten bis oben (bis ca. 1900 m) mit Häusern gespickt

ist: das Rai-Streudorf **Bung** (C/H).
Camp am oberen Ende. Am Talende
oberhalb Bung sieht man eine Baumgruppe, Boskom Gonda, 2560 m. Von
Bung in 1½ h zu einem Chörten
oberhalb dieses Klosters. Es folgen
Wiesen und Waldstücke. (L) nach 3 h
oberhalb Surkie Bug. Eine knappe
Stunde später überquert man die enge,
waldige Paßhöhe des Surkie La,
3085 m (rai: Betamasa). Hinunter über
die Sommerweide Nashing Dingma
nach **Gay Kharka**, ca. 2300 m (C/TH)
1 h vom Paß, 5 – 6 h von Bung. Sehr
steil hinunter zum Hinku Khola (SK:
1856 m, vermutlich aber ca. 1950 m).
Wieder sehr steil, diesmal bergauf
nach Shibuche, ca. 2820 m (L/H/C),
rund 3½ h bis zum obersten Haus.
Nun angenehm zum Pangkongma La,
3173 m, und bergab zum Sherpadorf
Pangkongma, 2846 m (C/H) (np:
Pangu), 2 h vom Lunchplatz. Möchte
man nach Jiri oder in Phaphlu aufs
Flugzeug, hier nach Kharikhola absteigen und auf Hauptweg Richtung
Jubing und Tragsindo La (siehe Nr.
121). Nach Luglha oder Phakdingma
aber wie folgt: Von Pangkongma fast
eben zum Rücken von Nyungso (Ma-
nimauer), durch Wald und am Schluß
steile Wiesen nach Kharte, 2683 m (sh:
Dzomshawa), (L/TH), 2½ h von
Pangkongma. Aufstieg von 1 h zum
3081-Meter-Paß Khari La, Sicht auf
Shorong- und Lumding Himal sowie
Cho Oyu, Khumbui Yul Lha und
Gyachung Kang. Abstieg durch Wald
nach **Poyan**, 2800 m (sh: Chutok),
(C/H), 2 h vom Paß. Nun auf dem
breiten Pferdeweg unfehlbar nach
Surke, 2293 m (H/C), 2 h. Eine Stun-
de später rechts über die Treppen zum
Flugfeld von **Luglha**, 2834 m (C/H/
AP), 2 h von Surke. Wenn das Ziel im

Ein Lama zelebriert eine *puja* im Garten eines Sherpahauses. Viele Gläubige rufen die Mönche regelmäßig, damit sie Unglück durch Gebete von Haus und Bewohner fernhalten
(Sanam, 2650 m).

Norden liegt, bei den Treppen links
halten und in 1½ h nach Chaunrikharka (sh: Dungde), 2674 m, und
Cheplung (SK + sh: Lomdza) (L/H/
C). Von hier in zwei Stunden nach
Phakdingma, 2600 m (C/H), ca. 6 h
von Surke.

Mögliche Fortsetzungen

– Flug ab Luglha nach Kathmandu
(im Okt./Nov. ein Glücksspiel)

– nach Phaphlu und Flug nach Kath-
mandu (in Pangkongma abzweigen)
– Trek nach Jiri (siehe Nr. 121), in
Pangkongma abzweigen
– Trek ins Khumbu (siehe Kap. 13)
– Trek ins Hinku/Hunku (siehe Nr.
132).

13. Khumbu Himal

Auf Hauptwegen und Seitenpfaden

Viele Weltreisende behaupten, Nepal sei das schönste Land der Welt. Viele Nepalkenner meinen, das Khumbu sei der schönste Fleck in diesem Land. Nun, was hat es denn auf sich mit diesem Khumbu Himal? Ich selbst bin erst auf meiner vierten Nepalreise kurz dorthin gelangt, aber seither in beinahe krankhafter Manier immer wieder für längere Zeit zurückgekehrt. Irgend etwas zieht einen dort stark an. Doch was eigentlich?

Es mag dafür individuell einen oder mehrere Gründe geben. Da ist einmal der höchste Berg unseres Erdballs, der Sagarmatha oder Mount Everest. Im Soge der vielen Expeditionen pilgern heute Wanderer zum Basislager. Da stehen auch die anderen Bergriesen, wie Lhotse, Cho Oyu, Pumori, Amai Dablang, Kang Taiga und Tramserku, um nur die wichtigsten zu nennen, Berge, die von ihrer Gestalt einfach einmalig sind und trotz ihrer beträchtlichen Höhe den Menschen nicht erdrücken, sondern sich harmonisch und ergänzend aneinanderfügen. Kurz – wir betreten hier eine einzigartige Hochgebirgslandschaft und können deren Schönheiten voll auskosten, ohne den Fuß auf Eis und Schnee zu setzen.

Da wären auch – um beim Bergsteigen zu bleiben – ein paar sogenannte Trekkinggipfel, z. B. der Imja Tse Himal (vormals Island Peak), der Pokhalde, Kongde, Mera und Naulekh, Ziele für den erfahrenen Bergsteiger. Da sind für den weniger ambitiösen Besucher Wanderwege, respektive Wunderwege geschaffen, die ihn in die verschiedenen Seitentäler hinein und wieder sicher hinaus führen. Da sind die schönsten Höhenwege zu finden, die ich kenne. Eine Wanderung von Khumjung über Mong nach Phortse und weiter nach Pangpoche oder umgekehrt kann derart schön sein, daß man sie schon unter „gefährlich" einstufen muß, denn man könnte vor lauter Staunen die Aufmerksamkeit für den eigenen Schritt verlieren, was bei den steilen Grashängen fatale Folgen haben müßte.

Da wäre noch der Vegetationswechsel zu nennen, der uns überrascht. Wandern wir von Luglha durch das Pharag nach Nauche, so umgibt uns eine fruchtbare, montane Zone, während diese oberhalb von Nauche, im eigentlichen Khumbu, langsam durch eine aride, beinahe tibetische Landschaft abgelöst wird. Noch höher oben folgen Geröllwüste und Schnee und Eis. Da sind auch noch die kulturell äußerst interessanten Klöster von Phakdingma, Thame, Tengpoche und Pangpoche, die neben vielen anderen Dorf-

Gompa eine Hauptrolle im religiösen Leben spielen. Tengpoche wird zudem gern als „schönster Ort der Welt" gepriesen, ein Attribut, welches sich sicherlich auf die Aussicht und die harmonische Lage des Klosters in dieser Bergwelt bezieht.

Und da sind schließlich die Sherpa, ein Volk von tibetischstämmigen Bergbauern, Viehzüchtern und Händlern, das diese prächtige Landschaft bevölkert. Wenn Nepalreisende nach ihrer Bergwanderung erklären, sie hätten Berge gesucht, aber Menschen gefunden, dann trifft dies vielleicht speziell für das Khumbu zu. Die fröhliche und positive Art der Sherpa und Sherpani, am Rande der Existenz zu überleben und ihre Anpassungsfähigkeit und Ausdauer in schwierigen Situationen im Hochgebirge, ließen den Namen ihres Stammes auch zu einer eigentlichen Berufsbezeichnung werden. Die Sherpa wurden ja im Zuge der Besteigung vieler Himalajariesen als wackere, muntere und nicht kleinzukriegende Helfer, Höhenträger und Führer bekannt. Ihre unermüdliche Leistungsfähigkeit auch in großen Höhen bereitete mancher Expedition die Grundlage für den Erfolg. Obwohl die Sherpa innerhalb Nepals mit etwa 30.000 Seelen eine Minderheit darstellen, wurden sie doch im Ausland bekannter als alle anderen, z. T. wesentlich zahlreicheren Volksstämme. Der Begriff Sherpa hat also drei Bedeutungen: Erstens ist er der Name des Volkes, das hier lebt, zweitens wird er als Synonym für dessen Sprache geführt und drittens bedeutet er auch die Berufsbezeichnung „Höhenträger" oder „Führer". Es muß hier erwähnt werden, daß mitunter auch Nicht-Sherpa auf 8000 Meter hohen Gipfeln stehen und heute ein „Sherpa" nicht unbedingt mehr ein Sherpa sein muß. Ich selbst habe z. B. Wanderungen mit reiner Tamang-Belegschaft durchgeführt. Auch Gurung und Bhotia können in der Funktion eines „Sherpa" auftreten.

Die Sherpa (tib: *shar* = Osten, *pa* = Mann, Volk) sind vor etwa 450 Jahren in verschiedenen Wellen aus der osttibetischen Provinz Kham nach langer Reise über den Nangpa La ins Khumbu eingewandert. Teilweise mögen eine schlechte Ernährungslage und Konflikte mit anderen mongolischen Stämmen damals zur Auswanderung geführt haben. Sie brachten ihre Kultur und Religion mit, weshalb wir heute im Khumbu auch jenes lebendige Tibet noch erleben können, welches an seinem Ursprung inzwischen zerstört wurde. Überdies sind die Sherpa für ihre Küche bekannt. Kaum in einem anderen Landesteil werden aus so wenigen Grundnahrungsmitteln so viele verschiedene gute Gerichte gekocht.

Alle diese Gründe mögen dazu beitragen, daß sich das Khumbu wachsender Beliebtheit erfreuen darf, obwohl es rein strecken- oder flächenmäßig zu den kleineren Regionen gezählt werden muß.

Die Geographie dieses Gebiets kann leicht anhand eines anatomischen Beispiels erklärt werden. Betrachten Sie Ihre linke Hand, mit der Handfläche nach oben und leicht gespreizten Fingern. Der Arm bildet das Dudh-Kosi-Tal. Irgendwo zwischen dem Ellbogen und der Armbanduhr befindet sich Luglha mit dem berühmt-berüchtigten Flugplatz. Unter dem Uhrband liegen Monjo und Jorsale und damit der Eingang des Sagarmatha National Parks, wo 60 Rupien Eintrittsgebühr entrichtet werden müssen. Auf der Handwurzel finden wir Nauche, den Dreh- und Angelpunkt der Region. An Samstagen kann dort der lebhafte und farbenfrohe Markt beobachtet werden. Folgen wir dem Daumen, so erreichen wir Thame, einen sehenswerten Ort mit einem alten Kloster, wo jeweils nach dem Mai-Vollmond das Mani-Rimdu-Fest stattfindet. Thame kann auch vom Rolwaling über den schwierigen Trashi Labtsa besucht werden, sofern dafür eine Bewilligung ausgestellt wird. Der Zeigefinger bildet das verbotene Tal des Nangpo Tsangpo. Weit hinten auf der Fingerspitze liegt der Nangpa La, der nach Tibet führt. Im ersten Drittel dieses Tales lag der Langmoche-Gletschersee, der im August 1985 mit viel Gepolter ausbrach und im Dudh-Kosi-Tal große Verwüstungen anrichtete. Ebenso lang, aber zugänglich, ist das Gokyo-Tal, der Mittelfinger des Khumbu. An dessen Spitze thronen Cho Oyu und Gyachung Kang, die vom unteren Tal her teilweise, aber dann sehr eindrücklich vom Gokyo Peak gesehen werden können. Dieser Aussichtsberg befindet sich am Ende des ersten Drittels des Tales. Der Ringfinger führt von Pheriche nach Lobuche, zum Kala Pattar und zum Everest-Base-Camp. Der kleine Finger vertritt das Imja Drangka mit den Siedlungen Dingpoche und Chhuk-

Markt in Nauche: Tibeter, Sherpani. ▲

Zuerst feilschen, dann feiern. ▼

Mani Rimdu, das Großereignis der *lama* (Thame Gonda, 4000 m, Mai '84).

Tanzender Mönch (Thame, Mai '84).

hung. Oberhalb von Nauche, in der Handfläche, liegen die Sherpadörfer Kunde und Khumjung. Östlich des Dudh-Kosi-Tales finden wir die unbewohnten Täler Hinku und Hunku, westlich davon das Lumding-Tal. Sie bilden die eigentlichen Seitenpfade.

Trauer und Freude im Pharag

Luglha (von sh *lug* = Schaf, *lha* = Weide) fristete lange Zeit ein wahres Mauerblümchendasein, bis der holprige Grasstreifen – genannt Airport – die Szene entscheidend veränderte. Heute strahlen Wellblechdächer auf den größeren Häusern gen Himmel und der Markt am Donnerstag gibt einen kleinen Vorgeschmack auf jenen von Nauche ab. Den eigentlichen Dorfkern bilden zahlreiche Lodges

Kang Taiga, 6779 m, und Tramserku, 6608 m, krönen die märchenhafte Winterlandschaft (Paß, 3833 m, bei Syampoche, Januar '85).

und der Wendeplatz der Flugzeuge. Eine grüne Fläche trennt das Hauptdorf von einer etwas schmutzigeren Siedlung am Hauptweg: Tamangtole. Dort hausen nebst einigen Damai mehrheitlich Tamang, die von den hier geschaffenen Verdienstmöglichkeiten profitieren wollen. Nicht weit von jener Stelle aber, wo die Fremden aufgrund ausgefallener oder nicht stattfindender Sichtflüge ihre Nerven verlieren und teilweise wieder finden, nur etwas weiter unten, in Chaunrikharka, erklingt in einem Sherpahaus der dumpfe, rhythmische Klang großer Pauken. Beim Nähertreten ist ein einlullendes Gemurmel mehrerer Männer zu hören. Plötzlich wird die Monotonie durch schrille Glöckchen- und Klarinettenklänge unterbrochen, die von gewaltigen Baßhörnern untermalt werden. Es ist eine *puja*, ein Gebetsritus. Vor einer Woche ist der Herr des Hauses überraschend verschieden. Die Familie läßt durch einige Lama (buddhistische Mönchsprie-

ster) während den 49 Tagen des *bardo*, des Lebens in der Unterwelt also, für ihn und eine bessere Wiedergeburt beten. Solche Riten werden je nach den finanziellen Verhältnissen der Angehörigen länger, aufwendiger, oder kürzer, bescheidener gehalten.

Das nächste Dorf auf dem Weg nach Nauche heißt Cheplung. Dort lebt jene Sherpafamilie, die ich vielleicht am besten kenne: Norbu Zangbus. Zuvor aber winkt mich Pemayangji, die Tochter von Ang Tarkye, mit den Worten „*solja, she!*" (sh: „trink Tee!") ins Haus. Durch den dunklen Stall und eine unsichere Treppe gelange ich in den Wohnraum. Bald haben sich meine Augen auf die beträchtliche Dunkelheit im Raum eingestellt und ich sehe sie an der Feuerstelle kauern. Durch ein Rohr bläst sie in die Glut. Sie trägt eine dunkle Sherpanitracht, genannt *enki*, mit der klassischen, farbig gestreiften Schürze. Ihr Vater Ang

Tarkye – beinahe taub – hat mich kommen sehen und legt sein Gebetsbuch auf den Fenstersims. Er kommt mir entgegen und ergreift mit beiden Händen meine Rechte. Diese Geste ist zwar nicht originalgetreu, aber sehr herzlich. Bei der folgenden Konversation hilft Pemayangji, denn sie kann sich mit ihm in Sherpa und Zeichensprache verständigen. Ang Tarkye

dreimal. Es ist Salztee. Die Sherpa nennen ihn *sucha*, die Nepali *bhote chiyā* (Tibetertee). Ein starker Schwarztee, der in Ziegeln oder Kegeln aus Tibet kommt, wird in einem langen Holzgefäß (sh *dromo*) mit Salz und Butter zu einer suppenähnlichen Emulsion verstampft. Die Sherpa trinken rauhe Mengen dieses für westliche Mägen eher ungewohnten Getränks. Beim

sumiert. Es handelt sich um Reisbier (*chāmalko chang*). Es kann aber auch aus Hirse (*kodoko chang*) oder Mais (*makaiko chang*) hergestellt werden. Die Nepali nennen den schwach alkoholhaltigen Saft aufgrund seines milchigen Aussehens auch scherzhaft *chāmalko dudh*, also Reismilch.

Nach vorheriger Absprache bringt der Vater des Bräutigams dem Vater der Auserwählten ein Geschenk in Form eines großen *tsampa*-Kuchens. Die beiden Familien begegnen sich möglichst vollzählig im Hause des Brautvaters. Nimmt dieser den Kuchen an, gilt die Heirat als perfekt. Nach zwei bis drei Tagen des Festens – mit entsprechend durchgesungenen, getanzten und gezechten Nächten – löst sich die fröhliche Gesellschaft wieder auf. Beim Weggehen werden der Braut *kata* (sh+tib: Glücksschärpen) umgehängt und Geldgeschenke abgegeben. Der Bräutigam verbleibt aber im Hause der Braut. Nach etwa zwei Wochen zieht das Brautpaar ins Haus des Bräutigams, wo nach weiteren zwei bis drei Wochen das Gegenfest stattfindet. Tsiring Nyima ist 18, ihr Zukünftiger 24 Jahre alt. Er heißt Nyima Dorjee und stammt aus Phakdingma. Die Festgesellschaft ist entsprechend gekleidet. Die Damen tragen die besten *enki*, die Herren zum großen Teil die *chuba* und Pelzmützen. Es handelt sich hier um die traditionelle Hochzeit. Immer häufiger allerdings wählen die jungen Menschen nach westlicher Sitte ihren Partner selbst.

Cho Oyu und Gyachung Kang (Gokyo Peak, 5300 m).

spricht kaum Nepali. Er ist ein ungemein starker, religiöser Mensch, der sein Leiden hinnimmt, als wäre es das Selbstverständlichste auf der Welt. Er spricht in normaler Lautstärke mit einer sonoren Stimme. Während die Tochter den Tee bereitet, zeigt er mir einen schön gewachsenen Bergkristall, den er im oberen Imja Drangka gefunden hat. Kaum habe ich an der heißen Tasse genippt, steht Pemayangji mit der Kanne vor mir, um nachzugießen. Dieses Zeremoniell wiederholt sich

Abschied folgt mir Ang Tarkye hinaus. Er dreht die hauseigene Gebetsmühle im Uhrzeigersinn.
Ich komme abermals nicht weit. In Norbu Zangbus Haus geht es hoch zu und her. Seine Tochter Tsiring Nyima erzählte mir früher auf einer Wanderung, sie werde demnächst verheiratet. Dies scheint nun der Fall zu sein. Eine bunte Schar Verwandter und Bekannter füllt den Raum, Gesang und Stampftänze sind Trumpf. Dazu werden wahre Unmengen von *chang* kon-

Alpaufzug nach Lumding

Ein strahlender, heißer Junitag kündigt sich an. Es ist fünf Uhr morgens,

Monsun (Lumding, 3963 m).

die Sonne geht soeben rechts des Kusum Kangguru auf. Ich sitze in Seongma vor dem großen Haus von Chungma Temba. Drinnen herrscht geschäftiges Treiben. Ein enormer Bambuskorb wird mit einem Butterfaß, Mehl und diversen Gerätschaften gefüllt. Ang Tsertji, die 14jährige Tochter, ist mit verschiedenen Küchenutensilien beschäftigt, die sie in ihrem Tragkorb verstaut. Ihre Mutter kocht einen Topf voll Kartoffeln (sh *rikhi*) und bereitet die Chilisauce dazu. Der Knecht Lhakpa schaut inzwischen nach den Tieren, die er auf einer nahen Weide sammelt. Nach dem kräftigen und ebenso scharfen Frühstück geht es los. Chungma Temba holt zwei Pferde aus dem Stall, sein Neffe Nawang Gyalzen, auch 14jährig, befestigt zwei Lasten auf dem Schimmel. Lhakpa buckelt den vielleicht 60 kg schweren Korb. Mein Gastgeber murmelt im Haus einige

Gebete und wirft Reiskörner in die Luft. Ang Tsertji ist schon unterwegs. Sie wird drei Monate in Lumding bleiben, hat aber ihre Mutter und die Geschwister verlassen, als gehe sie nur gerade schnell im Garten einen Kohlkopf holen – kein Wort des Abschieds auf beiden Seiten. Auf der Weide pfeifen meine kleinen Freunde die 18 *dimzu chhāuri* (sh *dzom*) zusammen. Der *upādhi bhārādār*, wie Chungma Temba aufgrund seines Amtes als Vize-Bürgermeister auch genannt wird, trägt einen mittelgroßen Rucksack und hält die Pferde an der Leine. Dann folgt Lhakpa. Den Kindern, mir und meinem Hund Pandu sind die Tiere überlassen. Langsam setzt sich die Karawane in Bewegung. Durch zwei Schluchten erreichen wir die verfallenen Häuser von Nyerse. Die zwei Gäule wählen den unteren, leichteren Weg, wir mit den *chhāuri* hingegen nehmen die Abkürzung durch den Wald und durch einen spritzenden Bach. Mit Pfiffen und johlenden Zurufen werden die Tiere angetrieben. Die Hitze wird groß, was wir besonders am Steilhang nach Pangchung (SK: Moro Kharka) zu spüren bekommen. Das Gras ist frisch und grün, überall wachsen Blumen – das verdreht den *chhāuri* den Kopf. Es ist mühsame Ar-

beit, sie den fast weglosen Hang hinauf zu leiten. Den *dimzu chhāuri* kann die Kälte nichts anhaben, unter der Hitze leiden sie jedoch wie die Yak, die unter 3000 Meter nicht existieren können. Durch verblühte Rhododendren gelangen wir zu einem wunderbaren flachen Platz – die Weide von Pangchung. Es ist Abend und große Wolken hüllen uns ein. Schnell ist ein Zeltdach aufgestellt, während die Tiere im hohen Gras schwelgen. Ang Tsertji und Nawang Gyalzen kochen *paberko dhiro* (sh *sen*), eine Art Polenta aus Buchweizen und Hirsemehl. Dazu gibt es den obligaten Gemüseeintopf (*tarkāri*) mit Kohl und Kartoffeln. Auf einem Rundgang werde ich von den ersten Regentropfen und Blutegeln überrascht. Diese listigen Würmer finden irgendwie immer einen Weg zum Blut, das sie völlig schmerzlos anzapfen. Schnupftabak oder Salz sind die besten Abwehrmittel gegen die Schmarotzer. Das Essen schmeckt vorzüglich, der Tibetertee dazu bringt das herausgeschwitzte Salz zurück. Unter dem Zeltdach plaudern wir ein wenig über die verschiedenen Züchtungen. Dabei werden Yak (♂) und Nak (♀) mit Kuh oder Stier gekreuzt. Die nachstehende Tabelle bringt alles an den Tag:

	d i m z u -		u r a n g -	
	zopkyo ♂ (sh *dzo*)	*chhāuri* ♀ (sh *dzom*)	*zopkyo* ♂ (sh *dzo*)	*chhāuri* ♀ (sh *dzom*)
Vatertier	Stier	Stier	Yak	Yak
Muttertier	Nak	Nak	Kuh	Kuh
Nutzen	Tragtier	Milchtier	Tragtier	Milchtier
Milchertrag/Tag	—	bis 5 l	—	bis 5 l
Charakteristik	geschwungene Hörner dichtes Fell längere Haare		kleinere Hörner kuhähnliches Fell/Aussehen kürzere Haare	
Laut	stoßweises Knurren		stoßweises Knurren	
Einsatzgebiet	über 3 000 m ü.M.		unter 3 000 m ü.M.	

Sherpani, Kinder, *chhāuri* (bei Seongma, ca. 2800 m).

Zur Zucht werden die sogenannten *phulang*-Stiere verwendet. Das *chhāuri* ist fortpflanzungsfähig. Es wird mit einem *phulang*-Stier gekreuzt und das Kalb, männlich oder weiblich, heißt *tolu*. Diese armen Geschöpfe läßt man verhungern, um den vollen Milchertrag der *chhāuri* zu erhalten. Zudem sind die *tolu* nicht speziell lebensfähige Tiere. In manchen Gebieten (z. B. im Langtang) wird ihr Fleisch wenigstens verzehrt. Der Grunzochse (Yak und Nak) fällt durch seinen mächtigen

Kopf und die elegant geschwungenen Hörner auf. Ein dickes, langes Fell bedeckt ihn, seinen Rücken ziert ein mächtiger Buckel. Yak und Nak werden als Arbeitstier eingesetzt. Daneben finden sie als Zuchttiere, Wolle- und Brennstofflieferanten Verwendung. Fühlt sich ein Yak besonders wohl oder verärgert, grunzt es dauernd. Die Nak-Milch wird für die Aufzucht der *chhāuri* oder *zopkyo* oder der Yakkälber verwendet. Nur hie und da kann man im Sommer ein Glas

dieses kostbaren Saftes genießen. Die Käsereien arbeiten aber ausschließlich mit *chhāuri*-Milch, woraus Käse und Yoghurt fabriziert wird. Es ist also Unsinn, von „Yakmilch" oder „Yakkäse" zu sprechen, obwohl solcher unterwegs immer wieder feilgeboten wird. Richtig ist *chhāuri*-Milch oder *chhāuri*-Käse.

Das Nak liefert aber die famose Wolle, aus der in Tibet und in den Bhotia-Gegenden Nepals Decken und Kleidungsstücke angefertigt werden. Fleisch spielt ja in Nepal aus religiösen Gründen nicht jene Rolle als Ernährungsbasis wie in der westlichen Welt. Deshalb werden nur wenige Tiere geschlachtet. Kühe dürfen z. B. gar nicht geschlachtet werden, dagegen finden im Khumbu manchmal Yak und Nak den Weg ans Messer, *zopkyo* und *chhāuri* sind zu kostbar dafür. Freitag für Freitag werden in Nauche Wasserbüffelstiere (*rāngo*) in die ewigen Grasflächen geschickt. Die „Yak Steaks" in den Lodges von Nauche stammen zum Beispiel von ihnen . . .

Nach diesem Exkurs in die Intimwelt der Himalaja-Paarhufer gehen wir nach Pangchung zurück, wo bereits der Morgen dämmert. Nupla, Tramserku und Kusum Kangguru sind zu sehen. Die Kinder kochen schon. Es gibt Salztee und *tsampa*, das wahlweise als *chamdur* oder *phak* gegessen wird. Mit wenig Brennstoff kann so ein sehr nahrhaftes Essen zubereitet werden. Die zwei Teenager sind unwahrscheinlich energiegeladen und strotzen nur so vor Gesundheit. Trotz des gestrigen harten Tages verrichten sie die Kocharbeit lachend und scherzend. Es fliegen die Töpfe und Tassen unter ihren flinken Händen. Wenn Sherpa zusammenarbeiten, so geschieht dies meistens ohne Kommando und Befehle. Jeder packt dort an, wo er am nützlichsten ist. Sie arbeiten schnell und gut. Daß zwischendurch die nötige Sorgfalt leidet, ist hauptsächlich dem geradlinigen Temperament zuzuschreiben. Lhakpa treibt die Tiere auf den Weg, wo sie murrend glotzen. Einige sind von Blutegeln befallen worden. Chungma Temba „reinigt" sie mit Schnupftabak (nas), schaut aber darauf, daß für seinen eigenen Bedarf genügend davon übrig bleibt. Die Aussicht verschwindet hinter weißen Schwaden. Geisterhafte Silhouetten von riesigen Hemlocktannen ragen in die Milch. Pandu verbellt einen Raben, der ihm im Nebel zu nahe gekommen war. Heute überschreiten wir den Moro La, 4343 m, der bei den Sherpa unter dem Namen Abrog La bekannt ist, ein Unterfangen nicht ohne Risiko, denn die letzten fünfzig Höhenmeter werden in einem steilen Känel überwunden, wo sich ein enger Pfad hochschlängelt. Es liegt kein Schnee, aber es regnet, wie es nur kann. Der liebe Pandu schaut mich mehrmals fragend an und stellt seine schwarzen Ohren halbhoch. Er mag dieses Wetter nicht. Die chhāuri aber klettern sicher wie Gemsen und denken nicht daran, sich über den nassen Segen aufzuhalten. Die zwei Rösser haben mit den glitschigen Platten ihre Sorge, sehr zur Belustigung von Chungma Temba, der ihre unkonventionelle Gangart als ghorāko nāch (Pferdetanz) kommentiert. Auf der Paßhöhe wehen wassergeschwängerte Gebetsfahnen und kata. Chungma Temba befestigt neue Fahnen, die er vom Lama in Ghat erhalten hat, murmelt Gebete und wirft wieder Reis in die Luft. Er dankt für die Ankunft

und bittet um Segen für einen guten Sommer auf der Alp. Zwischen Felsen gelangen wir in einen dichten Rhododendronwald und schließlich zur Alphütte in Lumding Kharka, 3963 m. In den klobigen Händen des Knechtes entsteht ein Feuer, das durch Blasen bald groß genug ist, um sich daran zu trocknen. Bald darauf erscheint Nawang Gyalzens Schwesterherz, Nyimayangji, die uns Tee und dhiro kocht. Sie kam mit ihrem Vater Gyalzen Norbu, Chungma Tembas älterer Bruder, vor zwei Tagen mit den zwanzig jungen chhāuri hier an. Nawang Gyalzen verschwand nach Ankunft mit einem Messer im Nebel. Strahlend kehrt er zurück. In seinem Korb liegt ein großer Bund kyashar-Stengel. Diese Pflanze findet sich sehr häufig auf den Sommerweiden und blüht im Juni bis August. Ihr geschälter Stiel gibt ein bekömmliches, leicht süßes Gemüse ab. Lhakpa melkt schon. Das Tier wird in der Regel nicht angebunden, sondern mit Schnalzen beruhigt. Den störrischen Tieren fesselt man die Vorderbeine. Der Holzkessel steht unter dem kleinen Euter, Lhakpa kauert daneben und melkt etwa zwei Liter pro Tier. Die Milch wird sofort zu Butter verarbeitet, die wöchentlich in Nauche gut verkauft wird. Auch etwas Yoghurt wird produziert, der aber eher für den Eigenbedarf bestimmt ist. Wir sitzen in der kleinen, einzelligen Steinhütte, die mit großen Steinplatten gedeckt ist. Am Boden liegen Wacholderzweige, die einen wohlriechenden Teppich abgeben. In der Ecke schnarrt und schlurft das Butterfaß unter Lhakpas bärenstarken Händen. Ein klitzekleines Fenster läßt spärlich Licht herein, oder würde es, wenn nicht gerade ein chhāuri davorstünde,

Der blaue Mohn, geheimnisvoll, selten.

wie jetzt gerade. Es glotzt meinen Hund an, der nicht weiß, ob er das schwarze Tier mit den großen, spitzigen Hörnern fürchten soll, oder nicht. Es regnet. Bissiger Rauch getrockneten Mists vermischt sich mit dem Nebel zu einem wahrhaften Alpensmog. Blauer Mohn blüht, einige weiße Rhododendren, Alpenrosen und viele Iris blühen, alles blüht, sogar die Steine scheinen es zu tun.

Vier Tage bleibe ich in Lumding. Meine Freunde – außer Chungma Temba – bleiben drei Monate. Es sind harte, arbeitsreiche aber auch nasse und feuchte Tage. Weichen die Nebel und Wolken, strahlen Karyolung, Khatang, Kongde und Nupla im frischen Weiß des Monsunschnees. Die chhāuri fressen sich voll und kehren fett nach Hause zurück, nachdem sie in Pangchung und oberhalb von Seongma noch einige Wochen Zwischenhalt eingeschaltet haben.

Im Winter herrscht oft Mangel an Gras, weshalb die steilen Wälder am Dudh Kosi beweidet werden müssen.

123

Der Sagarmatha-Nationalpark

Zwischen Monjo und Thaog, nahe eine großen Manisteinen, steht jenes Holzschild, das dem Besucher den Eintritt in den Sagarmatha-Nationalpark verheißt. Dieser Park reicht bis zur tibetischen Grenze im Norden,

Der Cho Oyu, 8153 m, spiegelt sich im Gokyo Tsho (Gokyo, 4750 m).

zum Trashi Labtsa im Westen und zum Cho Polu im Osten und hat die Besonderheit, bewohnt zu sein. Dieser Umstand macht die Arbeit der Parkverwalter auf Mendalphu Hill bei Nauche nicht leichter, ist es doch mitunter schwierig, die Interessen von Flora und Fauna mit jenen der ansässigen Menschen zu vereinen. In diesem Zusammenhang wurde auch schon die Umsiedlung der Sherpa ins Solu oder ins tropische Flachland des Terai erörtert, was natürlich bei den berggewohnten Sherpa berechtigten Unmut auslöste.

Die Aufgaben des Nationalparks sind die Pflege der natürlichen Schönheiten um den Sagarmatha, das Wiederaufforsten der abgeholzten Wälder und damit die Schaffung von Lebensraum für die in die Enge getriebene Fauna. Der Nationalpark-Knigge kann etwa so formuliert werden:
– alle Lebewesen und Pflanzen sind geschützt
– Abfall hinterlassen ist untersagt
– Trekkingtouristen und Expeditionen müssen bei Eintritt in den Park über eigene Kocher und genügend Brennstoffreserven in Form von Gas oder Kerosin verfügen.

Nun, wie steht es mit der Einhaltung dieser Regeln? Leider schlecht.

Dank dem Aufforstungsprogramm können zwischen Nauche und Thame sowie um Trashinga wieder Wälder bestaunt werden, wo vorher blanke Halden der Erosion harrten. Auch können Thar und Fasane beobachtet werden, manchmal unmittelbar neben den Wegen. Wird für die jungen Bäumen Sorge getragen, so dürfte sich z. B. der Hang zwischen Nauche und Kyengjima in den nächsten zwanzig Jahren zu einem Wald entwickeln, der unter Umständen sogar die Aussicht auf die Amai Dablang verdeckt. Auch scheint mir der Blumenreichtum von Jahr zu Jahr größer und Spezies, die früher schwer zu sehen waren, nähern sich wieder den Haupttälern. Natürlich wird diese an und für sich positive Entwicklung durch die starke Beweidung der Hänge und Wälder verlangsamt, aber es sind kleine Erfolge zu verzeichnen.

Nun gehören aber auch die Sherpa zu den „Lebewesen" des Parks. Eine unverständliche Unsitte der Fremden, den Kindern Süßigkeiten zu schenken, hat die einstmals gesunden Zähne des Bergvolkes ruiniert. Fast täglich eilen Sherpa ins Spital von Khunde – mit Zahnschmerzen, einer Krankheit, die vor 1950 so gut wie nicht bekannt war. Fazit: Sowohl hier im Khumbu wie auch in allen anderen Teilen Nepals können sinnvollere Dinge verschenkt werden als kariesfördernde Bonbons (z. B. Schulhefte, Bleistifte und Kleider).

Mit dem Abfall steht es schon übler. Während die Völker des Westens in Sachen Umweltschutz geradezu sensibilisiert wurden, scheinen viele beim Anblick der hiesigen Berge alles zu vergessen. Gokyo und Lobuche bieten nebst natürlichen auch Berge von Abfall als fotografische Ziele, allerdings werden letztere selten geknipst. Eine regelrechte Expedition der NPMAF (Nepal Police Mountaineering and Adventure Foundation) hat 1984 den Weg zum und das Sargarmatha Basislager selbst gereinigt. Erstaunlicherwei-

124

se wurden nebst dem „Fremdabfall" Büchsen, Gaspatronen, Batterien, Papier, Verpackungen und Glas auch viele schwer verrottbare Abfälle der Einheimischen gesammelt, wie z. B. alte Schuhe, Tragkörbe, Seile, Stricke, Zigarettenverpackungen und alte Haushaltsgegenstände. Die Fremden können zur Besserung der Lage beitragen, indem sie dem Grundsatz folgen: „Hinterlassen Sie nichts als Fußspuren!" Auch macht es sichtlichen Spaß, einen Lagerplatz sauberer zu verlassen, als man ihn betreten hat.

Das gravierendste Problem ist der Holzkonsum. Solange die Wander- und Expeditionsgruppen Holz kaufen und verwenden, sei es nun inner- oder außerhalb des Nationalparks, tragen sie zur Abholzung der Wälder bei. Die meisten von Trekkingagenturen organisierten Gruppen zeigen zwar am Eingang stolz ihre Kerosinkocher vor, gekocht wird aber mit Vorliebe illegal mit Holz und zwar in den Lodges – fern der Augen der Parkwächter, die sich auch nicht groß um diese essentielle Bestimmung und deren Einhaltung zu kümmern scheinen. Das Holz, das nördlich von Monjo verbrannt wird, stammt größtenteils aus dem Pharag, da innerhalb des Parks auch die Sherpa keine Bäume umhacken dürfen. Solange also Holz trotz Verbot als Brennstoff verwendet wird, solange wird das Pharag entwaldet. Dabei kann Kerosin in Jorsale respektive Nauche gekauft werden.

Trotz der relativ hohen Kosten ist die Verwendung von Kerosin wirtschaftlicher als die von Holz, das z. T. astronomische Preise erzielt. Der organisierte Tourist muß bei seinem Sirdar oder Koch darauf bestehen, daß die schönen Kocher auch verwendet wer-

Schwerbeladene Rai erklimmen die Rampe von Nauche (Jomtable, 3200 m).

den, der Individualreisende ißt mit Vorteil in Lodges, wo mit Gas, Kerosin oder elektrisch gekocht wird.

Markt in Nauche

Still kündigt sich ein kalter aber klarer Dezembermorgen an. Schnee liegt in Nauche. Ich plaudere mit Ang Sona, während sie *sen* und *shomar*, das wohlschmeckende und kräftige Frühstück zubereitet. Ein Gemisch von zwei Teilen Buchweizen- und einem

Teil Hirsemehl wird in heißem Wasser unter kräftigem Rühren zu einer Art Polenta gekocht, dazu gibt es Käsesauce.

Ihr Mann, Ang Norbu, holt Pferdegeschirr und Nylonseile aus einem Kasten. Er plant nicht etwa einen flotten Ausritt, obwohl diese Idee gar nicht so schlecht gewesen wäre, sondern er möchte diese Utensilien heute vormittag auf dem Markt veräußern. Es ist Samstag, Nauches großer Tag, der Wochenmarkt.

Leise gleitet der Rauch aus den Dächern, ein geschäftiger Tag nimmt seinen Anfang (Nauche, 3440 m, Mai '84).

Ja Nauche, dieser Ort – relativ klein und überschaubar – bildet auch so etwas wie ein Archipel der zivilisierten Welt im Ozean des höchsten Gebirges der Welt, dies mit all seinen Vor- und Nachteilen. Es ist der Punkt, wo der Khumbu-Wanderer schlichtweg hindurch muß. Hier trifft man sich. Die Atmosphäre ist eigenartig und anziehend, die Anlage des Dorfes einmalig. Wie in einem Hohlspiegel reihen sich die Häuser und Lodges auf wenigen Ebenen ein. Im Prinzip sieht man

von überall alles. Unten, im Brennpunkt, thront ein Chörten, und die Wasserstelle mit den anschließenden Gebetsmühlen bildet den Ursprung aller Geschäftigkeit, sie laufen immer. Hinten und seitlich zieren staubige Pfade die steilen Hänge. Vorne grüßen Tramserku, Kongde und Nupla. Die Siedlung scheint auf allen Seiten von Bergen beschirmt und beschützt. Und hier findet der bekannte Markt statt, der, einem Magnet gleich, Scharen von Leuten aus hüben und drüben anzieht.

Es ist der einzige große Markt in weiter Umgebung, was die Herkunft der Käufer und Verkäufer beweist. Auf der Käuferseite finden wir fast ausschließlich Sherpa aus dem Khumbu und einige wilde Gestalten in schwarzen *chuba*, mit zerzausten, filzigen Haaren, die mit roten Schnüren auf dem Kopf gebunden werden: Tibeter. Auf der Verkäuferseite sitzen vornehmlich Rai, Jiriel sowie einige Sherpa aus dem Solu und dem Pharag, ein buntes Völkergemisch also. Einige kommen am

Samstag früh aus ihren Dörfern in der Umgebung hierher. Andere sind schon eine Woche oder mehr unterwegs. Es ist sieben Uhr jetzt und hell geworden. Die Sonne kriecht langsam ins Dorf hinunter, ebenso langsam vermutlich, wie jetzt Dutzende von schwerbeladenen Trägern von Monjo her heraufschleichen. Die Rai und Jiriel pflegen die Nacht vom Freitag auf den Samstag dort zu verbringen. Nur wenige schlafen im kalten Nauche, so z.B. die Fleischverkäufer, welche am Freitagabend ihre Wasserbüffel knapp unterhalb des Dorfes schlachten.

Wir sitzen noch beim Frühstück, als die Sonne mit ihrer Schmelzarbeit auf den Schindel- oder Wellblechdächern beginnt. Der Marktplatz befindet sich eingangs des Dorfes bei einem großen Manistein. Einige schlotternde Unterländer haben schon Platz genommen und packen ihre Tragkörbe aus. Nach acht Uhr treffen die meisten Verkäufer aus Monjo ein, ebenso die Sherpa und Sherpani aus dem Hochtälern. In der ersten Stunde werden die Preise gefragt und die Käufer verhalten sich passiv, bis sich Angebot und Nachfrage eingependelt haben. Das Menschen- und Auslagengewirr wird immer größer. Zuoberst hocken die Metzger vor ihren blutigen Bergen, rauchen *bidi* und schauen etwas gelangweilt in die kühle Runde. Hie und da verirrt sich eine Sherpani zu ihnen, um einen Preis zu fragen. Das Fleisch wird per *dhārni* (ca. 2,5 kg) verkauft. Die Handwaagen der Rai werden heute nicht über Gebühr beansprucht, die Nachfrage ist klein. Ang Norbu schaut sich eine etwa 25 kg schwere Büffelseite näher an. Der Rai will 450 Rupien dafür. Der Sherpa wendet sich

mit den Worten „*mahango bhayo, na kinne, gharma jāne!*" (es ist teuer geworden, ich kaufe nicht, ich gehe nach Hause!) und einem Augenzwinkern zu mir wieder ab.

Großer Lärm herrscht unten links, dort wechselt *chāmal* (Reis) die Hand. Man handelt ihn im Hohlmaß, ein *pā thi* sind acht *mānā* oder etwa 4 kg Reis. Ich sehe Lal Bahadur Rai aus Bung geschäftig mit eifrigen Sherpani reden, während er seinen Reis *mānā* für *mānā* in den Sack eines Tibeters füllt. Er hat zwölf *pāthi* (48 kg) vor neun Tagen in Dingla zu 24 Rupien per *pāthi* gekauft und ist heute früh in Nauche eingetroffen. Der Preis ist gut, da die Nachfrage heute groß ist: 55 Rupien per *pāthi*. Das erlaubt ihm einen Erlös von netto etwa 260 Rupien, nach Abzug der Unterwegsspesen. Für umgerechnet 30 Schweizerfranken trug er also einen über 50 kg schweren Korb während neun Tagen über Berg und Tal. Er ist zufrieden.

Die Mandarinen sind auch gefragt. Die Sherpani rennen den Rai aus Tumlingtar fast die Körbe ein. Auch die Nudeln aus Jiri gehen wie frische Semmeln. Ein Träger bringt im Schnitt 155 Pakete zu 300 g, was eine Last von über 50 kg, mit Korb, Kochgeräten und Zwischenverpflegungen ergibt. Ein Paket kostet in Jiri 2.50 Rupien, heute kann für 5.50 Rupien verkauft werden. Der Erlös beläuft sich also netto auf etwa 400 Rupien, da der Jiriel nur sechs Tage unterwegs ist. Auf dem Rückweg nimmt er Kartoffeln nach Hause.

Nyima Dorjee aus Monjo taucht mit Äpfeln auf, aber bald im *chang*-Zelt unter, ohne sichtlichen Verkaufserfolg. Bei Nudeln und Tee vernehme ich von Ang Daki aus Pangpoche, daß

sie etwas Öl und Kerosin kaufen möchte. Zurück im Gewimmel sehe ich sie schon beim Händler, der ihre mitgebrachten Glasflaschen durch den Trichter füllt. Da zupft mich jemand am Ärmel. Es ist Pema aus Nauche. Sie hält nach Hirse Ausschau, aus der in ein paar Tagen *chang* werden soll. Etwas Wintergemüse aus dem Solu wird feilgeboten, daneben Zigaretten und Schnupftabak. Dort tasten neugierige Tibeteraugen über die Ware. Kerzen werden von den Leuten aus Phortse erstanden, Glühbirnen von jenen aus dem elektrifizierten Nauche.

Wie ein gelber Punkt leuchtet der Mais in den Massen. Ang Norbu hat inzwischen seine Seile einem Tibeter gegen Schaffett und Wolle eingetauscht. Dem Mann ist anzusehen, daß er oft im Wind steht. Mit seiner rotierenden Gebetsmühle streift er durch die Menge. Inzwischen ist es elf Uhr geworden, der Schnee ist weg, die meiste Ware auch.

Ang Norbu hat die vorhin begutachtete Büffelseite auf dem Buckel. Er hat sie für 350 Rupien bekommen. Die Fleischpreise entsprachen heute dem Käufer. Ein alter Sherpa trägt einen kompletten Büffelkopf im Rucksack durch das Dorf in Richtung Thame. Er wird ihn auskochen und Fett daraus gewinnen.

Nun füllen sich die Häuser und Gläser, bei *chang* und *arak* geht man zum gemütlichen Teil über.

Nr. 131 (blau)   Der Everest-Trek

Charakter	klassische Route auf ausgezeichneten Wegen durch den Sagarmatha Nationalpark, von Luglha/Phakdingma über Nauche, Gokyo, Phortse, Lobuche zum Kala Pattar und zurück über Tengpoche, Nauche nach Luglha, Dauer 14–16 Tage tiefster Punkt: Ghat, 2492 m höchster Punkt: Kala Pattar, 5545 m Hauptschwierigkeiten: Höhe, Rückflug ab Luglha in der Hauptsaison
Ausrüstung	in nahezu jedem Ort befinden sich Lodges, Teehäuser und Einkaufsmöglichkeiten. Gruppen ab 6 Personen führen mit Vorteil eigene Infrastruktur mit (Zelte, Eßwaren, eigene Küche, Kocher und Brennstoff), da Unterkunft sonst Schwierigkeiten bereitet. Bewilligung: Khumbu Himal Karten: SK Blätter „Shorong/Hinku" und „Khumbu Himal" 1:50.000
Beste Zeit	Oktober – Mai
Sehenswert	Klöster in Phakdingma, Thame, Nauche, Pangpoche und Tengpoche sowie zahlreiche Dorfgompa Mani-Rimdu-Tanzfest in Thame (Mai) und Tengpoche (Oktober) Wildbeobachtungen Rhododendronblumen April – Juni Markt in Nauche (jeden Samstagvormittag)
Weg zum Startpunkt	Flug ab Kathmandu nach Luglha oder Anmarsch von Jiri, Bantipur oder Tumlingtar. Tragtiere oder Träger in Luglha. In der Hauptsaison (Oktober – November und im April) empfehle ich den Flug nach Luglha und einen Rückmarsch z.B. nach Jiri. Außerhalb dieser Monate ist es besser, nach Luglha/Phakdingma zu wandern (Akklimatisation!) und zurückzufliegen.

Wegbeschreibung

In **Luglha,** 2834 m (H/C/AP) buckeln wir den Sack und erreichen nach 30 Min. den Hauptweg in Chaunrikharka, 2674 m (sh: Dungde) (H/C). Nordwärts durch das Dudh-Kosi-Tal nach Ghat, 2492 m (H/C) und weiter nach **Phakdingma,** 2600 m (sh auch Phakding) (C/H), 2 ½ h von Luglha. Falls Flug von Kathmandu erfolgte, hier Camp. Besuch der Gomlha Dzamgang Gonda lohnt sich, 1 h oberhalb Phakdingmas. Von Phakdingma nach Monjo führen nun zwei Wege: 1. der alte Weg (von der Flutwelle im August '85 stark in Mitleidenschaft gezogen): Man wechselt aufs linke (westliche) Ufer und geht durch Wald bis zu einem Seitenbach mit Mühlen, Nyambua Chhu (TH) und weiter nach Bemkar (H/TH), wo das Tal enger wird. Durch Schutt und über Notbrücke, durch Wald nach Chumo (H/C), auch Chumoa genannt. Nun auf gutem Weg hinauf nach Monjo, 2 – 3 h.
2. der neue Weg (Hillary-Weg): Von Phakdingma rechts bleibend steil hinauf zu einem kleinen Paß, nahe Pt. 3129 der SK und steil hinunter nach Chumo (H/C) und nach Monjo, 2845 m (L/H/C), 3 – 4 h. Eingang des Nationalparks, Eintrittsgebühr Rs. 60.– pro Person (1986). Das Büro befindet sich bei der Sägerei von Thaog. Von hier neuer Weg (Hillary-Weg) am rechten Ufer des Dudh Kosi hinauf durch Wald und steil hinunter zum Imja Drangka. Der ehemalige Talweg wurde durch die Flut verschüttet. Nach der Brücke sehr steil hinauf durch Felsen und Wald zum Rastplatz von Jomtable, 2 – 3 h von Monjo. Sicht auf Everestmassiv: Sagarmatha und Lhotse. Hier befand sich übrigens früher die Grenze zwischen Nepal und Tibet. Eine weitere Stunde weniger steilen Wegs brauchen wir bis **Nauche** (np Namche Bazir, tib Naboche), 3440 m (C/H/CP/AP in Syampoche), total 6 – 7 h von Phakdingma. Der Akklimatisationsruhetag in Nauche kann dann auch zu einem Ausflug nach Thame Gonda benutzt werden (6–7 h hin und zurück). Unterwegs führt der Weg durch herrlichen Wald und über den Ruinen des Kraftwerkes von Dramo (auch Thamo genannt). Das Koster liegt auf beinahe 4000 Meter. Der Checkposten von Thame soll manchmal Spezialbewilligungen für die Überschreitung des 5417-m-Passes westlich Dragkya Chhulung nach Gokyo ausgeben. Von Nauche steigen wir steil hinauf zum Flugfeld von Syampoche und über den kleinen Paß, 3833 m, hinunter zum Sherpadorf Khumjung (C/H) am Fuße des felsigen Khumbila (Abkürzung für Khumbui Yul Lha), 1 ½ h. Sicht auf Amai Dablang. Wir verlassen die Siedlung nordostwärts und steigen über eine steile Felsentreppe, dann auf Höhenweg zum Chörten von Mong (SK: Pt. 3973 m) (L/TH), 3 h von Nauche. Hinunter bis ca. 3600 Meter (TH), nicht bis zur Brücke absteigen. Im Wald auf kleinerem Weg queren und dann z.T. steil hinauf zur lieblichen Alp von **Dole,** 4040 m (C/H), 2 ½ h von Mong, 5 ½ h von Nauche. Hinauf auf den Moränenhügel und Sicht auf

Cho Oyu, 8153 m. Es folgen die Weiden von Lhabarma, Luza und Machhermo, 4410 m (TH). Schließlich kommt **Pangka**, 4480 m (C/H), Lunch und Camp nach ca. 3 h von Dole. Der Nachmittag kann zur Besteigung des Aussichtsberges, 5065 m, benutzt werden, Akklimatisation! Nach Pangka schlängelt sich der Pfad zwischen Felswand, Bächen und Moränenschutt zum ersten Seelein, wo oft Wildenten planschen. Der zweite See (Longponga Tsho) folgt sogleich und nach 3 h liegen der Gokyo Tsho und die Sommerhäuser von **Gokyo**, 4750 m (C/H) vor uns. Lunch und Camp hier. Nachmittagsausflüge auf die Moräne des Ngozumpa-Gletschers oder zum Donag Tsho sind gut für die Akklimatisation. Zum Gokyo Peak steigen wir auf Wegspuren durch karge Grashalden. Der 5300 Meter hohe Vorgipfel, mit vielen Steinmännern besetzt, kann in 2 h von Gokyo erreicht werden. Es folgt der Abstieg in eine Scharte östlich des Hauptkammes, über große Blöcke. Von dort leichter in Geröll und Blöcken zum Hauptgipfel, 5483 m. Die Aussicht auf die Achttausender Cho Oyo, Sagarmatha, Lhotse und Makalu sowie die Riesen Gyachung Kang und Tshola Tse (SK: Jobo Lhaptshan), Taboche, Kang Taiga und Tramserku und ein wahres Meer anderer Berge kann schon auf dem Vorgipfel genossen werden. Abstieg vom Vorgipfel in 1 h nach Gokyo (L). Talaus bis kurz vor Pangka, dann links (ostwärts) über den Fluß nach **Na**, 4420 m (C/H), 2 h von Gokyo (sh + tib *na* = Alp). Wir wechseln auf die linke (östliche) Talseite und wandern entlang zunehmend steiler Weiden nach Thare, 4380 m (L), 2 h von Na. Nun auf dem unteren

Pfad am Sharkiphu Chörten (SK: Pt. 4278 m) vorbei hinunter zur Alp Konar und weiter nach **Phortse**, 3840 m (C/H). Oberhalb des Dorfes führt ein Weg ins Imja Drangka. Auf der ersten Ecke öffnet sich der Blick zur Amai Dablang, 6856 m. Nun folgt ein herrlicher, ausgesetzter Höhenweg mit phantastischer Sicht, sofern das Wetter mitmacht. Sehen Sie, wenn Sie sehen, gehen Sie, wenn Sie gehen! Immer gegenwärtig: das Kloster Tengpoche gegenüber. Langsam nähern wir uns Pangpoche, wobei der Pfad in etwa der 4000-Meter-Höhenlinie folgt (SK zeigt nur Abstieg über Tsadorje zur „Yakbrücke"). Nach etwa 2 h treffen wir auf einen weißen Chörten und das Oberdorf Pangpoche, 3985 m (L/C/H). Klosterbesichtigung (Yetiskalp und Yetihand). Auf gleicher Höhe bleibend durch die Wacholderbestände und zum Hauptweg. Die Sommersiedlungen von Shomare und Orsho (H/C) und friedliche Wiesen tauchen auf. 15 Min. nach Orsho links etwas aufsteigend zu den Häusern von Tsuro und hinunter zur Brücke über den Khumbu Drangka. 2 – 3 h nach Pangpoche sind wir in **Pheriche**, 4243 m (C/H), Spital, im Winter ein eher schattiger Ort. Wurde auf den Ausflug ins Gokyo verzichtet, ist ein weiterer Ruhetag hier angezeigt. Ausflüge nach Dzonglha, 4843 m (6 h hin und zurück) oder zur meist geschlossenen Nangkartshang Gonda, ca. 4620 m, mit Aussicht auf Makalu, und zurück zur Nachtruhe in Pheriche sind gute Akklimatisationshilfen. Der diensttuende Arzt im HRA-Spital gibt nachmittags Auskunft über die Höhenkrankheit.
Nun durch ebene Weiden nach Phulung Karpo. Danach rechts (ostwärts)

Tamangni (Nauche).

hinauf zu den Hütten von Duglha, 4620 m (L/H/C), ca. 2 h von Pheriche. Der Weg steigt nun nordwärts auf der Endmoräne des Khumbu-Gletschers. Auf dem Kamm sehen wir eine Unzahl kleiner Chörten, Erinnerungen an die verschollenen oder tödlich verunfallten Sherpa. Sichtbar werden auch Pumori, 7145 m, Lingtren (SK: Pt. 6697 m) und die Westabstürze des Nuptse, 7879 m. Etwa 2 h nach Duglha trinken wir Tee in **Lobuche**, 4930 m (C/H). Wir folgen dem guten Weg zwischen Berghang und Moräne bis zum Changri-Gletscher. Dieser wird überquert, Steinmänner markieren den kleinen Pfad. Dahinter befindet sich die sandige Ebene von Gorak Shep, 5190 m (H/C). Auf Wegspuren zum Kala Pattar (hi *kala* = schwarz, *pattar* = Stein), 5545 m, die letzten Meter in Felsblöcken, 3 – 5 h von Lobuche. Unvergleichliche Sicht auf Pumori, Lingtren, Changtse, 7550 m (befindet sich ganz in Tibet), Sagarmatha (sh + tib Chomo Longma), 8848 m,

Nuptse und viele andere Gipfel. Der Lhotse kann ebenfalls gesichtet werden, wenn man ½ h gegen den Pumori aufsteigt. In 2–3 h sind wir in Lobuche zurück. Es empfiehlt sich, in 1 ½ h ins ruhigere, 300 Meter tiefere **Duglha**, 4620 m (C/H) abzusteigen. Hier den oberen Weg über Dusa und einen markanten Chörten nach Dingpoche, 4350 m (L/H/C), etwa 2 h. In weiterer 1 ½ h nach **Chhukhung,** 4730 m (C/H). Evtl. Ruhetag mit Ausflugsmöglichkeiten in den Amphu-Kessel, zum Chhukhung Ri, 5546 m, oder zum Amai Dablang Base Camp, ca. 5100 m. Von Chhukhung auf gleichem Weg zurück nach Dingpoche (H/C), nun dem unteren, linken Weg durchs Dorf folgend zur Brücke am Khumbu Drangka, 4135 m. Nun auf bekannten Pfaden nach Pangpoche, 3985 m (L/H/C), 3 h von Chhukhung. Abstieg, vorbei an Manimauern und Chörten zur „Yakbrücke" und in den bewaldeten Hügel von **Tengpoche**, 3867 m (C/H), 2 h von Pangpoche. Herrliche Rundsicht. Abstieg von 1 h nach Phunki (C/H) und hinauf durch das Forstprojekt von Trashinga zu den Teehäusern von Sangnasa und Kyengjima, ca. 3640 m (L/H/C), 1 ½ h von Phunki. Auf dem Höhenweg durch jungen Wald nach **Nauche**, 3440 m (C/H/CP/AP in Syampoche), ca. 1 ½ h von Kyengjima. Abstieg von 600 Metern zum Imja Drangka und über neuen Weg nach Monjo zurück. Nach 2 h zur Japanerlodge in Chumo, 2760 m (L/H/C). Nun auf Hillary-Weg zurück nach Phakdingma (H/C) und über Ghat, Lomdza (np Cheplung) hinauf nach **Luglha,** 4–5 h von Chumo. Der RNAC-Mann wird Ihre Rückflugbestätigung am späten Nachmittag notieren.

Mögliche Fortsetzungen
— Flug nach Kathmandu (mit Verzögerungen rechnen!)
— Trek nach Phaphlu und Flug nach Kathmandu

— Trek nach Tumlingtar und Flug nach Kathmandu (siehe Nr. 123)
— Trek nach Jiri und mit Bus nach Kathmandu (siehe Nr. 121).

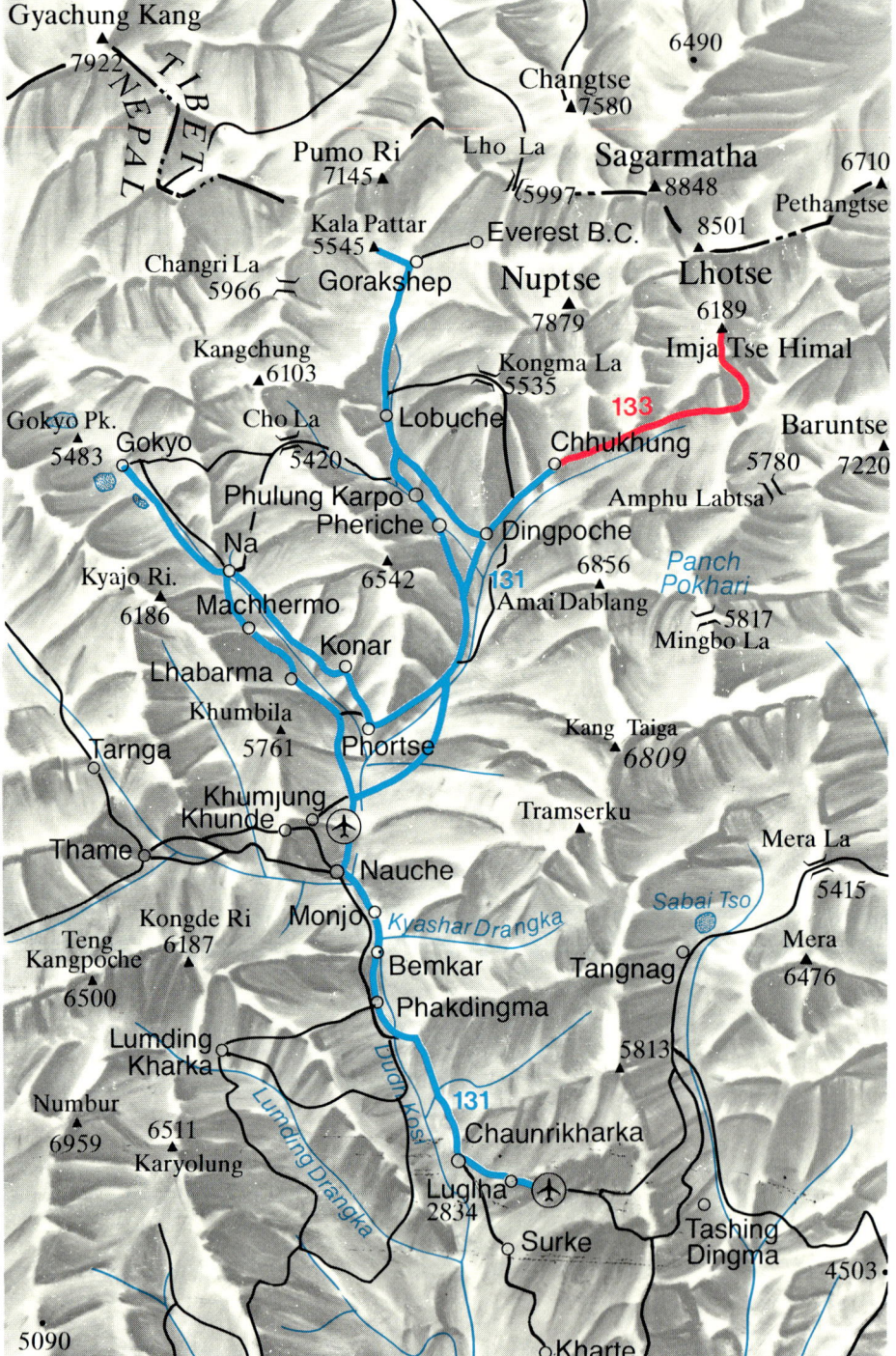

Nr. 132 (rot)   Hinku und Hunku

Charakter	anstrengende, z.T. technische Unternehmung in größtenteils unbewohntem Gebiet und großer Höhe, von Luglha über den Zatrwala ins Hinku-Tal, über den Mera La ins Hunku-Tal und den schwierigen Amphu Labtsa ins Imja Drangka. Besteigungsmöglichkeit des Mera, 6476 m Dauer: 13 – 15 Tage tiefster Punkt: Ghat (Dudh Kosi), 2492 m höchster Punkt: Mera, 6476 m, oder Amphu Labtsa, 5950 m Hauptschwierigkeiten: — durchwegs große Höhe — Überschreitung des Amphu Labtsa (nur für erfahrene Alpinisten)
Ausrüstung	Hochgebirgsausrüstung, Pickel, 1 Eishammer, Steigeisen, ein Dutzend Eisschrauben, 1 Schneeanker, Partieseile und ca. 300 Meter Fixseil, Eßwaren, Kocher und Brennstoff müssen nebst Zelten mitgeführt werden. Erst in Chhukhung (nach ca. 11 Tagen) können Grundnahrungsmittel eingekauft werden
	Bewilligung: Khumbu Himal und Besteigungsgenehmigung der Nepal Mountaineering Association (NMA) für den Mera
	Karten: SK Blätter „Shorong/Hinku" und „Khumbu Himal" 1:50.000
Beste Zeit	April – Mai, Oktober – November
Sehenswert	Urwald im Hinkutal mit besonders großen Hemlocktannen und großblättrigen Rhododendren Rhododendronblüte April – Juni Wildbeobachtungen Klöster im Khumbu Mani-Rimdu-Tanzfest in Tengpoche (Oktober) und in Thame (Mai)
Weg zum Startpunkt	ohne vorherigen Anmarsch von Jiri, Bantipur oder Hile/Tumlingtar ist dieser Trek ein Risiko, da nach Luglha keine vernünftige Akklimatisationsphase mehr besteht. Hochgebirgsträger ab Luglha

Wegbeschreibung

Von **Luglha**, 2834 m (H/C/AP) in SO-Richtung hinauf durch wunderbaren Wald in etwa 3 h nach **Tukdingma**, ca. 3310 m (C), Lichtung mit Felsnische. Durch dichten Rhododendronwald in 2 h steil bis zu einem markanten Felsen mitten in Bergsturzgebiet (L). Nun Gestrüpp und Gras. Nach weiteren 2 h erreicht man **Kharka Teng**, ca. 4050 m (C), Sommerweide mit einfachen Felsnischen. Weiter in 1 – 2 h zu einem ersten Paß, ca. 4470 m, mit Blick hinunter ins Poyan Khola. Traverse von knapp 1 h zum Zatrawala, ca. 4540 m. Etwas ruppiger

Abstieg zur Alp Tuli Kharka (L), großer Felsblock. Leicht hinunter und links (östwärts) haltend über eine kleine Gegensteigung zu einer Reihe kleiner Pässe. Östlich des Pt. 4456 m, beginnend auf 4200 Meter, steiler und holpriger Weg durch Sträucher, dann Rhododendron hinunter zum Hinku Khola, Wiese von **Tashing Dingma**, ca. 3390 m (C). Auf SK ist Tashing Dingma zu hoch eingetragen. Es befindet sich beinahe gegenüber dem Mojang Drangka im Talboden. Nun durch riesige Bäume und Rhododendron mit übergroßen Blättern talaufwärts. (L) auf schönem Platz auf ca.

3800 Meter, nach etwa 2 ½ h. Immer links des Hinku Drangka haltend, verläßt man den Urwald und betritt offene Wiesen. Auf ca. 4200 Meter Felsengompa linkerhand. Weiter zur großen Weide von **Tangnag**, 4356 m (C), 5–6 h von Tashing Dingma. Auf nettem Weg zwischen Moränen durch trockenes Tal in ca. 2 h nach Dig Kharka, ca. 4680 m (L). In 1 h durch eindrückliche Moränenlandschaft nach **Khare,** ca. 5000 m (C). Sollte kein Wasser gefunden werden, muß im Geröll unterhalb oder auf dem Mera-Gletscher selbst ein Platz gefunden werden. Von Khare in 1 h zum Gletschereinstieg, indem man sich zuerst in östlicher, dann kurz und steil in nördlicher Richtung hält. Der Gletscher verflacht sich sofort und wird spaltenreicher. Nach 1 h vom Einstieg steht man auf dem Mera La, 5415 m. Nun auf dem breiten Gletscherrücken nach SSW. Nach ca. 2 h versuchen, oberhalb von 5800 Meter nahe den Felsen ein günstiges Hochlager einzurichten. Vom **Mera High Camp**, ca. 5850 m, in 3–4 h zum Gipfel des Mera, 6476 m. Bei ca. 6200 Meter kann zum Sattel, 6400 m, nach rechts gequert werden. Von dort zum höchsten Punkt. Vorsicht vor verdeckten Spalten (besonders im Frühling). Sehr eindrückliche Rundsicht! Zurück in etwa 2 h zum Paß, Abstieg nach Osten durch Schnee und zunehmendes Geröll in eine Ebene ca. 5150 Meter mit Campingmöglichkeit. Von dort links über eine Moräne und auf Weg hinunter auf großen flachen Platz, **Kongme Dingma**, 4800 m (C), 2 – 3 h vom Paß. Kurzer Aufstieg zu einem Seelein und hinunter ins Hunku Teng. (L) nach ca. 2 h. Links des Hunku Drangka bis ca. 5000 Meter, schöner Platz,

Aufstieg zum Zatrawala, 4540 m (Mai '84).

genannt **Chamlang Base Camp** (C), 4 – 5 h von Kongme Dingma. Die nun folgende, unangenehme Geröllhalde kann auf der rechten (östlichen) Talseite auf sichtbarem Weg umgangen werden. Auf etwa 5050 Meter wechselt man wieder nach links, erreicht nach 3 h die sandigen Ebenen südlich des Hunku-Gletschers, Mingbo Base Camp, 5105 m (L).

Aufstieg links (westlich) des Gletschers auf gutem Moränenweg mit zahlreichen Steinmännern nach **Panch Pokhari,** ca. 5450 m (C). Guter Platz bei oberstem See, genau südlich des Amphu Labtsa. Dieser schwierige Paß hat zwei Übergänge: 1. 5780 m, auf SK eingezeichnet, Nordseite ca. 300 Meter sehr steil in Schnee und Eis (siehe Tour Nr. 141) und 2. die sogenannte Japanerroute, rund 5950 Meter hoch, ca. 500 Meter westlich des Hauptpasses. Dieser Übergang ist zwar höher, aber leichter, weshalb er hier bevorzugt wird: Von Panch Pokhari auf der Höhe des Camps blei-

bend nach NW zum Fuß einer mit Steinmännern gekennzeichneten Moräne. Auf deren Kamm bis zu auffallend schwarzen Felsen linkerhand, dort steigt sich's leichter. In ca. 1 ½ h vom Camp zum Anseilplatz (Felsen, Gletschereinstieg). Nun durch eine Gletschermulde und etwas rechts hinauf in eine steile, markante Rinne. Dieser folgt man über verschiedene Gletscherterrassen zum höchsten Punkt, 5950 m. Dort hält man rechts (ostwärts) bis zu einem großen Steinmann, der auch vom Camp sichtbar ist, 3–4 h vom Camp. Abstieg zunächst über eine 40-m-Felsstufe nach links (Norden) auf ein steiles Schneefeld. Dieses links (den Felsen nahe) umgehend, erreicht man Felsbänder, auf denen man links (westwärts) haltend bald einfacheres Gelände findet. In Schnee oder Geröll in die steinige Landschaft von **Amphu,** ca. 5300 m (C), Steinhütte. Von Panch Pokhari 4–8 h, je nach Verhältnissen. Der westliche Teil des Amphu-Gletschers

hat sich vollständig aufgelöst. Jetzt wieder auf gutem Weg ins Imja Drangka. Nach dem blauen See linkerhand bleibt man links des Baches, der bei ca. 4950 Meter überquert wird. Über Weiden und eindrückliche Moränenlandschaft zur Sommersiedlung Chhukhung, 4730 m (L/H), 3 h von Amphu. Nun durch liebliche Landschaft am Fuß der Amai Dablang nach Dingpoche, 4350 m (H/C), 1 h und hinunter zur Brücke über den Khumbu Drangka, 4135 m. Über Weiden nach Orsho (H/C) und **Pangpoche,** 3985 m (C/H), 3 h von Chhukhung. Vom Dorf hinunter zur „Yakbrücke" und durch Mischwald, vorbei an Manimauern zum Nonnenkloster Deboche (H/C). Kurzer Aufstieg nach Tengpoche Gonda, 3867 m (H/C). Abstieg nach Phunki, 3250 m (L/H/C), 3 ½ h von Pangpoche. Wiederaufstieg nach Sangnasa und Kyengjima und über den Hangweg nach **Nauche,** 3440 m (C/H/CP/AP in Syampoche), 3 h von Phunki. Steiler Abstieg über Jomtable (letzter Blick auf Sagarmatha) zum Imja Drangka. Gegenaufstieg und über den neuen Hillary-Weg nach Thaog und Monjo (H/C). Nach 2 h erreicht man die Japanerlodge in Chumo, 2760 m (L/H/C). Nun auf neuem Weg zurück nach Phakdingma (H/C) und über Ghat, Lomdza (np Cheplung) hinauf nach **Luglha,** 2834 m (H/C/AP), 4–5 h von Chumo, 6 – 7 h von Nauche.

Mögliche Fortsetzungen

— Flug nach Kathmandu (mit Verzögerungen rechnen)

— Trek nach Phaphlu und Flug nach Kathmandu

— Trek nach Jiri und Bus nach Kathmandu (siehe Nr. 121).

Bekannter Berg von unbekannter Seite: Amai Dablang, davor Mingbo La, 5817 m.

Nr. 133 (rot) Imja Tse Himal (vormals Island Peak), 6183 m

Charakter	Besteigung des vielleicht beliebtesten Terkkinggipfels in Nepal, angesichts der Lhotse-Nuptse-Flanke. Start in Chhukhung.
	tiefster Punkt: Chhukhung, 4730 m
	höchster Punkt: Imja Tse Himal, 6183 m
	(alte Vermessung, 6189 m)
	Hauptschwierigkeiten:
	— Höhe
	— technische Schwierigkeiten am Berg
Ausrüstung	hochalpine Kleidung und Ausrüstung, Partieseile, Eßwaren, Kocher und Brennstoff, Zelte für Basislager
	Bewilligung: Trekkingpermit Khumbu Himal, Besteigungsgenehmigung der NMA (Nepal Mountaineering Association)
	Karten: SK „Khumbu Himal" 1:50.000
Beste Zeit	April – Mai, Oktober – November
Sehenswert	großartige Gletscherlandschaft zwischen Lhotse und Amai Dablang, herrliche Rundsicht vom Gipfel
Weg zum Startpunkt	Trek von Jiri nach Luglha (Nr. 121/grün) oder Flug nach Luglha, Trek von Luglha nach Chhukhung auf Routen 131/blau oder 132/rot

Wegbeschreibung

Von **Chhukhung**, 4730 m (H/C) bis zum Ende des Imja-Gletschers, der links umrundet wird. Man gelangt in eine flache Ebene links des Gletschers, auf SK Pareshaya Gyab genannt. Indem man den Imja Tse Himal im Gegenuhrzeigersinn umgeht, gelangt man nach 4 – 5 h zum **Basislager,** ca. 5600 m, nahe dem Gletscher (Wegspuren). Es existiert auch ein tieferes Lager, welches ein wenig Wasser aufweist. Oben muß Schnee oder Eis geschmolzen werden. Von dort am zweiten Tag ca. 1 ½ h im Fels, z. T. Wegspuren, leicht zum Einstieg des Gletschers. Zunächst in leichtem, fast flachem Gelände, dann ca. 200 Meter steil auf den Sattel zwischen dem Gipfel, 6183 m, und dem Nebengipfel, 6100 m. Auf dem Grat zum höchsten Punkt. Vom Gletschereinstieg ca. 4 h, vom B.C. ca. 6 h, je nach Verhältnissen. Der Imja Tse Himal kann manchmal sehr leicht, handkehrum wieder sehr schwierig sein, da sich die Ver-

Nicht zu schnell zu hoch!

hältnisse sehr schnell ändern können. Großartige Sicht auf Lhotse, Lhotse Shar und Makalu und viele andere Zacken.

Abstieg und Rückkehr nach **Chhukhung** am gleichen Tage.

14. Arun und Barun

Schon der Auftakt ist angenehm. Der Flug nach Tumlingtar beginnt in Kathmandu am Nachmittag, im Gegensatz zu den Starts der meisten anderen internen Flüge, die früh am Morgen schon stattfinden, nachdem sie ein mittleres Chaos in der Abfertigungshalle verursacht hatten. Gähnend reißt der RNAC-Mann die Abschnitte aus unseren Fahrscheinen und hakt unsere vier Namen auf der viel zu langen Liste lässig ab, bevor er in eine Art Halbschlaf zurückfällt. Sein Blick bricht vermutlich vor jener Stelle ab, wo eine kleine Maus die Überreste der am Morgen geschlagenen Schlacht auf Eßbares untersucht – Papier und Abfall. In der Wartehalle herrscht eine Stille wie in einer Kirche und – gut erzogen, wie wir sind – reden wir nur noch im Flüsterton miteinander. Flüstern ist in Nepal verpönt, flüstern heißt, böse Pläne gegen jemanden schmieden. Es ist deshalb nicht weiter verwunderlich, wenn man nachts durch den Lärm lauter Leute geweckt wird. Indem man gut hörbar spricht, offenbart man seine Friedfertigkeit. Und er sprach uns laut an, Mr. R.B. Tamang, zu unserer großen Verwunderung der einzige Mitpassagier auf diesem Flug. Als Lehrer im Aruntal benutzte er die Dasain-Ferien, um nach Kathmandu zu pilgern und dort gleichzeitig einige Geschäfte zu erledigen.

Die Wartung der Flugzeuge der RNAC hat nicht den besten Ruf, schon die Verhunzung der Abkürzung nimmt sie aufs Korn: Rotten Nepalese Air Crafts. Leider ereignete sich im Dezember 1984 gerade auf der Linie nach Tumlingtar ein schrecklicher Unfall. Eine überladene Maschine zerschellte an einem Berghang. Nach diesem Unglück traten viele Piloten – meiner Meinung nach völlig zu Recht – in einen Bummelstreik (Dienst nach Vorschrift), der den sonst schon durch meteorologische Einflüsse und zu wenige Flugzeuge stark durchlöcherten Flugplan für kurze Zeit zusätzlich strapazierte.

Wir landen sanft auf dem rotgrünen Flugfeld. Die Ebene von Tumlingtar, links und rechts von Flüssen belagert, die an ihren steilen Flanken nagen, sieht von weitem aus wie ein riesiger Flugzeugträger, der sich hier ins Aruntal verirrt hat.

Ein Blick auf die kalten Fluten des Arun läßt die Hitze einen Moment lang vergessen. Dieser mächtige Fluß hat seinen Ursprung in Tibet, in der Nähe von Shigatse, und entwässert die Nordhänge von Cho Oyu, Sagarmatha und Makalu. Sein Lauf ist älter, als der Himalaja und die beträchtliche Wassermenge erlaubte es ihm, sein Bett schneller in die Tiefe zu graben, als die Auffaltung es anhob. Östlich des Arun schaffte nur noch der Tsangpo oder Brahmaputra dieses Kunststück.

Eine Zeltdecke bedarf dringend einiger Reparaturen. Der Dorfschneider scheint sich zunächst über den unverhofften Auftrag zu freuen. Nachdem er aber auf seiner indischen Tretnähmaschine eineinhalb Stunden geflickt und nochmals geflickt hatte, verblaßte allmählich sein Lächeln. In der Zwischenzeit treffen unsere Sherpa aus Hile ein. Allen voran Subas Singh Lama, unser Sirdar. Für ihn ist die Tour zum Makalu beinahe ein Heimspiel, denn sein Haus steht nicht weit von hier in Bhojpur. Neben ihm steht Ram, unser unverwüstlicher Koch, der wandernde Bocuse, wie Subas ein Sohn des Tamangvolkes.

Wir stellen unsere Zelte unter einen ausladenden Pipal. Mandarinen wechseln die Hand, wie schon früher erwähnt, spottbillig. Die Grillen zirpen und kleine Leuchtkäfer, mit Blinklicht wohlverstanden, kreisen ihre skurrilen Runden. Dunkelheit – Nacht – Ruhe, fast absolute Ruhe. Nur das dumpfe Stampfen eines Mörsers hallt aus einer Hütte.

Morgen – Dämmerung – Licht, es regnet. Ein Blick aus dem Zelt belehrt mich eines Besseren. Es regnet nicht. Wasser tropft – vom Pipal herunter. Vom Nebel und der großen Luftfeuchtigkeit ist alles klatschnaß. Ich sehe einige fleißige Träger schemenhaft vor-

Lhomini und ihr Kind genießen die Wärme der Morgensonne (Navagaon, 1800 m).

beiziehen, der Kerosinkocher summt regelmäßig. Tenzing kocht Tee. Aufbruch! Es geht zum Fuß des fünfthöchsten Berges – zum Makalu.

Das untere Aruntal birgt einen Strauß verschiedenster Kulturen, bunt gemischt, aber selten vermischt. Die Dominanz der in den tieferen Lagen Nepals scheinbar allgegenwärtigen Chhetri wird durch Rai, Gurung und einzelne Sunwar aufgelockert. Die Gurung hier in Ostnepal unterscheiden sich von ihren Brüdern südlich von Manaslu und Annapurna durch einen eigenen Dialekt und die Religion. Hier übernahmen sie, ähnlich den Rai, den Hinduglauben. Die Sunwar, nicht sehr zahlreich, kann man, wie die Newar, zu den Urnepali-Rassen zählen, obwohl sie vermutlich auch in dunklen Vorzeiten einmal vom tibetischen Hochland her eingewandert sind. Sie betätigen sich vornehmlich als Bambusflechter und stellen allerlei Gebrauchsgegenstände aus diesem Material her – Matten, Körbe, Dachbedeckungen. Nicht verwandt sind die Sunwar mit ihren tiefkastigen Beinahe-Namensvettern, den Sunar (*sunār* = Goldschmied), die als Schmuckhersteller oft auf der Stör anzutreffen sind. Weiter oben verdichten sich die Rai und Sherpa, die in höheren Lagen ein kargeres Dasein fristen. Nördlich von Num folgen bis zur tibetischen Grenze Bhotia, hier auch Lhomi genannt. Leider sind diese Gebiete dem Fremden aber nicht zugänglich, »restricted area«.

Gestern war Vollmond und heute kippt das Wetter um. Beim Frühstück weht uns ein kalter Wind ins Gesicht, der Schnee liegt förmlich in der Luft. Rundherum sind bezuckerte Berge sichtbar, Berge wohl, die nur selten Schnee tragen. Unterhalb von Num verweilen wir beim Dorfschmied, der gerade auf einer glühenden Sichel herumhämmert. Notgedrungen steigen wir nochmals zum Arun hinunter, wo auf einer Meereshöhe von 740 Metern der schier endlose Aufstieg zum ca. 4250 m hohen Barun La beginnt. Als weitere Erschwerung kommt noch das wirklich ausgezeichnete Mittagessen, das Ram in seinen Pfannen brutzeln läßt. Zwar wird eine neue Brücke über den Arun gebaut, wir benutzen aber noch die gebrechliche Schaukel, die uns zwischen Eisenspleißen und schrägen Brettern über die tosende Flut führt. Nun mühen wir uns mit vollen Mägen den steilen Weg hinauf. Bald regnet es wieder und im Haus einer netten Rai-Familie warten wir bessere Zeiten ab. Der aufgeweckte Bub ist mit seinen nassen Schulheften soeben vom Unterricht heimgekehrt und stellt in radebrechendem Englisch jene Fragen, die allen Schülern zwischen Mechi und Mahakali offenbar eingeprägt werden (wie immer in phonetischer Wiedergabe): „Wot yis teim?" und – auf die Geographie überschwenkend, die in den Landschulen weitgehend unbekannt ist: „Wot yis iur kantri?", um schließlich – meine braven Antworten in den Wind schlagend, mit großem Verstand zu resümieren: „Nepal yis anvelop kantri!" – Hinter „anvelop" versteckt sich kein Kuvert, sondern „undeveloped". Um diese einseitigen Diskussionen etwas zu bereichern, schwenke ich auf Nepali über. Des Buben Augen strahlen und erstaunt lachend, aber immer noch Englisch, fragt er: „Oh! Nepali ispiek?" Schon ruft er die Mutter und die Schwester und ein Schwall von Fragen in Nepali gießt sich über meine Ohren, die ich in wohl ebenso radebrechender Sprache zu beantworten versuche. Nach dem routinemäßigen Woher und Wohin des Wegs gehen wir bald auf landwirtschaftliche Probleme ein. Ob wir in der Schweiz auch Milch hätten und wieviel Milch unsere Kühe abgeben würden? Wieviele Rupien ein *pāthi* Reis oder Linsen bei mir zu Hause wert sei? Während ich Kilogramm in *pāthi* und Franken in Rupien umrechne, diskutiert die gastfreundliche Familie den Konsum von Rindfleisch in meinem Land und den Umstand, daß dort kein Reis angebaut wird. So vergeht mit der Zeit der Regen.

Navagaon, ein klarer, warmer Novembermorgen hat die gestrige Nässe abgelöst. Manimauern und eine Dorfgompa kündigen Sherpa an. Die gestreiften Schürzen der Mädchen und Frauen scheinen diese Vermutung zu bestätigen. Allerdings macht deren Kleidung einen bescheideneren Eindruck als bei den Basen in Khumbu. Reife Hirse steht auf den Feldern. Während die Sherpani mähen, grasen die Wasserbüffel dahinter das Stoppelfeld ab. Sherpani und Wasserbüffel, eine ungewohnte Kombination.

Auf dem Weg hinauf holen uns die Wolken wieder ein. Zunächst hält der dichte Wald dicht, aber später decken die Träger ihre Körbe mit Plastik und wir greifen zu den farbigen Regenjacken. Die rauhe Landschaft um Tashigaon erscheint heute, eingehüllt in feuchte Schwaden, noch unwirtlicher als sonst. Schindeln decken die Stein-

Lhotse, 8511 m, Sagarmatha, 8848 m (Makalu B.C., ca. 5000 m).

Ram überquert den Arun, 740 m.

häuser, in deren Innern manche Erinnerung an vergangene Makalu-Expeditionen aufgefrischt wird. Seit 1954, dem Jahr der Erstbesteigung durch die Franzosen, haben viele Bergsteiger den Makalu angegangen, z.T. mit Erfolg, z.T. ohne. Leider ist der Einsatz bei diesen Expeditionen sehr hoch. Aber bevor wir ihn sehen, den Makalu, müssen wir noch den Barun La erklimmen. Knapp oberhalb von Tashigaon empfängt uns schon der Schnee und wir spuren im Nebel nach Kongma. Beim Eindunkeln umhüllt uns eine große Kälte und die Träger trocknen ihre Schuhe am Feuer. Bei einigen Minusgraden verzehren wir hungrig das *dāl bhāt*. Es klart auf. Nach ausgezeichnetem Schlaf bewundern wir die Aussicht nach Osten,

zum Kangchenjunga-Massiv. Dahinter liegt Sikkim, das Land der Orchideen. Schnee, Schnee, überall. Mühsame Such- und Spurarbeit ist die Folge, aber die weiße Pracht offenbart auch viele geheimnisvolle Spuren, Spuren, die ohne Schnee nicht ins Auge springen. Die meisten Tiere des Himalaja sind scheu und es darf deshalb nicht verwundern, wenn man selbst in entlegenen Gebieten nur wenig Fauna antrifft, von Vögeln einmal abgesehen. Nach einem tüchtigen Schneefall aber erkennt man, wieviele Vierbeiner regelmäßig zirkulieren. Die Hufe eines einzelnen Thar dürften hier zwischen den Rhododendren durchgehuscht

Unterwegs zum Barun La, 4250 m (November '84).

sein, weiter oben, zwischen stark duftenden Alpenrosen, scheint sich eine Gruppe Blauschafe einen Weg in Richtung Tal gebahnt zu haben. Zwischen den beiden Paßhöhen des Barun La, knapp oberhalb des geheimnisvollen schwarzen Sees, quert eine größere Katzenspur unseren Weg – ein Luchs?

oder gar ein Schneeleopard, der den Blauschafen auf den Fersen ist?
Auch dieser Paß hat ein Ende. Die Sonne setzte dem Schnee hart zu heute. Wir zelten im kalten Wald. Millionen von Sternen leuchten, die Luft ist klar, das Schuhwerk steif gefroren. Das Barun-Tal bezaubert durch seine wilde Schönheit. Unzugänglich steil und bewaldet am unteren Ende, öffnet es sich weiter oben mehr und mehr, bleibt aber immer von massigen, teilweise sogar drohenden Bergen eingerahmt. Wie eine Perlenschnur liegen die Sommerweiden im Wald und auf den Moränen, die höchsten auf Mont-Blanc-Höhe und sogar darüber. Nationalparkwürdig ist der Wald oberhalb von Nje bis Rephuk, wo einerseits eine eindrückliche Sicht zum Bleiben einlädt, andererseits eine Quelle hoch oben aus einer Felswand strömt. Die Einheimischen sind überzeugt, dieses Wasser habe seinen Ursprung in Tibet. Und dann kommt der Makalu! Schon von Shershon können wir uns ein Bild von der Größe dieses Berges machen, obwohl der untere Teil noch durch Moränenhügel verdeckt wird. Wandert man aber hinauf zum Basislager, dringen die Dimensionen erst ins Bewußtsein. 3500 Meter über uns pfeift der Wind um den felsigen Gipfel, sieben Kilometer breit ist die Südflanke an ihrer Basis. Als Wanderer hat man kaum Gelegenheit, näher an einen Achttausender heranzukommen, als am Makalu. Er dominiert kraß alle anderen Berge rundherum, ein wahrer Monarch. Unvergeßlich ist die Sicht auf Sagarmatha und Lhotse. Die „Mutter der Meere" zeigt ihre kalte Ostflanke und den elend langen Nordostgrat, eine nicht alltägliche Perspektive. Ein Blick nach Tibet.

Nr. 141 (gelb)   Tumlingtar – Makalu Basislager

Charakter	9 Tage ergiebiger Bergwanderung von Tumlingtar über den Barun La zum Fuß des Makalu, 8475 m, ca. 16 Tage hin und zurück ansprechende Tour mit nahrhaftem Paß in eines der schönsten Hochtäler Nepals
	tiefster Punkt: Tumlingtar, 390 m
	höchster Punkt: Makalu-Basislager, 5000 m
	Hauptschwierigkeiten:
	— Höhe
	— nach Schneefall wird der Barun La schwierig und mühsam. Von Dezember bis März ist er in der Regel zugeschneit
Ausrüstung	Infrastruktur für Individualtouristen nur bis Tashigaon, weiter nördlich für 9 – 10 Tage hin und zurück unbewohntes Gebiet ohne Faszilitäten, deshalb: Zelt, Eßvorrat und eigene Küche (Kerosin od. Gas) mitführen schneetüchtige Bergschuhe, Gamaschen, Daunenschlafsack und Daunenjacke, pro Gruppe 2 – 3 Pickel und 100 Meter Fixseil für Träger am Barun La
	Verpflegung aus Kathmandu. Grundnahrungsmittel auch in Khandbari erhältlich
	Bewilligung: Khumbu Himal
	Extension: Tumlingtar – Khandbari – Makalu B.C.
	Karten: MM Kangchenjunga, Makalu, Everest
	SK Khumbu Himal (ab Shershon)
Beste Zeit	Oktober – November und April – Mai
	Zwischen Tumlingtar und Sedua muß mit feuchtheißem Klima gerechnet werden.
Sehenswert	Dasain und Tihar (Oktober) zwischen Tumlingtar und Sedua, Flora und Fauna ab Tashigaon
Weg zum Startpunkt	Flug ab Kathmandu nach Tumlingtar oder mit Bus nach Hile und Trek nach Tumlingtar (2 ½ Tage). Träger in Tumlingtar oder Hile

Wegbeschreibung

Aufbruch von **Tumlingtar**, 390 m (C/H/CP/AP). Leicht nach rechts hinauf durch Felder und Einzelhöfe. Ansteigend auf zunehmend charakteristischem Rücken zum Distriktshauptort Khandbari, ca. 600 m (L/H/C/CP), 2 h. Weiter auf dem Rücken bis **Arunthan**, 1340 m (C/TH), ca. 3 h von Khandbari. Den Hauptgrat nach rechts (ostwärts) auf breitem Weg verlassen und über einen Paß. Landschaft wird wilder und Blick nach Norden frei. Mehr oder weniger dem Grat folgend bis Chichila (L/TH) 4 h vom Camp. Auf dem

Rücken durch Wald und Feld nach **Munche** (auch Munde), 2040 m (C/TH), 3 ½ h von Chichila. Auf gefälligem Weg hinunter nach Num (schöner Zeltplatz bei Schule, 1 h von Munche) und steiler Abstieg zur Brücke über den Arun, ca. 740 m (L) 2 h von Num. Steil hinauf durch die Streusiedlung von Sedua (TH/C), 2 ½ h vom Arun. Von der Schule auf nicht immer klar ersichtlichem Weg nach **Navagaon**, 1800 m (C/TH), etwa 4 h vom Arun. Über einen Rücken und im Wald bis Tashigaon, 2180 m (C/H), der letzten bewohnten Siedlung, (L) nach 2 ½ h. Steil auf

holprigem Waldweg nach oben. Plötzlich steht man auf einem Grat und erreicht eine Senke. Rechts davon, etwas versteckt, befindet sich eine Felshöhle, genannt **Kongma,** 3610 m (C), 5–6 h von Tashigaon. Gute Sicht nach Osten. Über einen herrlichen Gratrücken hinauf durch Rhododendron zu einem kleinen See, Sani Pokhari (L/C), 3 h von Kongma. Nun steil durch Talmulde zur ersten Paßhöhe des Barun La, auch Kongma La, ca. 4250 m. Dahinter rechterhand nochmals ein kleiner See und weiter unten ein großer, schwarzer See auf ca. 3900 Meter (C). Von dort hinauf zur zweiten Paßhöhe, ca. 4180 m. Hinunter durch zunehmenden Wald bis auf ca. 3580 Meter: **Lumbu** (C), Felshöhlen, 4–5 h von Sani Pokhari. Steiler bergab durch Wald an den Barun Khola, Höhle mit Zeltplätzen, ½ h. Dann auf linkem (o. rechtem) Ufer unter steinschlagträchtigen Überhängen zur Alp Pemathang (L/C), 3 h von Lumbu. Durch Wald und Wiesen unter drohenden Felswänden nach **Nje,** 3800 m (C), 6 h von Lumbu. Hütte bei Heliport, kleinere Hütte im Wald, Höhlen, Zeltplätze dort. Man überquert den Fluß und steigt leicht durch einen Wald gewaltiger Hemlocktannen. Nach und nach öffnet sich das Tal. Blendende Sicht von der Alp Rephuk. Über weitere Weiden mit guten Lunchplätzen und Sanddünen zur Moräne des Lower-Barun-Gletschers. Bald danach erscheinen die Hütten von **Shershon** (MM: Sherka), 4720 m (C), 5 h von Nje. Angesichts des Makalu über herrliche Matten zu einer Schwemmebene. Links (westlich) davon besteht ein Lagerplatz. Von der grasbewachsenen Moräne oberhalb prächtige Sicht auf Sagar-

138

matha, Lhotse und Makalu. Nördlich, direkt am Fuß des Makalu, ist das erste **Basislager** zu finden. Ein zweites befindet sich weiter hinten auf dem Barun-Gletscher. Er liegt auf ca. 5000 m Höhe.

Mögliche Fortsetzungen
— zurück auf gleichem Weg nach Tumlingtar oder Hile (Variante: von Sedua auf dem oberen rechten Arunufer bleiben bis kurz vor Tumlingtar) 7–9 Tage

— Fortsetzung der Tour über Sherpani Col, West Col, Amphu Labtsa ins Khumbu, sog. Ice-Col-Route (siehe Nr. 151), nur mit entsprechender Erfahrung, 9–12 Tage von Shershon bis Chhukhung.

15. Die hohen Pässe

Auf Yetis Fersen

Trekking oder Expedition? Trekkidition! Eine Expedition kennt die praktische Einrichtung des Basislagers, wo man sich in gewissem Komfort ausruhen kann. Auf der Ice-Col-Route wird das „Basislager" täglich gewechselt und eine Ruhephase gibt es nicht. Zudem bewegen wir uns in großen Höhen, wo die Gefahr einer Höhenkrankheit wie ein Damoklesschwert über den Zelten schwebt. Einmal in Shershon abmarschiert, übernachten wir während acht Nächten auf folgenden Meereshöhen: 5180, 5850, 5850, 6080, 5740, 5450, 5450, 5300 Metern, sofern alles glatt geht, sonst dehnt sich der „Höhenflug" noch aus. Teilnehmer und Sherpa müssen gut trainiert sein und über die entsprechende Ausrüstung und Erfahrung verfügen. Aufgrund der Schwierigkeiten, der benötigten Ausrüstungsmasse sowie dem stattlichen Gewicht von Verpflegung und Brennstoff für drei Wochen, muß das Trägerproblem auch gründlich durchdacht und organisiert werden. Sichern Sie sich die Dienste einer ausgezeichneten Trekkingagentur oder eines Expeditions-Sirdars, der die Route schon kennt und sich der Problematik der Ausrüstung bewußt ist. Essentielles, wie Brillen, Daunenjacken, Handschuhe, Schuhe etc. dürfen den Hochträgern erst ausgehändigt werden, wenn deren Gebrauch sich aufdrängt, denn die Gefahr einer vorgängigen „Versilberung" dieser Luxusartikel ist latent. Eine gründliche Vorbereitung ebnet den Weg zwar, die Höhe und die technischen Probleme aber bleiben.

Wie in der Routenbeschreibung schon erwähnt, bildet die Höhe die größte Gefahr. Im Barun-Tal besteht noch die Möglichkeit, relativ schnell auf 3000 Meter am Fuß des Barun La abzusteigen, sollten die typischen Anzeichen einer Höhenkrankheit dies verlangen. Einmal zwischen West Col und Amphu Labtsa, wird die Sache äußerst problematisch. Alle Fluchtwege aus dem Hunkukessel führen über hohe Pässe, die zudem schwierig sind. Von Panch Pokhari braucht man zwei lange Tage, um auf nur 4200 Meter ins südliche Hunku abzusteigen, wo eine Erholung nicht gewährleistet ist. Einen Kranken über den Amphu Labtsa zu tragen, scheint mir aufgrund des Zeitaufwandes und der zusätzlichen Risiken, wie technische Schwierigkeiten und Aufstieg statt Abstieg, für den Betroffenen unzumutbar, wenn nicht so gut wie unmöglich. Mit einer Rettung aus dem Hunku mittels Helikopter kann man nicht von vornherein rechnen, denn einerseits kann dieser erst im besten Fall von Nauche oder Luglha bestellt werden. Klappt die Funkverbindung nicht, wird ein Flug nach Kathmandu nötig, um den Retter zu bestellen, was natürlich Zeit kostet. Andererseits rückt ein Helikopterflug zudem nur dann in die Reichweite der Realität, wenn der Vogel verfügbar ist, wenn der Pilot das Gebiet kennt, fliegen und auf dieser Höhe landen will und kann, wenn das Wetter absolut zweifelsfrei schön ist und der Flieger den Standort findet, was einen Glücksfall in sich birgt, denn die nepalesischen Kapitäne der Lüfte benutzen oft die Mandala Map, um sich zu „orientieren". Suchen Sie einmal auf einem Schnittmuster die kürzeste Verbindung zwischen Gipf-Oberfrick und Clausthal-Zellerfeld, dann werden Sie wissen, welche Probleme der Pilot zu lösen hat! Die Chancen sind klein, aber es sind noch Chancen. Es ist nie hoffnungslos.

Zwischen Shershon und Chhukhung finden sich noch andere tückische Hürden. Da wäre einmal der Bergschrund am Fuße des Sherpani Col zu nennen. Manchmal ist er ohne Leitern nicht überwindbar. Dann wäre der East Col (SK: Paß 6100 m) nordwestlich des Sherpani Col zu versuchen. Am West Col wiederum habe ich im Frühling schon blankes Wassereis angetroffen. Wird der Paß zu gefährlich, kann folgende Route versucht werden: Vom Sherpani Col nach SW auf den Berg mit Höhenquote 6770 m zu und auf 6200 m nach SO auf den ca. 6300

Meter hohen Gletscherpaß zwischen den Pt. 6770 und 6830, mit nachfolgendem Abstieg durch den Hunku-Shar-Gletscher ins Hunku Drangka. Der Berg mit der Höhe 6770 Meter wurde von den österrreichischen Erstbesteigern „Phurba Seto Himal" getauft, nur scheint mir das Sherpa/Nepali-Mischmasch etwas unglücklich. Der Berg mit der Höhe 6830 Meter wird auch „Pyramid Peak" genannt, wie viele andere. Von der Form her paßt die Bezeichnung durchaus, aber es klingt fremdländisch, etwa wie West Col, East Col oder Lower Barun Glacier. Viele namenlose Zacken und Berggipfel erhielten von verschiedenen Expeditionen auch verschiedene Namen. Lassen wir die Nepali ihre Berge taufen oder umtaufen, was 1984 insgesamt 28 Gipfeln widerfahren ist, und vergessen wir die Cross-, Sphinx-, Tent-, Wedge-, Outlier- und Island Peaks, Glacier Dome und Roc Noir, verzichten wir auch auf den Milchberg. Letzterer war sowieso völlig fehl am Platz, erstens handelt es sich um einen Milchsee und zweitens befindet sich dieser in Westeuropa – in der Nähe des Fleischberges ...

Kommen wir zurück zu den hohen Pässen. Im oberen Hunku läßt sich noch ein anderer, interessanter Weg ins Khumbu finden: der Mingbo La, 5817 m. Während der Paß über den Hunku-Nup-Gletscher von der Ostseite relativ leicht zu erreichen ist, blickt man oben in einen 300 Meter tiefen Schlund. Durch die starke Abschmelzung des Nare-Gletschers vergrößerten sich die Schwierigkeiten beträchtlich. Zu dem durchschneiden elend breite Spalten das Eis und der Ab- oder Aufstieg auf diesem Firn bringt zusätzlichen Denksport. Leich-

Cho Polu, 6734 m, der „vergessene" Berg zwischen Sagarmatha und Makalu.

ter dürfte der namenlose Paß, 5860 m, südlich des Mingbo La sein, der auch schon überschritten wurde. Auf der Khumbuseite sieht der Gletscher freundlicher aus, obwohl einige schlecht heilende Schmisse zu Umgehungen zwingen.

Und wie steht es mit der „Abkürzung", dem Paß mit 6190 Meter Höhe zwischen Baruntse und Cho Polu? Schlecht. Auf der Westseite wären 400 Meter in steilstem Eis und Fels zu überwinden – eine schwierige Ex-

tremtour für Spitzenalpinisten, oder etwa für den Yeti?

Eigentlich glaubte ich nicht daran, daß er existiert. Es schien mir unwahrscheinlich, daß ein solches Wesen bis dato noch nicht gesichtet, gefangen oder erlegt worden sei. Auch hat man ja weder Knochen, noch Haare, noch eingefrorene Leichen, noch Yetihöhlen gefunden. Die gesichteten Spuren sind keine überzeugende Indizien, können sie doch oft auch anders erklärt werden. Der Yetiskalp in Pangpoche, so groß wie die Hälfte eines aufgeschnittenen Handballs, wurde schon auf Herz und Nieren geprüft – soweit das bei einem Skalp noch möglich ist. Ziegenfell, meinen die einen, die anderen schütteln den Kopf, da sie sich den wirklich typischen Haarkamm nicht erklären können, der die trockene Schädelhaut ziert. Der Sherpa-Ausspruch „Den Yeti gibt es – aber niemand wird ihn je sehen!", hilft auch nicht weiter.

Am 6. Mai 1984 stellten wir gegen 11 Uhr vormittags im Hunku Drangka auf 5150 Metern unsere Zelte in die sandige Ebene am Fuß des Mingbo La, unserem Ziel. Während ich mir am Nachmittag den West Col näher anschaute, stiegen die Sherpa Norbu Zangbu und Lhakshi zum Hunku-Nup-Gletscher, um den dortigen Einstieg zu studieren. Am späteren Nachmittag schlenderte ich zurück zum Lager und hatte auf einmal das unbestimmte Gefühl, beobachtet zu werden. Norbu und Lhakshi waren schon zurück, sprachen aber kein Wort. Ich fragte schließlich nach dem Resultat ihrer Erkundungstour, worauf Norbu hastig ausrief: „Wir haben die Spuren des Yeti gesehen!", und Lhakshi, der meinen ungläubigen Blick erkannt haben mußte, erklärte sofort: „Weißt du, der Yeti ist nicht völlig zerstört, es gibt ihn noch!" Er gebrauchte das englische Wort „destroyed". Am folgenden Morgen stiegen wir in Richtung Mingbo La. In der Nacht hatte es ein wenig geschneit und nun schien die Sonne. Auf 5370 Meter, südlich des Sees des Hunku-Nup-Gletschers, hielt Norbu inne und zeigte mir die Spur. Im fünf Zentimeter hohen Schnee konnte ich zwei längliche Mulden erkennen, die auf eine darunterliegende Spur schlie-

Arktische Weiten (Sherpani Col, 6150 m).

ßen ließ. Die Umgebung war mit Sand und Steinen bedeckt. Am Abend kehrten wir hierher zurück. Der Schnee war geschmolzen, die Spuren waren sichtbar! Es handelte sich um zwei etwa 60 cm lange und maximal 25 cm breite Fußabdrücke, die Ferse des linken Fusses etwa 50 cm schräg links von der Spitze des rechten. Da es schon dämmerte, suchte ich mit der Taschenlampe eine gute Stunde lang weitere Abdrücke, die „er" im Sand hätte hinterlassen müssen – nichts, nichts, aber gar nichts! Ein Spiel des Sands mit Wasser und Wind?

Am 19. November 1984 stieg ich mit Sirdar Subas Singh Lama gegen den Sherpani Col. Unsere Gruppe und die anderen Sherpa waren dabei, die am Vortag mit Fixseilen ausgerüstete Führe zu erklettern. Plötzlich macht mich Subas auf eine seltsame Spur aufmerksam, die links unserer Route von der Schulter durch eine sehr steile

Firnflanke führte, um auf einmal nach rechts, quer in die Felsen abzuschwenken. Es handelte sich um handgroße Abdrücke, die sehr nahe beieinanderlagen und zwischen fünf und zehn Zentimeter Tiefe aufwiesen. Weder unten noch oben fanden wir eine Fortsetzung des Spuks. Am Vortage war die Spur aber noch nicht da. Ein Abriß im Firn oder doch ein Tier?

Die Sherpa pflegen alles, was sie nicht erklären können oder was ihnen mysteriös erscheint, Yeti zu nennen. In Ladakh zum Beispiel überquerte ich mit Ang Temba Sherpa einen einsamen Paß in ein noch einsameres Tal. Wir versammelten die Pferde und hielten Rast. Völlig unerwartet sahen wir weit weg zwei Männer mit zwei Pferden entgegenkommen. Wir beobachteten sie eine Weile mit dem Fernglas. Der eine trug eine blaue, der andere eine dunkelrote *chuba*. Die Pferde schienen beladen. Unerklärlicherweise sind wir den Leuten aber nie begegnet. Irgendwo müssen sie und ihre Tragtiere also von unserem – und offensichtlich dem einzigen – Weg abgewichen sein. Die Männer und die Pferde schienen sich in Luft aufgelöst zu haben! Ang Temba sagte nur leise: „Yeti!"

Im Westen neigen wir dazu, dem Yeti eine gewisse Form, ein Aussehen zu geben, ihm eine Identität zu verleihen. Yeti kann aber auch ein Vogel, ein Meteorit, ein Wirbelwind, ein Kugelblitz, zwei Männer und zwei Pferde und vieles andere mehr sein. Den Yeti gibt es – aber niemand wird ihn je sehen ... oder gibt es ihn nicht, bis ihn jemand sieht?

„... das unbestimmte Gefühl, beobachtet zu werden ..." (Hunku, ca. 5300 m, Mai '84).

Nr. 151 (rot)   Ice-Col-Route

Charakter	9–12 Tage Extremtrekking für erfahrene Bergsteiger von Shershon (Makalu-Basislager) ins obere Khumbu durch die großartige Eiswelt des Barun- und Hunku-Tales, über drei sehr schwierige Pässe: Sherpani Col, 6110 m, West Col, 6135 m und Amphu Labtsa, 5780 m
	tiefster Punkt: Shershon, 4720 m (!)
	höchster Punkt: Sherpani Col (Schulter), 6150 m
	Hauptschwierigkeiten:
	— durchgehend extreme Höhenlage!
	— Ostflanke Sherpani Col (100 Meter als Felskletterei im 2. und 3. Grad)
	— Abstieg vom West Col (Eis und Fels)
	— Nordflanke Amphu Labtsa (300 m im 40–45° steilen Eis und Firn)
	— Gefahr von Wetter- und Kälteeinbrüchen
Ausrüstung	Die Tour führt durchwegs durch arktisches, größtenteils wegloses Hochgebirge. Die Gruppe ist total auf sich selbst angewiesen (absolut nichts für Einzelgänger!), Gruppe jedoch auf 4–6 Mitglieder beschränken, um Schwerfälligkeit zu vermindern.
	Technische Ausrüstung (auch Sherpa und Hochträger): expeditionsmäßige Bergausrüstung, d.h. Doppelschuhe, Gamaschen, Überhosen, Daunenjacke, doppelte Handschuhe, Gletscherbrillen, Steigeisen, Pickel, Eishammer, Felshaken und Eisschrauben, Karabiner, Partieseile und etwa 500 Meter Fixseile für Sherpa und Lastenlift, Kocher (Kerosin) und genügend Brennstoff, Kompass und Höhenmesser, Zelte.
	Bewilligung: Khumbu Himal
	Extension: Tumlingtar – Khandbari – Makalu B.C.
	Karten: SK „Khumbu Himal" 1:50.000 (Vorsicht: Gletscherschwund)
	Verpflegung: aus Kathmandu, Hile und Khandbari für ganze Route bis Chhukhung (also für rund 3 Wochen)
Beste Zeit	Oktober–November, April–Mai
	Nachts sinken die Temperaturen z. T. massiv unter Null (bis –40° C)
Sehenswert	einzigartige, arktische Gebirgslandschaft mit phantastischen Blicken auf Makalu, Lhotse und Sagarmatha
Weg zum Startpunkt	Trek von Hile oder Tumlingtar über Barun La nach Shershon (siehe Nr. 141), 9–11 Tage. Rai-Träger aus Hile und Tumlingtar, Sherpa aus Tashigaon bis Shershon, Pässe nur mit expeditionserfahrenen Sherpa-Hochträgern aus dem Khumbu. Vor Beginn ein bis zwei Ruhetage in Shershon einschalten.

Wegbeschreibung

Anmerkungen zu den unterschiedlichen Zeitangaben: die kleinere Stundenzahl = gut trainierter, akklimatisierter Bergsteiger bei idealen Verhältnissen; größere Stundenzahl = der Zeitaufwand der Träger in gemachter Spur bei gutem Wetter, inkl. Verzögerungen durch Lastenlifte und Aushängen der Fixseile.

Ein herrliches Weglein führt von **Shershon,** 4720 m (C), angesichts des Makalu zu einer Schwemmebene, dort Bach nach links überqueren und auf gut sichtbarem Talweg zum Barun-Gletscher. Links (südlich) der Moräne talaufwärts auf Wegspuren, teilweise markiert mit Steinmännchen und ockergelben Pfeilen (!), durch unermeßliche Geröllmassen, immer am linken (südlichen) Gletscherufer bleibend zu einem ebenen Lagerplatz: **Barun-Gletscher,** ca. 5180 m (C), 4 – 5 h. Nun steil nach links (S) über mühsame Geröllhänge ins Sherpani-Tal, rechts (nordwestlich) des Gletschers auf ruppiger Moräne, aber nicht zu nahe an die steinschlagträchtigen Wände. Bei etwa 5400 Meter gibt es zwei Wege: 1. mühsam weiter auf der Moräne, 2. leichter, aber heikler auf dem Gletscher durch Spaltengewirr, zunächst links (S) haltend, aber nicht zu nahe an die gegenüberliegenden Eisbrüche. Bei Talecke rechts ans Ufer. Dort Camp im Geröll oder sicherer, aber kälter, auf der Gletscherebene: **Sherpani Base Camp,** ca. 5850 m, 4–8 h. Hier die Route zum Paß mit Fixseilen versehen und Lastenlift einrichten. Aufwand ca. ein Tag. Der zum Paß führende Gletscher (siehe SK), ist abgeschmolzen. Die Route führt nun in den Felsen direkt südlich (links) des Pt. 6110. Über den Gletscher erreicht man den Wandfuß, ca. 5980 m. Nun links der Felsen über einen heiklen Schrund und steilen Firn ca. 30 Meter hinauf. Dann scharf rechts (nordwärts) über schräge Platten, Quergang von 25 Meter. Wieder steil über Fels und Schnee zu einer Felsnase (Haken). In gemischtem Gelände schräg nach rechts, 30–40 Meter, und noch einmal gerade steil nach oben, 30 Meter. Nun in Gehgelände schräg nach rechts hoch zu einem charakteristischen roten Turm, von dessen Fuß die Lasten zum höchsten Punkt gehievt werden. Kocher und Brennstoff hier im Rucksack mittragen, da ein Verlust oder Beschädigung fatal wären. Links des Turmes in losen Blöcken hinter den Turm und auf ein Felsband. Dort mit Steighilfe auf die feine Ausstiegsplatte, Schlüsselstelle, 3. Grad bei trockenem Fels, und direkt auf eine Schneeschulter, 6150 m, ca. 250 Meter südlich von Pt. 6110 m. Unvergeßliche Bergsicht!

In Nordwestrichtung auf den **Lower Barun Glacier,** (C) auf ca. 6080 Meter in geschützter Mulde unterhalb East Col (SK: Paß 6100 m), 4–8 h. In weitem Bogen flach etwas nach rechts ausholend und leicht ansteigend zum West Col, 6135 m, und Baruntse Base Camp. Paß zwischen Fels- und Schneegrat, 1–4 h. Hier sind zwei Routen möglich: 1. vom Paßeinschnitt direkt steil durch ein knapp 200 Meter langes Eis- und Schneecouloir, oder 2. kurzer Aufstieg nach links (südwärts) auf den ersten Felsgendarm. Auf einer brüchigen Felsrippe hinunter auf einen weniger steilen Schneebuckel und relativ leichter Abstieg in ebenere Gefilde. Beide Routen: Lastenlift (daran denken: Kocher und Brennstoff hier in den Rucksäcken mittragen und nicht im Lastenlift transportieren. Verlust und Beschädigung wären wieder fatal). Durch gewaltige Spalten hinunter auf eine mächtige, Ost-West verlaufende Geröllmoräne. Camp dort in der Nähe des Schnees, da kein Wasser: **West Col Base Camp,** 5740 m (C), 2–6 h vom Paß. Die Moräne sofort nach Süden verlassen (Steinmänner) und dem Gletscher entlang auf einen breiten Rücken. Hinunter in eine sandige Ebene. Über die linke Moräne hinunter in das geröllbeladene Tal südlich des großen Hunku-Gletschersees, wieder Sandebene, ca. 5160 m (L), Steinhöhlen, 3–4 h. Von hier kann auch die Hinku/Hunku-Route über Mera La und Zatrawala nach Luglha eingeschlagen werden (siehe Nr. 132). Nun auf die westliche Seite des Tals

und auf gutem Weg auf Moränenkamm in nördlicher Richtung in die Hochebene von **Panch Pokhari,** 5450 m (C), gute Plätze östlich des kleinen Sees direkt südlich des Passes, 3–4 h vom Lunchplatz. Hier teilen sich die Wege abermals. Die leichtere, aber höhere Japanerroute wurde

Makalu, 8481 m (Sherpani B.C., 5850 m).

schon in Nr. 132 eingehend beschrieben. Die schwere, direkte Amphu-Labtsa-Überschreitung kommt nun hier zum Zug. Einen Tag zur Vorbereitung der Route einrechnen. Über ermüdende Geröllhalde zum Fuß der heute aperen Südseite. Auf Wegspuren im Geröll zum Amphu Labtsa, 5780 m, 2–4 h. Ein 300 Meter hohes Eis- und Schneecouloir, im mittleren und oberen Teil zwischen 40° und 45° steil, führt auf die verspalteten Überreste des Amphu-Gletschers. Man quert im

flachen Gelände hinüber auf die Weiden von **Amphu,** ca. 5300 m (C), bei Steinhütte. Es empfiehlt sich, die Japanerroute für die Sherpa und Hochgebirgsträger ebenfalls zu versichern, da die direkte Überschreitung zu viele Risiken in sich birgt. Von Panch Pokhari nach Amphu 5–12 h, vom Paß 3–8 h. Schließlich auf gutem Weg in 3 h nach **Chhukhung,** 4730 m (H/C), und weiter gemäß Nr. 132.

Mögliche Fortsetzungen

— Trek nach Luglha (2–3 Tage) gemäß Nr. 132 und Flug nach Kathmandu (im Oktober/November ein Glücks- und Nervenspiel). Totaler Zeitaufwand ab Tumlingtar bis Luglha: 22–26 Tage

— oder wollen Sie etwa noch nach Jiri wandern?

16. Im Osten

Zwischen Tee und Schnee

Darjeeling – ein magisches Wort für Teekenner auf der einen Seite, eine riesige, nicht besonders schöne Streusiedlung auf der anderen. Zwar liegt diese Stadt in Indien, aber nicht weit entfernt von der Grenze Nepals. So ist es nicht weiter verwunderlich, daß auf beiden Seiten des Grenzpfahls gewisse Parallelen zu finden sind. In Darjeeling wird vornehmlich Nepali gesprochen, einige Bürger des Hindukönigreiches behaupten sogar, es sei das beste Nepali überhaupt. Im angrenzenden Ostnepal, besonders in den Hügelregionen südlich von Ilam, wird – wie um die indische Nachbarstadt – Tee angebaut. Der Ilam-Tee erfreut sich zwar in Europa nicht der gleichen Beliebtheit wie der Darjeeling-Tee, steht diesem aber in Qualität und Geschmacksfülle nicht nach. Der Ilam-Tee kann in verschiedenen Formen erstanden werden, vom vulgären Staubtee bis zum Flowery Orange Pekoe.

Schon die Römer waren sich über die Werte von „Brot und Spielen" im klaren. Zwar sagt man allenthalben anderen Ländern andere Sitten nach, aber in dieser Beziehung scheint man sich auf allen Breiten- und Längengraden einig zu sein. Gegessen und gespielt wird überall. Die Eßgewohnheiten der Nepali sind viel überschaubarer als das ethnische Puzzlespiel dieses Landes. Wie schon auf vorangegangenen Seiten beschrieben, bildet der Reis eine mächtige Säule der Ernährung. Meistens wird er mit Linsen und Gemüse verzehrt, in den milchreichen Sommermonaten auch mit Yoghurt. In montanen Regionen, wo der Reis eingeführt wird, bildet dieser eine Delikatesse und ist dementsprechend teuer. Das Preisgefälle beträgt 40 bis 50 Rupien pro *pāthi* (ca. 4 kg Reis) zwischen Erzeugerort und Marktflecken am Fuße der Schneeberge. Dort finden deshalb notgedrungen auch andere Rohstoffe den Weg in die Pfannen: Mais, Kartoffeln und verschiedene Mehlspeisen. Eier und Fleisch sind aufgrund ihres Preises oft für den einfachen Mann unerschwinglich und werden nur zu festlichen Anlässen zubereitet. Brot kennt der Nepali kaum, kann man doch weder die trockenen *chapāti*, noch die in Öl gebadeten tibetischen *phuri* als solches bezeichnen. Oft bringt der Bauer von seinen Streifzügen durch den Wald, wo er Holz schlägt und sein Vieh weiden läßt, Köstlichkeiten des natürlichen Gartens nach Hause. Brennesseln, Bambussprossen, Pilze und Wildgemüse sind hier zu nennen. Auch der Fisch wird nicht verschmäht. Gerade in Ostnepal wird er in den flußnahen Siedlungen als Abwechslung gerne gereicht. Die Flüsse Tamur und Arun sind für ihren Fischbestand bekannt, ebenso die kleinen Bergbäche, wo mit Reusen oder Wurfnetzen der schuppigen Beute nachgestellt wird.

Was immer der einfache Mensch ißt, er ißt es mit *khorsāni,* mit Pfefferschoten. Diese werden teils schon im Gemüse mitgekocht, teils aber nebst Zwiebeln roh gekostet. Bei den Sherpa finden noch andere Gewürze Verwendung, die sie ebenfalls dem Walde abgewinnen. *Jermang* heißt eines, das sich vortrefflich zum Verfeinern des *shomar,* jener Käsesauce eignet, die den Mehlspeisen beigefügt wird.

Auf unserer Wanderung durch Ostnepal fallen uns nicht nur die überlangen *topi* der hiesigen Limbu auf. Diese Sprosse des Kirantivolkes tragen ihren Kopfschmuck ebenso stolz wie die *khukuri,* die unvermeidlichen Krummesser, das Allerweltswerkzeug sondergleichen. Die Sherpa arbeiten übrigens nicht gerne mit den Limbu zusammen, da sie deren Heißblütigkeit nicht besonders schätzen. Nein, auch die vielen Kelambotbretter sind ein Augenmerk. Sie zieren die Gassen der Distriktreviere. Je größer der Hauptort, je mehr Beamte dort tätig sind, desto mehr Kelambot wird gespielt. Dieses Fingerbillard erfreut sich aber landesweit großer Beliebtheit. Stundenlang hocken die Spieler vor den mit Talk oder Vanillepulver präparierten Brettern und versenken ihre Steine

Verspielt? Hier spielen die Wolken (Milke Danda, 2600 m).

Bild der Königin den Weg an den Nagel, in buddhistischen Regionen noch der Dalai Lama. An vierter Stelle in der Bildwahl folgt Bruce Lee, viel-

Gelassen? Chhetri (Kakhure Sanghu).

mit erstaunlicher Treffsicherheit mittels eines Teflonjetons in den Ecklöchern. Auch hier scheint Übung den Meister zu machen. Die vehementesten Freunde dieses Zeitvertreibs scheinen Unsummen an Zeit und Geld dafür aufzuwenden, denn wo gespielt wird, rollen die Rupien. Das verrückteste Nest in dieser Beziehung scheint Phidim zu sein, wo regelrechte Großturniere vom Stapel gelassen werden.

Auch Kartenspiele sind beliebt. Zweiundfünfzig Karten des französischen Spiels – ich frage mich, wer sie den Nepali gebracht hat? – entscheiden oft über Gewinn oder Verlust des Ersparten, denn die Nepali kennen trotz ihres notorischen Geldmangels nichts, auch hier wird knallhart um Münzen und Noten gepokert. In den *bhatti*, den Teehäusern der Dörfer, sieht man sie, die Ortsansässigen und Durchreisenden, wie sie am Boden sitzend

Jung? Newarbuben (Chainpur, 1320 m).

stundenlang die Karten mischen, vier Könige im Spiel, während der fünfte aus einem bekränzten Holzrahmen dem Treiben von der Wand herab gelassen zuschaut. Neben ihm findet das

leicht Ausdruck eines unterschwelligen Minderwertigkeitsgefühles der Menschen dieser Breitengrade, den auch in Indien glotzt der aalglatte Karatemeister asiatischer Abkunft in manche gute Stube. Nur fünfte Wahl sind die Pin-ups indischer Filmdivas, die Dank der Videotechnik ebenfalls den Weg in die wenigen stromversorgten Hochtäler gefunden haben, wo sie eine neue Leidenschaft entfesseln, auf Kosten des Spiels vielleicht.

Trotz dieses kulturellen Umbruchs glänzen die unzähligen Gipfel des Kangchenjunga-Massivs mit unverminderter Pracht in die Täler herab, Täler mitunter, die teilweise noch zu den gesperrten Gebieten gehören. Gerüchten zufolge dürften aber auch demnächst einige neue Routen in Ostnepal für gewöhnliche Sterbliche eröffnet werden, so das obere Tamur-Tal und die Pfade zu den vielen Basislagern im Kangchenjunga-Gebirge, wo neue kulturelle und landschaftliche Horizonte liegen.

Nr. 161 (gelb)   Ilam – Taplejung – Tumlingtar

Charakter	schöne Bergwanderung in einer selten besuchten Ecke des Himalajastaates. Dauer 10–11 Tage tiefster Punkt: Tumlingtar, 390 m höchster Punkt: Sukepokhari Danda, 2850 m Hauptschwierigkeiten: Hitze am Tamur und Arun (außer Dezember/Januar)
Ausrüstung	zahlreiche Teehäuser am Wegrand, Verpflegung unterwegs möglich. Unterkunft problematischer. Mit eigenem Zelt und Küche ist man besser bedient. Gruppen über 4 Personen können nur schwer untergebracht werden. Kocher und Brennstoff nicht vergessen. Bewilligung: Khumbu Himal Extension: Ilam – Phidim – Taplejung – Chainpur – Tumlingtar Karte: MM Kangchenjunga-Makalu-Everest
Beste Zeit	Oktober bis Mai, Wintermonate wegen geringerer Hitze vorteilhaft
Sehenswert	Markt in Taplejung (Samstag), Handwerker in Chainpur
Weg zum Startpunkt	per Bus von Kathmandu via Mugling, Hetauda, Itahari, Birtamod (umsteigen) nach Ilam, 20–24 h. Oder Flugzeug von Kathmandu nach Biratnagar und Bus via Itahari, Birtamod nach Ilam. Träger aus Kathmandu, Hile oder Ilam (schwierig). Der Trek kann auch erst in Phidim begonnen werden. Jeep oder LKW ab Ilam benutzen, Träger dort.

Kangchenjunga Himal (Mewua, 1580 m).

Wegbeschreibung

Ilam (H/C) liegt auf ca. 1200 m. Wir folgen der neuen Straße nach Phidim. Nach etwa 4 h überquert man den Jog Mai Khola. Eine Stunde später gute Zeltplätze bei **Nepaltar-Sakejung** (C), ca. 1400 m. Teilweise auf Straße nach Rokse (L/TH). Nun verläßt man die Straße und steigt leicht, aber stet zu einem ca. 2850 Meter hohen Paß. Hier wird die Mahabharat Lekh überquert. Wenig unterhalb befindet sich ein Seelein und **Sukepokhari,** 2700 m (TH/C), Sicht auf Kangchenjunga, etwa 6 ½ h von Nepaltar. Langer Abstieg durch Wald bis Lalikharka (TH/L). Wieder Straße bis Phidim, ca. 1000 m (H/C/CP). Auf flachem Weg in roter Erde nach **Jorsal,** 970 m (TH/C), ca. 6 h. Meistens steil und durch Wald hinunter zu einer älteren Brücke über den Hinwa Khola. Gleich darauf folgt kleines Fischerdorf und der Tamurfluß. Am rechten Ufer bis zur Brücke, ca. 500 m Meereshöhe, man wechselt nach links (Westen). Über Treppen und Wald zu einem Seitenbach, dann steil zu einem Paß mit schönen Kiefernbeständen: **Thapapani Danda,** 1378 m (TH/C), 7 h von Jorsal. Durch Felder, Terrassen und Wald wieder zum Tamur hinunter. Schöne Rastplätze nach ca. 3 h (L). Durch Terrassen gewinnt man neuerdings an Höhe, um dann definitiv zum Fluß abzusteigen. Links oberhalb der letzten Brücke vor Taplejung gute Zeltplätze auf Terrassen, **Kakhure Sanghu,** 690 m (C), 7 h von Thapapani. Von der Brücke am Tamur recht steil auf schönem Weg durch Wald und später Terrassen. Nach 3 h (L) in Dokhu. Nach einer weiteren Stunde erreicht man **Taplejung,** 1798 m (C/H/AP). Markt am Samstag. Abstieg Richtung Dumahan, vorbei an Deo-

148

linge, 1085 m, schöner Zeltplatz bei Schule unter Pipal (1½ h von Taplejung). Weiter hinunter zum Tamur, der auf langer Hängebrücke überquert wird. (L) in Dumahan, 700 m, nach etwa 3 h. Nach Durchquerung des Bazars auf Brücke über den Maiwa Khola und linksufrig hinauf durch großartige Terrassenlandschaft. Nach 6 h: **Mewua**, 1580 m (TH/C). Hauptsächlich durch Terrassen und später dichten Wald zu einer markanten Lichtung. Dort, nach 4 h, (L) und Weggabelung. Beide führen auf den Höhenzug, der rechte ist aber

der bessere. Bald folgt ein ca. 2600 Meter hoher Paß mit Manimauern, Milke Danda. Ein breiter Weg führt hinunter zur Streusiedlung **Nundhaki,** ca. 2100 m (C/TH), ca. 8 h von Mewua. Teils steiler Abstieg zum Shekuwa Khola, dessen Seitenbach am Talboden überquert wird. Auf einem nach Süden exponierten Hangweg erreicht man einen absteigenden Hügelzug und wenig später den großen Ort **Chainpur,** 1320 m (H/C), mit seinen metallverarbeitenden Newar-Handwerkern. Camp am oberen Dorfrand bei Tempelanlage, 5½ h von Nund-

haki. Auf dem Hügelzug bleibend nach Kharang, reger Markt. Hinunter auf steilem Pfad zur Brücke oder bei Niederwasser der Flüsse Hinwan- und Sama Khola diese durchwaten. Man erklimmt das Plateau von **Tumlingtar,** 390 m (C/H/CP/AP), 4½ h von Chainpur.

Mögliche Fortsetzungen
— Trek über Salpa La nach Luglha (siehe Nr. 123)
— Trek nach Hile und per Bus nach Kathmandu
— Flug Tumlingtar – Kathmandu.

17. Nach Tibet

Die Faszination Tibets scheint trotz der traurigen Ereignisse in diesem Land ungebrochen, die Anziehungskraft wirkt nach wie vor. Dies mag auch ein Grund sein, warum Nepal ständig einen Zuwachs des Touristenstromes verzeichnen kann, führen doch manche Trekkingtouren in tibe-tisch anmutende Regionen, wo eben jene Kultur noch weiterlebt, die durch die Kulturrevolution auf dem Dach der Welt weitgehend zerstört wurde. Wer das lebendige Tibet sucht, wird dieses an der Nordgrenze Nepals oder auch in Ladakh und Zanskar finden. Im Oktober 1984 hat die Regierung in Beijing Tibet für den Individualtourismus geöffnet. Der klassische Weg nach dort führt deshalb über das Land der Mitte. Die Einreise kann via Hongkong erfolgen, wo auch die nötigen Visa erhältlich sind. Von Chengdu fliegen Kursmaschinen nach Lhasa, einst die verbotene Stadt, heute eine

Tibeter in Nepal: Vorboten des Dachs der Welt.

Mönche mit Teleskoptrompeten (Boudhanath).

chinesische Garnison, über der nach wie vor die unvergleichliche Kulisse des Potala ein Sinnbild des freien Tibet abgibt.

Die Liberalisierung des Fremdenverkehrs führte auch zu einer Entspannung der Grenzsituation mit Nepal. Seit Beginn konnte Tibet auf dem Straßenweg via Kodari – Tatopani nach Nepal verlassen werden. Der Verkehr in umgekehrter Richtung kommt aber nun erst in Schwung, nachdem nun in Kathmandu auch Visa für Tibet erhältlich sind. Die organisierten Reisen nach Tibet von dort aus passen zwar momentan nur zu dem Geldbeutel des Wohlbetuchten, dürften aber mit zunehmender Konkurrenz notgedrungen billiger werden. Doch dies soll nicht das Thema dieses Kapitels sein. Innerhalb des gesamten Touristikabkommens zwischen Nepal und der Autonomen Region Tibet befindet sich nebst dem Wunsch, bald eine Fluglinie Kathmandu – Lhasa einzurichten, auch die Absicht, sechs nicht straßengebundene Grenzübergänge für den Wanderer zu öffnen. Es sind dies von West nach Ost:
— Darchula/Manasarowar
— Bajhang/Manasarowar
— Humla/Manasarowar
— Rasuwa Garhi/Kyirong
— Kodari/Tingri
— Walungchung Gola/Tinge

Natürlich wird es noch eine Weile dauern, bis diese attraktiven Routen auch beschritten und Wanderungen von diesseits und jenseits über die Grenze durchgeführt werden können. Die Lockerung der Grenzbestimmungen dürfte auch einen Einfluß auf das Verhalten Nepals bezüglich seiner „verbotenen Gebiete" haben. Ob aller-

Nonnen beim Neujahrsfest (Boudhanath, Februar '86).

dings die Wunschziele Mugu, Dolpo, Mustang und die anderen faszinierenden Ecken im Nordteil des Landes dem Fremden bald zugänglich gemacht werden, steht in einem anderen Buche. Sicher sind die Sorgen der zuständigen Behörden bezüglich kultureller Verfärbung und die Angst vor den Khampa-Widerstandskämpfern berechtigt, aber Nepal möchte noch ein paar Trumpfkarten in der Hand behalten, die es nach Verflachung des Tibet-Booms auszuspielen gedenkt.

Wie dem auch sei, freuen wir uns an den Perspektiven eines kombinierten Nepal-Tibet-Treks, welcher in die Monsunzeit fallen würde, liegt doch

die ideale Reisezeit in Tibet zwischen Juni und Oktober. Gerade die drei in Westnepal gelegenen Übergänge drängen sich hier am meisten auf, halten sich doch in jener Region die Regenfälle in Grenzen, was den Anmarsch trockener gestaltet als vergleichweise in Zentral- und Ostnepal. Der Zeitaufwand für eine solche Unternehmung wäre aber auf jeden Fall beträchtlich, womit wiederum ein natürliches Limit geschaffen würde.

Warten wir die weitere Entwicklung ab, doch scheinen Kathmandu und Lhasa näher aneinandergerückt zu sein, obwohl das Abkommen erst nur auf dem Papier existiert.

18. Terai und Chitwan

Das Tieflandband im Süden des Königreichs bildet die unmittelbare Fortsetzung der immensen Gangesebene Indiens, welche hier an den Hängen der Siwalik und Mahabharat Lekh ihr Ende findet. Dieser fruchtbare Streifen wird Terai genannt. Lange Zeit malariaverseucht, bildete es mit seinen undurchdringlichen Salwäldern so etwas wie eine klimatische und kulturelle Barriere zu Indien und trug wesentlich dazu bei, daß sich Nepal bis heute eine gewisse Eigenständigkeit und seinen besonderen Charakter erhalten konnte. Ursprünglich wurde diese tropische Waldzone von Tharu bevölkert, von feingliedrigen Menschen, welche, weitgehend immun gegen die Malaria, mit Rodungen Ackerbau und Viehzucht sowie an den großen Flüssen Fischfang betrieben. Heute sieht alles anders aus.

Die mächtigen Wälder wurden weitgehend gelichtet, das Land urbar gemacht und die Malaria eingedämmt. In der Folge entwickelte sich das Terai zu einer Landwirtschaftszone ersten Ranges, wo dank der leichten Erschließbarkeit auch sofort Industrien angesiedelt wurden. Der Bevölkerungsüberschuß aus dem Hügelland entlud sich in Nepal ins Terai, wo Arbeitsplätze und Land vorhanden sind, und nicht in die Hauptstadt, wie dies in anderen Drittweltländern der Fall ist. Durch die freiheitlichen Grenzbestimmungen mit Indien wurde auch eine stattliche Menge indischer Arbeitskräfte ins Terai gelockt – man spricht von fünf Millionen Menschen! – welche ihrerseits auch zum absoluten Bevölkerungswachstum beitragen. Es ist nicht von der Hand zu weisen, daß Städte wie Biratnagar, Birgunj oder Bhairawa einen starken indischen Akzent aufweisen. Auch hat der Islam im Terai Fuß gefaßt, die vielen Moscheen zeugen davon.

Das Terai paßt zwar nicht ins klassische Bild Nepals als das Land der Eisriesen, des Yeti und der Sherpa, im Gegenteil, es bildet einen geradezu enormen Kontrast dazu. Saftiggelbe Rapsfelder, Ochsenkarren, Fabriken, Straßen, weite Flächen, Hitze, mächtige Flüsse – am Horizont der ewige Bergkranz des Himalaja, die einzige Erinnerung daran, daß wir uns noch in Nepal befinden. Zwar wird noch Nepali verstanden, aber im Westen hört man viel Hindi, im Osten Bhojpuri und Maithili, nebst der Sprache der Ureinwohner, der Tharu, und dem ebenfalls importierten Sprachgewirr der eingewanderten Hügelbauern. Faszinierend sind nicht nur die unvergeßlichen Sonnenauf- und -untergänge, nein, auch die Hinduschreine in Janakpur und der Geburtsort Buddhas, Lumbini, lohnen einen Umweg. Auch wer auf dem Landweg die indisch-nepalesische Grenze überqueren will, sei dies in Sunauli, Raxaul oder Kankarbhitta, wird das Terai mit seiner Durchfahrt beehren. Zudem bildet es das Ziel der Schlauchbootfahrten auf dem Narayani, Sapt Kosi und deren Zuflüssen. Auch für die Liebhaber der Wildparks ist gesorgt. Im Schoße dieses Flachlandes liegen einige Naturreservate und der berühmte Royal-Chitwan-Nationalpark. Letzterer befindet sich zwar nicht direkt im Terai, aber im sogenannten Inneren Terai, denn eine Laune der Natur vermochte dort für einmal die sonst beinahe unzertrennlichen Siwalik-Hügel und die Mahabharat Lekh zu trennen. Chitwan erreicht man von Kathmandu oder Pokhara her mit dem Bus über Mugling und Narayangarh. Die Hauptzugangsorte zum Park heißen Meghauli und Sauraha. Verschiedene Veranstalter bieten Besuchsprogramme im Park an, manchmal verbunden mit einer Schlauchbootfahrt (Rafting) auf dem Trisuli. Dies kann man in Kathmandu relativ kurzfristig, aber auch kostenintensiv buchen. Die Unterkunft in den Lodges im Dschungel ist zwar sehr angenehm, doch sind die Preise für nepalesische Verhältnisse doch unglaublich hoch. Hat man mehr Zeit, kann man Chitwan auch individuell und kostengünstiger besuchen. Dazu bucht man eine Busfahrt nach Tandi Bazar, etwa 15 km östlich Narayangarh. Dort besteigt man einen

Lokalbus, einen Jeep oder LKW oder einen Ochsenkarren und gelangt über weitere 6 km nach Süden in das Dorf Sauraha. Natürlich kann man auch durch die Felder wandern. In Sauraha befinden sich mehrere einfache, aber saubere Unterkünfte und das Büro des Nationalparks, wo Elefanten gemietet und Kanufahrten auf dem Rapti organisiert werden können.

Erwarten Sie nun aber nicht, die wilden Tiere würden Sie – wie etwa in Afrika – in hellen Scharen begrüßen. In den Nationalparks von Asien braucht man vor allem Geduld und Glück, um Tiere zu beobachten. Die ideale Zeit für den Besuch im Chitwan erstreckt sich von Dezember bis Februar. Die Temperaturen außerhalb dieser Winterperiode klettern auf enorme Höhen und die wenigen Beobachtungsobjekte verstecken sich im schattenspendenden Wald. Neben verschiedenen Hirsch-, Reh- und Gazellenarten werden indische Panzernashörner, Gavial, Lippenbär und viele Vogelarten immer wieder gesehen. Einen Tiger jedoch vor die Linse zu bekommen, wäre etwa so wahrscheinlich wie ein Sechser im Lotto. Der Tigerbestand im Park ist sehr gering und die Tiere sind zudem äußerst scheu.

Ganz im extremen Westen befinden sich noch einige Wildschutzreservate, wo größere Herden von Bellhirschen und Gazellen verfolgt werden können. Besonders bekannt dafür ist ein Reservat in der Nähe von Mahendranagar, im äußersten Westen des Terai. Leider dauert die Reise dorthin schon sehr lange.

▲ „. . . starke indische Akzente . . .“ (Sauraha, 180 m).

Lumbini, Geburtsstätte Gauthama Buddhas. ▼

Chakhure Lekh auf dem Weg zum Chakhure Langa

154

Anhang

Verhaltensregeln auf Wanderungen im Himalaja

(Zusammengestellt vom Verfasser,
teilweise unter Verwendung und Ergänzung der Broschüre „An Appeal" der Nepal Heritage Society, Kathmandu.
Diese Regeln sind sinngemäß überall anwendbar, nicht nur im höchsten Gebirge der Welt.
Diese Verhaltensregeln stellen keinen Anspruch auf Vollständigkeit.
Ergänzen Sie sie mit eigenen Erfahrungen und handeln Sie danach.)

Planung und Einkauf

Wählen Sie einen Trek oder eine Besteigung aus, die Ihnen und Ihren Begleitern nicht das Letzte abfordert. Bereiten Sie sich körperlich und geistig darauf vor. Entscheiden Sie, ob Sie alleine, mit Trägern oder mit Trägern und Sherpaführer (Sirdar) wandern oder klettern wollen. Meiden Sie Gruppen mit mehr als 10 Teilnehmern! Testen sie das Material zu Hause. Beschaffen Sie die nötigen Bewilligungen rechtzeitig und starten Sie nur bei bester Gesundheit mit vollzähliger Ausrüstung. Vermeiden Sie beim Einkauf abfallintensive Produkte, Büchsen, Flaschen, Aluminium, Batterien, Plastik etc. Gebrauchen Sie lokale Frischprodukte, die dem Klima angepaßt sind und zudem einen Eindruck der Eßgewohnheiten der Bevölkerung vermitteln. Verzichten Sie wenn möglich auf Eßwaren aus Ihrer Heimat. Halten Sie auch Ihre Trekkingagentur und/oder Ihren Sirdar an, in diesem Sinne einzukaufen. Verwenden Sie Kerosinkocher, um den Holzverbrauch einzudämmen. Stellen Sie sicher, daß Ersatzteile und Brennstoff für die Kocher mitgeführt werden. Ihr Sirdar weiß, wo unterwegs Kerosin und Eßwaren erhältlich sind.

Packen

Verstauen Sie Ihre persönliche Ausrüstung in einem Seesack ohne Reißverschluß, Zerbrechliches in der Mitte. Verschließen Sie den Seesack mit einem Schloß. Das Nötigste für den Tag, alle Wertsachen und die Trekking Permits gehören in den Rucksack. Verteilen Sie das Geld der Gruppenkasse gleichmäßig auf alle Teilnehmer. Rechnen Sie damit, daß Sie erst am Abend wieder Ihren Seesack erhalten. Wanderer ohne Träger achten bei der Ausrüstungswahl auf leichte, wenig voluminöse Ware. Jeder Gegenstand sollte mehrere Aufgaben erfüllen (z.B.: Frottiertuch = Schal, Pullover = Kopfkissen, Toilettenpapier = Papiernastuch, Linsenpapier). Verzichten Sie wenn möglich auf alles, was nicht unbedingt lebensnotwendig ist. Lassen Sie überflüssige Technik zu Hause (Radio, Walkman etc.). Je einfacher Sie daherkommen, desto natürlicher wirken Sie.

Verpflichtung von Trägern, Koch und Sherpa

Wenden Sie sich an eine seriöse Trekkingagentur oder arbeiten Sie direkt mit einem tüchtigen Sirdar. Prüfen Sie, ob das Personal genügend ausgerüstet und gesund ist. Verschenken Sie erst Kleider und Ausrüstung, wenn deren Gebrauch sich aufdrängt. Die Nepali denken nicht an morgen, sondern versilbern mitunter Pullover, Jacken und Schuhe sofort, um später geduldig zu frieren! Lassen Sie Träger und Sherpa über Ihr genaues Ziel im klaren und fragen Sie sie, bis wohin sie mitzugehen gewillt sind. Erkundigen Sie sich genau über die ortsüblichen Tageslöhne und zahlen Sie nur diese. In der Regel verpflegen sich die Träger selbst, während Sherpa und Köche verpflegt werden. Führen Sie Buch über sämtliche Vorschüsse, Löhne und Trinkgelder. Decken Sie sich mit genügend Kleingeld ein, um die Löhne bezahlen zu können. Bezahlen Sie prompt. Versuchen Sie, mit Ihren Begleitern immer freundlich zu sein. Sie werden so Ihren Trek mehr genießen. Kümmern Sie sich augenblicklich um kranke Träger und Sherpa sowie um eventuelle Verletzungen und gehen Sie auch auf deren persönliche Probleme ein, falls sie Ihnen diese anvertrauen. Träger, die nicht singen, sind meist nicht ganz glücklich! Scheuen Sie sich nicht, eventuell auch Trägerinnen sowie Sherpani für den Küchendienst zu verpflichten. Es lockert die Belegschaft auf. Kontrollieren Sie die Trekkingagentur und den Sirdar, daß das Personal auch bezahlt wird. Falls Sie einen Sirdar beschäftigen, überlassen Sie ihm die Verhandlungen mit den Trägern und mischen Sie sich nicht ein. Im Gespräch mit allen erreichen Sie mit Freundlichkeit und einer dosierten Portion Beharrlichkeit viel mehr, als mit Überheblichkeit oder sogar Schimpfen. Die Nepali sind ge-

Respekt vor den Traditionen wird mit warmer Gastfreundschaft belohnt (Pangpoche, 3985 m, Januar '85).

schickte, gewiegte Unterhändler und die verbale Auseinandersetzung bildet das Salz ihres Lebens. Argumentieren Sie mit Witz! Am Schluß haben sie, was Sie wollen und alle lachen herzhaft!

Menschen unterwegs

Respektieren Sie die Landbevölkerung und ihre Traditionen. Als Gegenleistung werden Sie mit warmer Gastfreundschaft belohnt. Bei Fotoaufnahmen müssen sie sicher sein, die Privat-

sphäre der Leute nicht zu stören. verzichten Sie auf eine Aufnahme, wenn Geld dafür gefordert wird. Wer in einem Innenraum blitzt, zerstört die Stimmung. Bemühen Sie sich, einige Brocken Nepali zu erlernen. Es macht enorm Spaß und öffnet den persönlichen Kontakt zur Bevölkerung. Sprechen Sie wenn möglich nur mit den Kindern Englisch, die sich darin perfektionieren möchten. Korrigieren Sie ruhig deren Fehler in dieser Sprache. Falls Sie in einer Gruppe reisen, versu-

chen Sie, sich mit Ihren Freunden nicht mehr abzugeben als mit den Trägern, Sherpa und der Bevölkerung. Suchen Sie täglich den Kontakt mit den Einheimischen, auch wenn sprachliche Barrieren vorhanden sind. Tragen Sie ihre normalen, zweckmäßigen und diskreten Kleider und entblößen Sie sich nie vor den Augen der Einheimischen. Damen vermeiden kurze Hosen und gewagte Kleidung. Verwenden Sie wenn möglich keine Nepalitracht. Sie werden von den Ein-

Labiles Gefüge (Ghanpokhara).

heimischen und Ihren Freunden zu Recht nur belächelt. Damen dürfen die Nepali-Kopfmütze *(topi)* nie aufsetzen. Sie ist ausschließlich den Männern zugedacht. Zeigen Sie öffentlich keine Zärtlichkeiten. Mischen Sie sich nicht in die Angelegenheiten der Einheimischen und stören Sie nie religiöse oder rituelle Andachten der Hindus. Betreten Sie nie das Innere von Hindutempeln oder Häuser hochkastiger Hindu. Buddhistische Klöster dürfen in der Regel schuhlos betreten werden. Man erwartet jedoch ein Scherflein für die Klosterkasse. Umgehen Sie lamaistische Manimauern, Chörten, Klöster und Gebetsfahnen immer links. Ihre Sherpa werden Ihnen dafür dankbar sein. Verhalten Sie sich immer natürlich, tolerant, diskret und aufgeschlossen, besonders, wenn Sie in einem Privathaus Gastrecht genießen. Beobachten Sie ruhig Ihre Gastgeber, stören Sie diese aber nicht über Gebühr. Versuchen Sie, die Lebensgewohnheiten zu verstehen und ihnen nachzuleben. Halten Sie ihre Habe

immer verpackt und veranstalten Sie keine Auslegeordnung. Werfen Sie nie Abfall in ein Feuer eines Hauses oder Ihrer Träger. Verbrennen Sie ihn separat. Laden Sie die Kinder nie zum Betteln ein. Vielleicht gibt es ihnen ein momentanes Glücksgefühl, aber es untergräbt ihre Zukunft. Versuchen Sie Ihren Sherpa, Trägern, der Lokalbevölkerung und besonders den Lehrern und Kindern klarzumachen, wie die Natur und die Produkte beschützt und erhalten werden können. Erklären Sie immer wieder den Zusammenhang zwischen Waldrodung und Erosion, daß der Wald ihre einzige Hoffnung ist und daß sie ihn schützen und pflegen müssen, daß ein Baum 50 Jahre lang wachsen muß, aber in 50 Minuten umgehauen werden kann, und daß ein Wald wie ein Feld behandelt werden muß: zuerst säen, dann ernten. Versuchen Sie, auf die Leute einzuwirken, daß zuerst das tote Holz vom Boden aufgesammelt wird, bevor ein Baum gefällt werden soll. Unterhalten Sie sich intensiv mit den Lehrern über diese Zusammenhänge und bitten Sie diese, den Kindern diese Kenntnisse weiterzuvermitteln, womit eine Art Schneeballeffekt erwirkt wird. Denken Sie daran: Steter Tropfen höhlt den Stein ... Eine Flasche Bier kostet in Nepal soviel (oder mehr) wie ein Arbeiter oder Träger in einem Tag verdient. Verzichten Sie deshalb darauf. Mit den Inhabern der Lodges und Teehäuser sind Sie höflich und korrekt. Üben Sie Geduld, wen Sie langsam oder falsch bedient werden. Unterlassen Sie Extrawünsche, die nicht verstanden oder ausgeführt werden können. Eine „Everest View Lodge" ist kein „Hilton". Sind keine Preise angeschrieben, fragen Sie vor der Bestel-

lung, was Sie dafür schuldig sind. Halten Sie kleine Noten und Münzen bereit. Schon eine 100-Rupien-Note kann oft nicht gewechselt werden. Klären Sie die Leute über Abfallbeseitigung und Umweltschutz auf. Benutzen Sie immer die Toilette der Lodge. Falls keine vorhanden, erkundigen Sie sich nach dem stillen Örtchen. Schenken Sie ihnen unbekannten Personen und Kindern nichts. Dagegen ist ein kleines, nützliches Präsent für die Gastgeberfamilie im Privathaus zu vertreten. Verschenken Sie niemals Süßigkeiten! Geben Sie keine Medikamente an die lokale Bevölkerung ab. Raten Sie den Kranken, den nächsten „Health Post" oder das nächste Spital

Kumulierender Effekt (Gijan).

aufzusuchen. Bei schweren Fällen benachrichtigen Sie oder Ihr Sirdar den nächsten Posten mit Angabe des Namens des Patienten und dessen Wohnort, damit der dortige Arzt oder Sanitäter einen Hausbesuch abstatten kann. Geben Sie jedoch Erste Hilfe bei Verletzungen, Verbrennungen und dergleichen, zusammen mit dem Rat, den nächsten Sanitätsposten tags darauf aufzusuchen. Befragen Sie ungeniert die Lokalbevölkerung über Gegebenheiten oder Beobachtungen, die Sie sich nicht erklären können. Zeigen Sie Interesse!

Landschaft und Wege unterwegs

Schützen Sie die Landschaft und hinterlassen Sie nichts außer Fußspuren. Exkremente, Toilettenpapier und Binden müssen vergraben werden. Eine kleine Handschaufel in Ihrem Rucksack gehört deshalb zur Ausrüstung. Bäume fällen, Jagen und Fischen sind verboten. Sammeln Sie keine Blumen, Pflanzen, Fossilien, Steine und Lebewesen ohne Bewilligung der zuständigen Stellen. Kaufen Sie nie Fleisch von erlegtem Wild bei lokalen Jägern und halten sie auch Ihre Sherpa davon ab. Verschmutzen Sie kein Gewässer und hinterlassen sie nie Abfall. Achten sie darauf, daß auch Ihre Sherpa und Träger dies tun. Benutzen Sie immer die Hauptwege und nie Abkürzungen. So leisten Sie einen kleinen Beitrag gegen die Bodenerosion. Malen und ritzen Sie keine Zeichen auf Felsen und Bäume. Auf Ihrem Trek werden sie sich zwangsläufig in der Wildnis aufhalten, wo Sie mit Sherpa, Trägern und der fragilen Natur allein sind. Die geringste Unachtsamkeit oder ein Mißverständnis ihrerseits kann einen kumulierenden Effekt auf das labile Gefüge der Natur haben. Bitte zerstören Sie die natürlichen Schönheiten nicht mit Unachtsamkeit und Ignoranz. Scheuen sie sich nicht, zurückge-

lassenen Abfall anderer Wanderer aufzuräumen. Ihre Sherpa werden Ihnen bald dabei helfen! Kritisieren Sie andere Trekker, die sich nicht an diese Regeln halten. Löschen Sie noch brennende oder glimmende Kochfeuer der Träger, die Sie unterwegs unbewacht antreffen.

Lunch und Camp

Benutzen Sie immer die traditionellen Rastplätze, offenes Gelände oder Flußufer. Lagern Sie nie im wilden Wald, wo Sie Pflanzen und Tiere zer- und stören. Gebrauchen Sie immer Kerosin- oder Gaskocher. Führen Sie immer genügend Brennstoff mit und ergänzen Sie den Vorrat unterwegs. Halten Sie Ihren Koch täglich an, mit dem Kocher zu arbeiten und insistieren Sie auf seinem Gebrauch, indem Sie ihm und den Sherpa den tieferen Sinn erklären. Verwenden Sie nie Holz! Kaufen Sie niemals Holz bei der lokalen Bevölkerung oder in einer Lodge und verhindern Sie, daß Ihr Sirdar oder Koch dies tut. Die Bevölkerung wird sonst angehalten, unnötig Holz zu schlagen, da sie das Geschäft wittert. Machen Sie schon vor Beginn des Treks Ihrer Agentur und/oder Ihrem Sirdar klar, daß Sie auf dem Gebrauch des Kochers bestehen müssen. Verzichten Sie konsequenterweise auf ein Lagerfeuer und überlassen Sie das tote Holz der Wälder Ihren Trägern, die damit kochen können. Kontrollieren Sie beim Verlassen der Rastplätze, daß die Feuerchen der Träger gelöscht sind. Versuchen Sie zu verhindern, daß Ihre Träger den übriggebliebenen Holzstoß sinnlos verbrennen, leider eine verbreitete Unsitte in Nepal. Lassen Sie Ihren Sirdar mit ihnen reden, falls Sie nicht verstanden und begrif-

fen werden. Individualreisende benutzen mit Vorteil Lodges und Teehäuser, in denen mit Kerosin, Gas oder elektrisch gekocht wird. Die Zahl dieser Einkehren ist zwar noch sehr beschränkt, vergrößert sich aber laufend. Verlassen Sie den Rast- oder Lagerplatz sauberer, als Sie ihn angetroffen haben. Dies gilt auch für Bergsteiger in den Hochlagern. Gletscherspalten sind keine Mülleimer. Abfall definitiv beseitigen: Brennbares dem speziellen Feuer zuführen, Büchsen flachdrükken und mit Plastik, Alufolien, Scherben und nicht Brennbarem in ein Loch abseits im Ödland vergraben, danach mit Steinen beschweren, da sie sonst von Tieren und Kindern wieder ausgegraben werden. Ganze Flaschen verschenken Sie der nächsten *didi*, die damit Öl oder Kerosin einkaufen gehen kann. Ersetzen Sie wenn möglich immer die Taschenlampe durch eine Kerzenlaterne. Diese produziert keinen Abfall und wärmt zudem das Zeltinnere. Nach Gebrauch bildet sie ein begehrtes Geschenk für Ihre einheimischen Freunde. Erschöpfte Batterien nehmen Sie mit nach Hause, wo sie besser entsorgt werden. Errichten Sie ein Toilettenzelt oder bestimmen Sie ein gemeinsames stilles Örtchen abseits der Zelte, das beim Weggehen zugeschaufelt und ebenfalls beschwert wird. Stellen Sie sich vor dem Weggehen die Frage: „Möchte ich hier jetzt essen oder übernachten?" Wenn sie dies mit einem überzeugten „ja" beantworten können, dürfen Sie gehen. Wirken Sie auf Ihre Sherpa und Träger in diesem Sinne ein. Es macht Spaß zu wissen, daß nichts, aber auch gar nichts Ihre Anwesenheit verraten wird.

Die 10 goldenen Regeln der Gesundheit auf dem Trek

1. Nur abgekochtes und/oder gefiltertes Wasser gebrauchen. Auf Eis als Speise und in Getränken unbedingt verzichten.

2. Außer Curries kein Fleisch essen.

3. Nur schälbare Früchte mit sauberen Händen essen. Auf Salat verzichten.

4. Wanzen, Zecken und Läuse befallen einen oft in Häusern. Trekker ohne Zelt decken sich mit entsprechenden Mitteln ein. Beim allzu häufigen Waschen exponiert man sich übrigens auch diesen Tierchen.

5. Marschgeschwindigkeit immer anpassen. Damit man nicht zu schnell geht, immer durch die Nase atmen. Der Feuchtigkeitsverlust ist auch geringer.

6. Führt die Tour über 3500 Meter, müssen die Etappen gekürzt und längere, regelmäßige Marschpausen eingeschaltet werden.

7. Bei Pausen und am Abend sofort trockene Kleidung überziehen.

8. Man hat immer genügend Sonnencrème, Lippenschutz sowie zwei Sonnenbrillen und eine Kopfbedeckung bei sich.

9. Genügend Flüssigkeit zu sich nehmen. Pro 1000 Höhenmeter muß in etwa ein Liter Flüssigkeit pro Tag eingenommen werden. Die Zufuhr muß regel- und gleichmäßig erfolgen. Kontrolle: ein gesunder, mit Flüssigkeit genügend versorgter Mensch scheidet täglich ca. 500 ml hellen Urin aus.

10. Abweichungen vom normalen Gesundheitszustand müssen immer sofort gemeldet werden.

Impfungen

Momentan (Sommer 1987) sind für Nepal keine Impfungen obligatorisch. Diese Situation kann sich schnell ändern. Konsultieren Sie Ihren Arzt oder ein Tropeninstitut über die neuesten Erkenntnisse.

Empfehlenswert sind Impfungen gegen: Cholera, Typhus, Gelbsucht, Tetanus, evtl. auch eine Malariaprophylaxe, falls dem Terai außerhalb des Winters ein Besuch abgestattet wird.

Denken Sie daran, daß Impfungen früh genug verabreicht werden müssen, um deren Wirkung sicherzustellen und um Sie vor eventuellen Komplikationen auf der Reise selbst zu schützen.

◀
Vermutlich einer der schönsten Flecken dieser Welt: Tengpoche, 3867 m (April '84).
▶

Bald entlädt sich ein Monsungewitter (Ghanpokhara, 2240 m, Juni '85).

Materialcheckliste für die persönliche Ausrüstung

Basisausrüstung

Wanderschuhe
Socken, Strümpfe
Unterwäsche (3fach)
lange Unterhosen
Hemden
* T-Shirts
Shorts
Badehose, Badkleid
lange Gehhosen,
Wanderhose
* ein dicker Pullover
ein dünner Pullover
leichter Anorak
** Daunenjacke
Wollhandschuhe
* Wollmütze
Sonnenhut
Regenschutz, Regentrainer
Halstuch
Trainingsanzug, Pyjama
** Daunenschlafsack
Handtuch
* Seife, Shampoo
* Zahnbürste, Zahnpasta
Rasierer mit Akku
* Waschpulver, Waschseife
Sonnenbrille mit Seitenschutz
Sonnencrème Schutzfaktor 7
Lippenschutzcrème
Stirnlampe, Ersatzbirnen
Reservebatterie
Taschenmesser mit Schere
Rucksack
Seesack
Fotoapparat, Ersatzbatterien
Filme
Handschaufel
Thermosflasche
Geld/Kreditkarte/
Travellers Checks
Reisepaß mit Visa und
Fotokopie davon
Impfzeugnis
* Notizmaterial, Bleistift,
Spitzer
* Kerzen

Kerzenständer, Kerzen-
laterne
Nähmaterial
* Zündhölzer, Feuerzeug
Uhr
ein Dutzend Paßfotos
nützliche Literatur,
Routenbeschreibungen
kleine Geschenke für unterwegs
(siehe unten)
** Zelt, Matratze

Zusatzausrüstung für Hochgebirge

doppelte Bergschuhe
Überhose
Überhandschuhe
** Gamaschen
Eispickel
Steigeisen
Klettergurt
Seile
** Karabiner, Haken,
Eisschrauben
Fernglas
Höhenmesser
Kompaß
Biwaksack
Rettungsdecke, Isoliermatte
Karten

*= diese Artikel können auch in Kathmandu gekauft werden
**= diese Artikel können in Kathmandu gemietet werden

Als nützliche kleine Geschenke können bezeichnet werden z.B.
Kleider, Zündholzbriefchen, Feuerzeuge, Seifen, Bleistifte, Kugelschreiber, Schreibhefte, Taschenmesser, etc.

Wörterverzeichnis

gebräuchlicher Flur-, Fluß-, Berg- und Dorfnamen
(Transkription nicht unbedingt korrekt, jedoch identisch mit den jeweiligen Karteneintragungen auf der Mandala Map und der SK)

A. Nepali

A

aisyalu, aiselu	Beere

B

bagar	trockenes Flußbett
bahun	Brahmane
balu, bhalu	Bär
bara	groß
bari	Feld, Garten
bazar	Markt
behro, behra	Schaf
beni	Zusammenfluß zweier heiliger Flüsse
besi, bensi	Tiefland
bhandar	Lagerhaus
bhanjyang	Paß
bharat	Indien, indisch
bhat	gekochter Reis
bhote	Tibet, tibetisch
bina	ohne
bisauna, bisaune	Rast, Pause

C

chand, chandra	Mond
chaunri, chhauri	Kreuzung zwischen Yak und Rind
chautaro, chautara	Rastplatz, Abstellplatz
chiso, chisa	kalt
chuli	Horn, Berg

D

dakshin	Süden
danda (sprich: dahra)	Hügel, Rücken
danphe	Monalfasan
dara, dhara	Hügel, Rücken
deorali, deurali	Kamm, Übergang, Paß
deuthali	Heiligtum
dhunga, dhunge	Stein, Fels
dudh	Milch
durbar, darbar	Schloß

G

gandaki	Fluß
gaon	Dorf
garh(i)	Haus
gay, gai	Kuh
ghat	Landungssteg, Krematoriumsplatz am Gewässer
ghora, gora	Pferd
ghot (auch: kot)	Sommerhaus

H

hati	Elefant
hile	Sumpf
himal	Schneegebirge

J

jun	Halbmond

K

kali	eine Göttin
kalo	schwarz
khalanga, kalanga	Marktort
khani	Mine
khar(i)	Heu, Stroh
kharka	Sommerdorf, Sommerweide
khola	Bach
kosi	Fluß
kot	Sommerhaus, Berg, Hügel

L

lamo	lang
laure, lauro	Stock
lekh	Bergzug, Gebirge

M

machha	Fisch
maida	feines Mehl, Weizenmehl
maidam, maidan	Ebene
mandir	Tempel
matha, mata	Mutter
mathi	oben
mul	Haupt-
muni	unten

N

nagar	Stadt
nau	neun
naya	neu

O

okhar	Walnuß

P

panch	fünf
pani	Wasser
parbat	Berg
pati	kleines Gasthaus, Teestube
pauwa	großes Rasthaus, Pilgerhaus
phale(k)	Holzplanke
phedi	Bergfuß, Paßfuß
phul, pul	Brücke
pipal	heiliger Feigenbaum
pokhari, pokhri	See
puchhar(e)	Schwanz

R

rani	Königin

S

sagar	Ozean
sahar	Stadt
sangu, sanghu	Brücke
sano, sani	klein
seto, seti, sethi	weiß
simi	Erbse
sun	Gold

T

takuri, takura	kleiner Berg, Gipfel
tal	See
tala	nieder, unten
tato	heiß
than	Tempel, Schrein, Bambusdickicht
thulo	groß
tribeni	Zusammenfluß dreier Flüsse
trisul(i)	Dreizack

U

uttar	Norden

B. Sherpa

amai	Mutter
chhu	Wasser, Bach
dablang	silbernes Amulett
dingma	Fläche, Platz
drag	Fels
drangka	Fluß, Tal
gonda	Kloster
kang	Schneeberg
kongma	Felshöhle
la	Paß

lha	Weide, eine Gottheit
lho	Süden
lug	Schaf
na	Alp
niyma	Sonne
niymagawa	Sonnenuntergang
nup	Westen
omai	Milch
phug, phuk	Höhle
shar, sher	Osten
taiga	Pferdesattel
teng, thang	Ebene
tse	Berg
tsho	See
yersa, yarsa	Weide

C. Tibetisch

chang	Norden
chomo	göttliche Mutter
gompa, gömpa, gumpa	Kloster
jom	Grenze
lang	Yak
pumo	Tochter
ri	Berg
samba	Brücke
sumdo	Zusammenfluß
tsangpo	Fluß, Strom

D. Hindi

kala	schwarz
kund	heiliger See
maha	groß
pattar	Stein, Fels
pradesh	Provinz
pur	Stadt, Ort

Eine künstliche Landschaft, eine Kunst-Landschaft (Rudi Khola, ca. 1000 m, Januar '81).

Register

Bergverlag Rudolf Rother GmbH,
München
Alle Rechte vorbehalten
1. Auflage 1988
ISBN 3-7633-7242-3
Lektorat: Heinrich Bauregger
Graphische Gestaltung:
Ulrike Layer
Reproduktionen:
E & R Repro, Donauwörth
Gesamtherstellung
Rother Druck GmbH,
München
2194/7237

Umschlag außen:
Die subtropische Hügelzone wird am Horizont durch Gurkha- und Ganesh Himal abgeschlossen (Gurkha Durbar, ca. 1400 m).

Umschlag innen:
Eine Magarfrau und der Verfasser lockern ihr Gespräch mit etwas Schnupftabak auf. (Foto: Christian Grünig)

Seite 2:
Einer der heiligsten Hinduschreine Nepals: die Pagode von Muktinath, 3800 m.

Seiten 4/5:
Zwei Buben erledigen ihre Schulaufgaben im Tempel (Kathmandu-Naghal).

Seiten 6/7 (+ Widmung):
Wie erstarrte Wogen eines Ursturmes: die Hügel (Gurkha Durbar, ca. 1400 m).

Alle übrigen Aufnahmen vom Autor